期货统计与计量实务

金　缦◎著

中国金融出版社

责任编辑：赵晨子
责任校对：刘　明
责任印制：丁淮宾

图书在版编目（CIP）数据

期货统计与计量实务 / 金缦著. -- 北京 : 中国金融出版社，2025. 8. -- ISBN 978 - 7 - 5220 - 2696 - 1

Ⅰ. F713. 35

中国国家版本馆 CIP 数据核字第 2025QD3003 号

期货统计与计量实务
QIHUO TONGJI YU JILIANG SHIWU

出版发行　中国金融出版社
社址　北京市丰台区益泽路 2 号
市场开发部　(010)66024766，63805472，63439533（传真）
网 上 书 店　www. cfph. cn
(010)66024766，63372837（传真）
读者服务部　(010)66070833，62568380
邮编　100071
经销　新华书店
印刷　北京九州迅驰传媒文化有限公司
尺寸　185 毫米 ×260 毫米
印张　20. 375
字数　362 千
版次　2025 年 8 月第 1 版
印次　2025 年 8 月第 1 次印刷
定价　80. 00 元
ISBN 978 - 7 - 5220 - 2696 - 1

目　录

第一章　期货统计与计量基础

第一节　R 统计软件的介绍

本书所讲述关于期货（含期权）实务中统计与计量分析的各种模型，将主要使用 R 软件进行建模计算。尽管本书中包含假设检验、回归分析等统计方法内容，但是侧重点是这些方法的使用不能当作统计学的入门教材使用。

一、R 语言的历史和特点

（一）R 语言的定义

R 语言是一种专门用于进行统计计算和图形表示的编程语言，也是一款功能强大的软件环境，它最初是由两位来自新西兰奥克兰大学的统计学家——Ross Ihaka 和 Robert Gentleman——在 1993 年共同开发创建的。这两位学者的目标是开发出一款开放源代码的数据分析工具，以满足学术界和研究领域对数据分析工具的需求。R 语言的设计理念受到了 S 语言的显著影响，S 语言是一种早期的统计编程语言，它在统计分析领域具有广泛的应用和深远的影响。因此，R 语言在继承了 S 语言强大功能的同时，也具备了开放源代码的优势，使得它在统计计算和图形表示方面具有独特的优势和广泛的适用性。

（二）R 语言的历史

R 语言的起源可以追溯到商业软件 S 语言，这种语言最初是为了满足商业统计分析的需求而设计的。然而，由于 S 语言并非开源软件，这在一定程度上限制了其在学术界的广泛应用和传播。鉴于此，两位来自新西兰的统计学家 Ross Ihaka 和 Robert Gentleman 在 1993 年决定开发一种新的编程语言，旨在更好地满足统计学家和数据分析师的需求。他们的愿景是创建一种既自由又灵活，同时具备强大功能的编程语言，能够为统计分析提供广泛的支持。这种新语言就是我们现在所熟知的 R

语言，其名称正是取自于两位创造者名字的首字母“R”。

R 语言的第一个正式版本在 1995 年发布，这标志着一个新时代的开始，为统计学和数据分析领域带来了革命性的变化。自那时起，R 语言便迅速发展，吸引了来自世界各地的大量用户和贡献者。到 1997 年，为了更好地维护和开发 R 语言，一个名为 R 核心团队的组织正式成立，这个团队由一群热心的 R 语言开发者组成，他们致力于确保 R 语言的稳定性和持续发展。

随着时间的推移，R 语言的社区变得越来越活跃，每天都有新的扩展包被开发出来，极大地丰富了 R 语言的功能。这些扩展包不仅支持各种统计方法，还涵盖了数据处理、图形表示、机器学习等多个领域，使得 R 语言成为一个功能全面的数据分析工具。如今，R 语言已经成为数据分析和统计学领域中不可或缺的一部分，被广泛应用于学术研究、商业分析、生物信息学、金融分析等多个领域。

（三）R 语言的特点

发展至今，R 语言具有在经济和金融学统计和建模方面独特的优势，具体表现在六个方面。

1. 开源免费

R 语言作为一个开源项目，意味着它对所有用户都是完全免费的，用户不仅能够自由地使用它进行数据分析和统计计算，还可以根据自己的需求自由地修改和定制代码，无须支付任何许可费用。

2. 丰富的统计功能

R 语言在统计分析方面表现出色，它内置了极为丰富的统计分析功能，这些功能涵盖了从基础的描述性统计到复杂的线性回归分析、时间序列分析、分类分析、聚类分析以及许多其他高级统计方法，为用户提供了一个全面的统计工具箱。

3. 图形表示能力

R 语言在数据可视化方面同样表现出色，它提供了一系列强大的数据可视化工具，使得用户能够轻松创建各种高质量的图表和图形。这些图形不仅美观，而且功能强大，能够清晰地展示数据的分布、趋势和模式，帮助用户更好地理解和解释数据。

4. 易于扩展

R 语言的一个显著特点是它的可扩展性，用户可以通过编写新的函数或利用已有的各种包来扩展 R 语言的功能。社区中不断有新的扩展包被开发出来，这些包覆盖了从金融分析到生物信息学等多个领域的专业需求，使得 R 语言的应用范围不断扩大。

5. 跨平台

R 语言的一个重要优势是它的跨平台兼容性，它可以在多种不同的操作系统上运行，包括视窗（Windows）、Mac OS、Linux 等主流操作系统。这种跨平台特性使得 R 语言能够被广泛地应用于不同的计算环境中，不受特定操作系统的限制。

6. 社区支持

R 语言拥有一个庞大且活跃的用户社区，这个社区由来自世界各地的数据科学家、统计学家和程序员组成。用户在这个社区中可以轻松地获得帮助，无论是遇到技术问题还是寻找资源，社区成员都乐于分享知识和经验，为 R 语言的普及和进步作出了巨大贡献。其中主要社区有四个。

（1）R 社区——主界面：https：//www. r－project. org/

主要功能：提供下载、最新版本的信息。

（2）R 社区——CRAN Mirrors：https：//cran. r－project. org/mirrors. html

主要功能：世界各地镜像地，挑一个离你近的。R 镜像是为了方便世界各地的使用者下载 R 软件及相关软件包，在各地设置的镜像。各地的镜像都是 R 网站的备份文件，完全一样。所以，选择离你最近的镜像，你下载 R 软件或 R 包的速度相对较快。

（3）R 社区——Contributed Packages：https：//cran. r－project. org/web/packages/

主要功能：按时间排列、按出版名称排列的已有 R 的程序安装包以及各个安装包的方法（包含手动安装包的方法）以及作者对程序安装包书写的部分规则。截至 2024 年 8 月，该社区可下载安装的程序包超过 2 万个，如表 1－1 所示。

表 1－1　　R 程序安装包的数量统计

安装环境	数量	规则数量	预警包数量	纠错包数量	无效包数量	总数量
r－devel－linux－x86_64－debian－clang	14248	6473	18	392	0	21131
r－devel－linux－x86_64－debian－gcc	14501	6562	19	48	1	21131
r－devel－linux－x86_64－fedora－clang	13984	7042	22	57	0	21105
r－devel－linux－x86_64－fedora－gcc	14814	6240	17	46	0	21117
r－devel－windows－x86_64	14183	6883	19	30	0	21115
r－patched－linux－x86_64	16363	4738	6	23	1	21131
r－release－linux－x86_64	16361	4740	5	24	1	21131
r－release－macos－arm64	15174	5808	23	123	0	21128
r－release－macos－x86_64	15107	5767	175	79	0	21128
r－release－windows－x86_64	15932	5151	7	30	0	21120
r－oldrel－macos－arm64	16401	4443	27	254	0	21125
r－oldrel－macos－x86_64	16265	4599	23	252	0	21139
r－oldrel－windows－x86_64	17337	3706	20	54	0	21117

（4）R 社区——CRAN Task Views：https：//cran. r－project. org/web/views/

主要将 R 的安装包按功能分类，具体分类标准如表 1－2 所示。该社区也提示说明其功能分类仅做软件包与特定主题相关间的指导，但并不意味对其分类做给定任务的“最佳”软件包的主观排序。

表 1－2　　R 安装包的功能分类统计

分类主题	主题描述
精算科学	精算科学
农业	农业科学
贝叶斯	贝叶斯推断
因果推理	因果推断
化学物理	化学计量学和计算物理学
临床试验	临床试验设计、监测和分析
集群	聚类分析和有限混合模型
数据库	带有 R 的数据库
微分方程	微分方程
分布	概率分布
计量经济学	计量经济学
环境计量学	生态和环境数据分析
流行病学	流行病学
实验设计	实验设计（DoE）和实验数据分析
极端价值	极端价值分析
金融	经验金融
功能数据	功能数据分析
图形模型	图形模型
高性能计算	高性能和 R 的并行计算
水文学	水文数据和建模
机器学习	机器学习和统计学习
医疗成像	医学图像分析
元分析	元分析
缺少数据	缺少数据
混合模型	R 中的混合、多级和分层模型
模型部署	带有 R 的模型部署
自然语言处理	自然语言处理
数值数学	数值数学
官方统计	官方统计和调查统计

续表

分类主题	主题描述
奥米学	基因组学、蛋白质组学、代谢组学、转录组学和其他组学
优化	优化和数学编程
药代动力学	药代动力学数据分析
系统发育学	系统发育学
心理测量学	心理测量模型和方法
可复制的研究	可复制的研究
坚固	强大的统计方法
空间	空间数据分析
空间时间	处理和分析时空数据
体育分析	体育分析
幸存者	生存分析
教学统计	教学统计
时间序列	时间序列分析
追踪	跟踪数据的处理和分析
网络技术	网络技术和服务

二、下载与安装

（一）R 语言的下载与安装

由于 R 语言是免费的，故搜索并访问 CRAN 网站：CRAN（The Comprehensive R Archive Network），通过访问［CRAN 网站］（https：//cran. r – project. org/）进行 R 语言的安装，此外，该网站也是 R 语言的官方仓库，不仅提供了 R 语言的下载链接，还提供了 R 语言的介绍及各 R 社区跳转链接以及 R 最新程序包的下载和安装访问路径。

在对 R 语言进行安装时，第一步，应选择操作系统。在 CRAN 网站上，根据你的操作系统选择相应的下载链接。CRAN 为 Windows、Mac OS 和 Linux 提供了不同的安装包。第二步，下载安装包。点击你操作系统对应的链接，下载 R 语言的安装包。第三步，启动安装程序。

（1）Windows：下载的是一个 . exe 文件，双击运行安装向导。

（2）Mac OS：下载的是一个 . pkg 文件，双击打开并按照指示安装。

（3）Linux：根据你的 Linux 发行版，可能需要通过包管理器安装或运行下载的安装脚本。

第四步，安装后的设置。在安装过程中需要设置安装路径、选择组件等步骤，对于大多数用户，默认设置就足够了，故本书在如上几个步骤也皆选用默认设置。当完成安装后，需在开始菜单（Windows）或应用程序文件夹（Mac OS）中找到 R 语言的快捷方式，并进行 R Studio 的下载与安装。

（二）R Studio 的下载与安装

R Studio 是一个流行的 R 语言集成开发环境（IDE），它提供了一个用户友好的界面和许多便利的编程工具。同时，该集成开发环境（IDE）也是基本免费的，适用于所有学习、研究以及商业使用者使用。

R Studio 的安装的第一步是访问 R Studio 官网：打开浏览器，访问［R Studio 官网］（https：//www. R Studio. com/），并在官网中选择 R Studio 版本：R Studio 提供了免费版和商业版。对于大多数用户，免费版就足够了。

第二步是下载 R Studio：根据用户的操作系统选择相应的下载链接，并下载安装包。与 R 语言的安装类似，根据用户的操作系统运行下载的安装包。在安装过程中，你可以选择安装路径、组件等。安装完成后，R Studio 的快捷方式将被添加到你的系统中。

第三步是安装完成后，启动 R Studio。用户将看到一个集成了代码编辑器、控制台、绘图窗口和工作空间的界面（见图 1－1）。

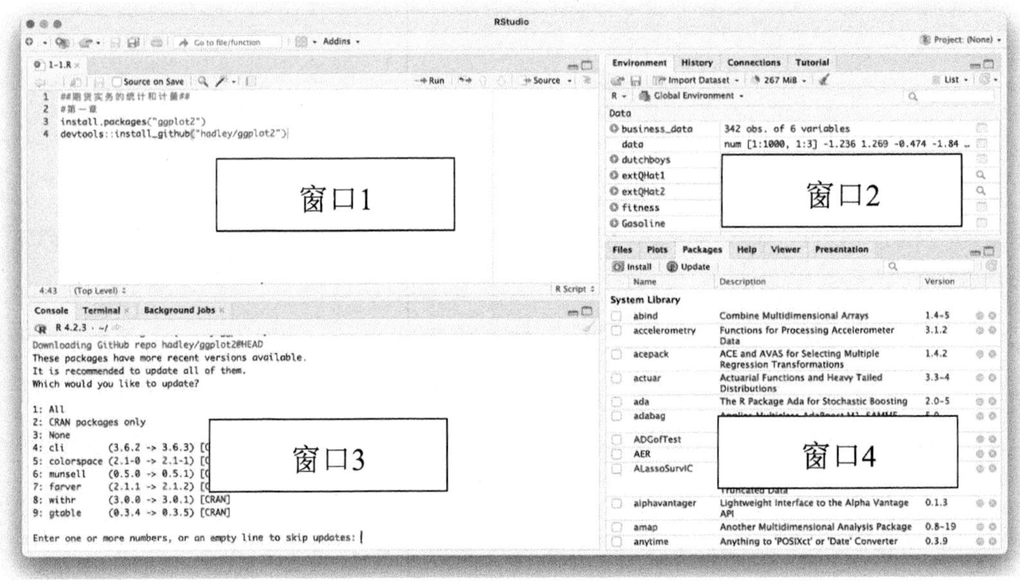

图 1－1　R Studio 的 4 个窗口（Pane）

（三）R 主界面

R studio 有 4 个默认窗口（英文版为 Pane），每个窗口对应不同的功能，默认的界面如图 1－1 所示。4 个默认窗口的功能分别为：

1. 窗口 1 为代码编辑区

主要用于进行代码编辑、数据框和注释的查看。把光标移动到窗口即可开始编辑代码。

2. 窗口 2 为定义和展示环境（指标变量）和历史代码区

其中定义和展示环境（指标变量）（Environment）区主要展示当前程序中所有被调用以及创建的数据，历史代码（History）区主要展示运行过的代码的历史记录，选中相应的代码，可以直接导入到代码编辑窗口（点击 To source）或者控制台（点击 To console）。

3. 窗口 3

窗口 3 中最关键的子窗口是控制台（Console），展示所有程序的交互结果，程序运行后返回的结果或是报错都在该窗口中展示。可以直接在 Console 中输入代码，如 1＋1，点击 enter 即可运行，这个窗口单独输入的代码，不会保存于窗口 1 的代码编辑区 .R 的文件中。

4. 窗口 4

窗口 4 中有五个重要的子窗口，分别是文件管理器（Files）、图片管理器（Plots）、已安装扩展包管理器（Packages）、帮助管理器（Help）和视图管理器（Viewer）。其中文件管理器（Files）可以显示文件路径，也可以新建文件，类似电脑中的文件管理器。图片管理器（Plots）可以展示生成的图片，并且可以对导入的图片进行相应设置（如大小）。已安装扩展包管理器（Packages）展示 R Studio 当前所有已经安装的包。帮助管理器（Help）用于展示主动检索的扩展包的帮助文件。视图管理器（Viewer）用于浏览某些输出，如网页。

除上述基础窗口外，R Studio 还可以根据每个人不同的习惯，更改界面设置，在菜单栏的 Tools 菜单下，找到 Global Options 选项，并点击，如图 1－2 所示。

三、R 语言扩展包

R 语言的核心系统提供了基本的编程和统计功能，但 R 语言的真正强大之处在于其扩展包。这些扩展包由全球的 R 用户和开发者社区创建和维护，它们使得 R 语言能够适应各种复杂的数据分析需求。以下是对 R 语言扩展包的安装与管理的详细介绍。

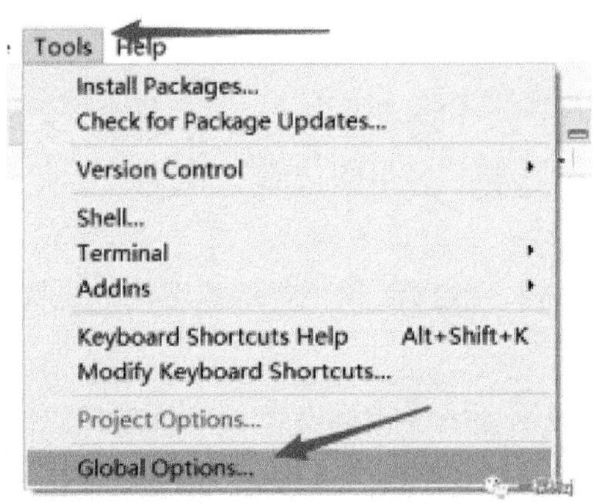

图 1-2　R Studio 窗口设置

（一）扩展包的来源

R 语言的扩展包来源主要有 2 个，其中 CRAN 是最主要的 R 扩展包来源，提供了大量的经过严格测试的扩展包，许多开发者在 GitHub 上分享他们的 R 包，这些包可能还未在 CRAN 上发布，或者仍在开发中。

此外，还有如专注于生物统计学和计算生物学的扩展包平台 Bioconductor，其扩展包需要使用专门的 BiocManager::install（）函数进行安装，这是因为 Bioconductor 作为一个项目，它与 R 的基本发布周期不同步，通常每 6 个月发布一次更新版本，而 CRAN 和 GitHub 上的包可以随时更新。Bioconductor 的包还会注明其将依赖于特定版本的 Bioconductor 和 R，因此，当使用 BiocManager 安装包时，会先检查所需要的环境是否符合要求，确保包的兼容性和功能。鉴于其广泛应用于大规模且复杂的生物数据处理领域，如单细胞测序、基因组变异分析等，Bioconductor 软件包在数据处理与分析方面，相较于 CRAN 和 GitHub 平台上的其他扩展包，展现出对生物数据更为优越的适用性。同时，在文档及教程资源层面，Bioconductor 通常提供更加丰富的案例数据及详尽的用户指南。

相较之下，本书所探讨的期货实务相关的 R 扩展包，其来源主要集中于 CRAN 和 GitHub，这些扩展包在面向用户群体、安装流程、质量控制、社区支持、资源提供等方面，尚缺乏深入且细致的案例数据及详尽的用户指南。这一现象无疑增加了相关知识的学习难度，也是本书旨在深入探索与突破的关键所在。

（二）扩展包的安装

1. 使用 CRAN

通过 install. packages（）函数安装 CRAN 上的扩展包。例如，安装名为 ggplot

的包，可在 R Studio 的控制台（concle）或代码编辑区中输入：

```
install. packages("ggplot2")
```

自动从 CRAN 下载并安装包及其依赖。

2. 从 GitHub 安装

使用 devtools 包的 install _ github（）函数从 GitHub 安装包，可在 R Studio 的控制台（concle）或代码编辑区中输入：

```
devtools::install _ github("hadley/ggplot2")
```

3. 安装本地包

使用 install. packages（）函数并指定本地包的路径，如：

```
install. packages("path/to/package. tar. gz", repos = NULL, type = "source")
```

或直接从 R Studio 子窗口 Package 中点选 Install from：Package Archive File (. tgz；. tar. gz)，并从路径中选择安装已下载到本地的扩展包（见图 1 – 3）。

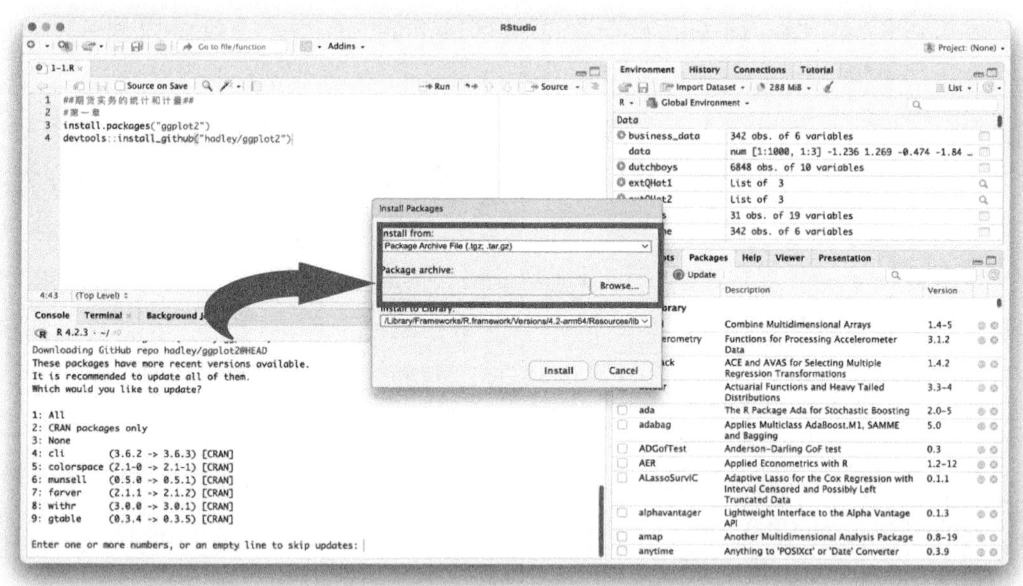

图 1 – 3　R Studio 从路径中选择安装已下载到本地的扩展包

（三）扩展包的管理

1. 加载包

安装包后，使用 library（）或 require（）函数加载包以使用其功能：

```
library(ggplot2)
```

2. 检查已安装的包

使用 installed. packages（）函数列出所有已安装的包：

installed. packages ( ) [," Package"]

3. 更新包

使用 update. packages ( ) 函数更新所有已安装的包:

update. packages (ask = FALSE)

其中, ask = FALSE 表示自动更新所有包而不需要确认。

4. 移除包

使用 remove. packages ( ) 函数卸载不再需要的包:

remove. packages (" package _ name")

5. 依赖管理

当安装一个包时,R 会自动安装该包的依赖包。如果需要手动管理依赖,可以使用 packrat 或 renv 等工具。其中 Packrat 的核心机制是将每个项目视为一个独立的"沙箱",在这个"沙箱"里,它会记录项目中所有依赖包的精确版本。每次安装新包或更新现有包时,Packrat 都会在项目目录下的 . packrat 子目录内创建一个新的、独立的 R 库。这种设计保证了项目在任何时间点都能精确地恢复到其原始状态,避免了因 R 包版本不匹配导致的问题。此外,还可以使用 renv 包,其主要能够对某一个项目中的 R 包版本进行记录,从而保证项目结果的可重复性,这里对核心功能进行简要介绍。在项目创建的时候,先使用 renv:: activate ( ) 进行激活,在加载所有需要的扩展包之后,可以运行 renv:: snapshot ( ) 这一行代码,对所使用的扩展包及其依赖扩展包的版本都记录下来,以便于后续进行直接加载或恢复,当然还可以使用 renv:: restore ( ) 正确复现以前的内容。

6. 包的冲突解决

如果不同包中有同名函数,可以使用:: 或::: 操作符明确指定函数来源,如 ggplot2:: ggplot ( )。

7. 包的检查和维护

使用 checkInstalledPackages ( ) 函数检查已安装包的状态,并解决潜在问题。

8. 扩展包的分享

首先,使用 package. skeleton ( ) 函数快速创建包的基本结构,并在包的 R 目录下编写包的函数。其次,使用 roxygen2 工具自动从注释生成文档,并编写文档。再次,在编写期间也可使用 devtools:: build ( ) 构建包。最后,使用 devtools:: install ( ) 构建和安装包,并可通过 CRAN、GitHub 或其他平台分享扩展包。

总而言之,R 语言的扩展包是其生态系统的重要组成部分,它们极大地扩展了 R 语言的功能。通过有效的安装和管理,用户可以充分利用这些包来处理各种数据分析任务。

四、举例说明

（一）举例描述

首先，在 R Studio 界面中创建一个新脚本。除了进行点击工具栏上的“新建脚本”按钮外，还可使用快捷键 Ctrl + Shift + N 进行创建，并使用快捷键 Ctrl + S 保存脚本文件。其次，在创建的脚本中，通过脚本编辑器，输入 R 代码进行代码编写。R Studio 支持一边编辑一边允许的交互式控制。选中代码后，点击工具栏上的“运行”按钮或使用快捷键 Ctrl + Enter，或是在控制台面板中直接输入命令，按 Enter 执行。此外，在编辑脚本和运行前，需要使用 read. csv（）、read. table（）等函数读取相关的数据文件来加载数据。

（二）步骤说明

为令读者熟悉本书相关的程序设计思路，以下将使用 R Studio 加载一个 2024 年上半年大连商品交易所的玉米期货（C）日均价格，进行时间序列分析，基本步骤如下：

1. 加载时间序列数据

使用 read. csv（）或 read. table（）函数读取数据，并确保日期列被解析为时间类型。在国泰安数据库中下载期货每日价格数据中的 Trddt［交易日期］（以 yyyy - mm - dd 表示）、Agmtcd［合约代码］、Trdvar［交易品种］、Fdt003［日开盘价］、Fdt006［日收盘价］和 Fdt010［成交量］，保存到文件 FUT _ Fdt. csv 中，并在 R 脚本文件中输入：

```
library(readr)
Fdt < - read _ csv("/FUT _ Fdt. csv",
                  col _ types = cols(Trddt = col _ date(format = "% Y/% m/% d"),
                  Fdt003 = col _ number(), Fdt006 = col _ number(),
                  Fdt010 = col _ number()), na = "0")
head(Fdt)
```

简单进行数据整理：

```
library(dplyr)
corn = filter(Fdt, Trdvar == "玉米")
head(corn)
cornR = corn % > % group _ by(Trddt)
```

```
CornR = cornR %>% filter(Fdt010 == max(Fdt010))
head(CornR)
library(stats)
names(CornR) = c("Date","Contract","Name","Open","Close","Volum") 列名更改为更易懂的
CornR1 <- CornR1[,4:6]去掉不需要的列
```

2. 转换为时间序列对象

使用 xts（）函数将数据框转换为时间序列对象：

```
library(xts)
CornR1 <- xts(CornR[,-1],order.by = CornR$Date) 把数据改为 XTS 格式
或者使用：
CornR1 <- as.xts(CornR)把数据改为 XTS 格式
```

3. 探索性分析

使用 plot（）函数绘制时间序列的基本图形。

```
CornClose <- xts(CornR$Close, Date)把数据改为 XTS 格式
CornOpen <- xts(CornR$Open, Date)
CornVo <- xts(CornR$Volum, Date)
par(mfrow = c(2,1))
plot(CornClose)
plot(CornOpen)
par(mfrow = c(1,1))
plot(CornVo)
```

结果如图 1 -4 所示。

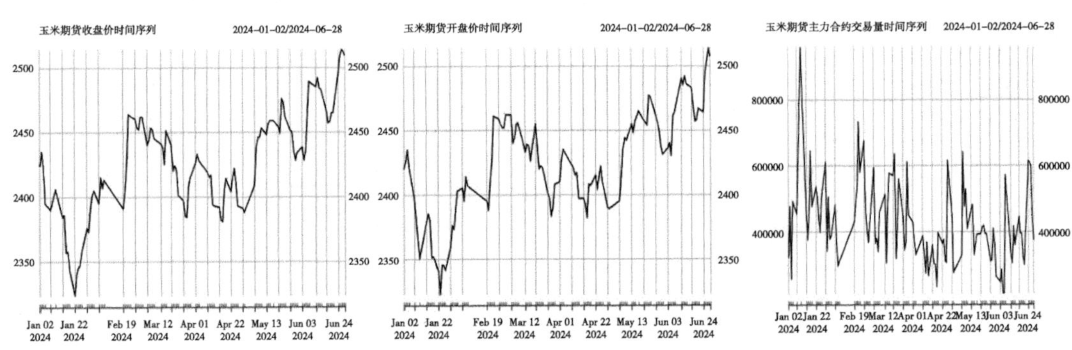

图 1 -4　玉米期货价格的时间序列

图 1 -4 的结果显示玉米期货的收盘价和开盘价的每日价格趋势几乎一致，但存在显著的波动，波动率与玉米期货主力合约的成交量具有一定的趋势相关。

4. 统计分析

进行时间序列的统计分析，如自相关函数（ACF）和偏自相关函数（PACF）分析：

```
par(mfrow = c(1,2)) 一行二列放置图
acCorn = acf(CornClose)
pacCorn = pacf(CornClose)
```

结果如图 1－5 所示。

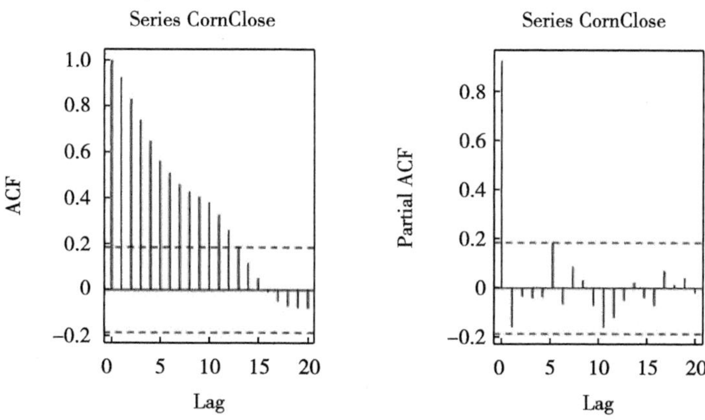

图 1－5　玉米期货收盘价格的自相关和偏自相关

图 1－5 结果显示，玉米期货的收盘价格在滞后项为 12 阶前皆有比较显著的自相关，而当滞后 1 阶后的阶数逐渐增加时，偏相关变化不明显，说明玉米期货的收盘价的时间趋势可能具有较强的自相关和 Arch 效应。

5. 时间序列分解

（1）玉米期货收盘价平滑分析

```
library(forecast)
opar <- par(no.readonly = TRUE)
par(mfrow = c(2,2))
ylim <- c(min(CornClose),max(CornClose))
plot(ma(CornClose,3),main = "Simple Moving Averages (k =3)",ylim = ylim,cex =0.5)
plot(ma(CornClose,7),main = "Simple Moving Averages (k =7)",ylim = ylim,cex =0.5)
plot(ma(CornClose,13),main = "Simple Moving Averages (k =15)",ylim = ylim,cex =0.5)
plot(ma(CornClose,20),main = "Simple Moving Averages (k =15)",ylim = ylim,cex =0.5)
par(opar)
```

结果如图 1－6 所示。

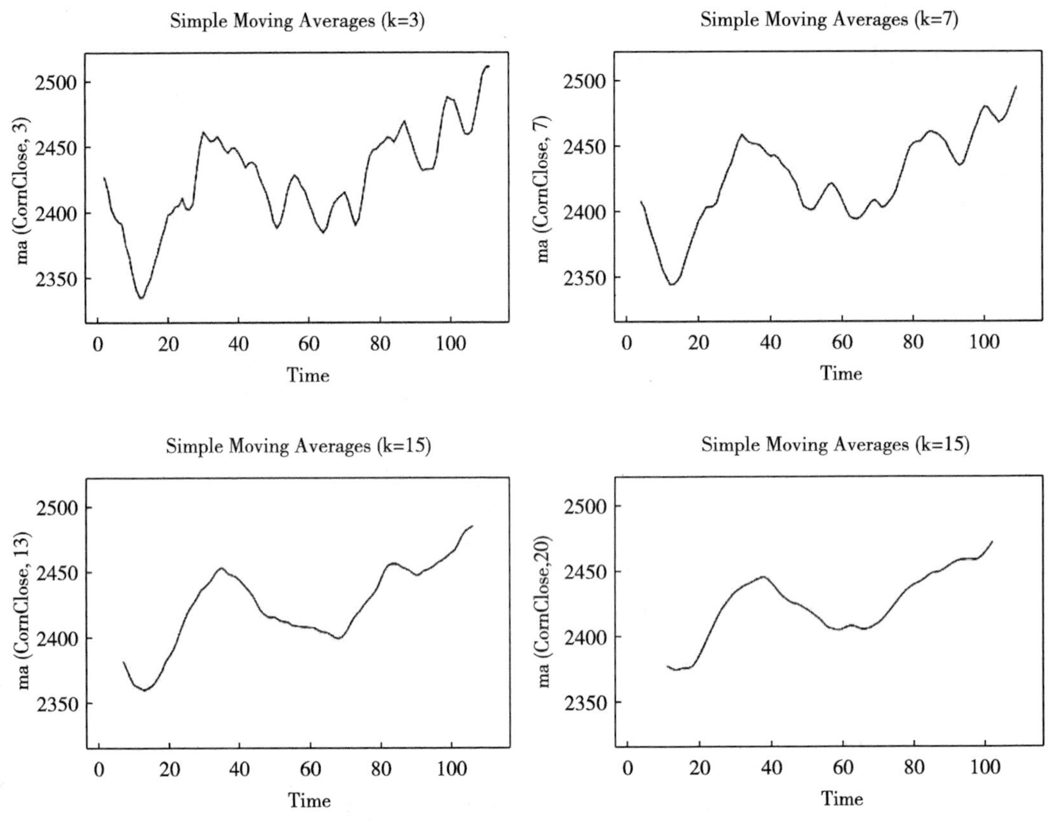

图 1－6　玉米期货收盘价多阶平滑分析

图 1－6 结果显示，玉米期货收盘价在消除自相关后（滞后项为 13 阶至 15 阶期间），价格平滑后具有显著的逐步上升趋势。

（2）周期性分析

```
周期性分解
par(mfrow = c(1,2))
plot(CornClose,main = "玉米期货收盘价时间序列")
lnCornP  < -  log(CornClose)
plot(lnCornP,ylab = "玉米期货收盘价对数值")
lnCornP  < -  as. xts(lnCornP)
fit _ d  < -  stl(lnCornP,s. window = "period")
Error in stl(lnCornP, s. window = "period") ：序列没有周期,或其周期小于二
结果证明玉米期货收盘价没有固定周期性
monthplot(CornClose,main = "玉米期货收盘价月周期")
seasonplot(CornClose)
```

```
Error in seasonplot(lnCornP) : Data are not seasonal
结果证明玉米期货收盘价没有季节周期性
monthplot(lnCornP,main = "玉米期货收盘价对数值月周期")
seasonplot(lnCornP)
Error in seasonplot(lnCornP) : Data are not seasonal
结果证明玉米期货收盘价对数值没有季节周期性
```

结果如图 1－7 所示。

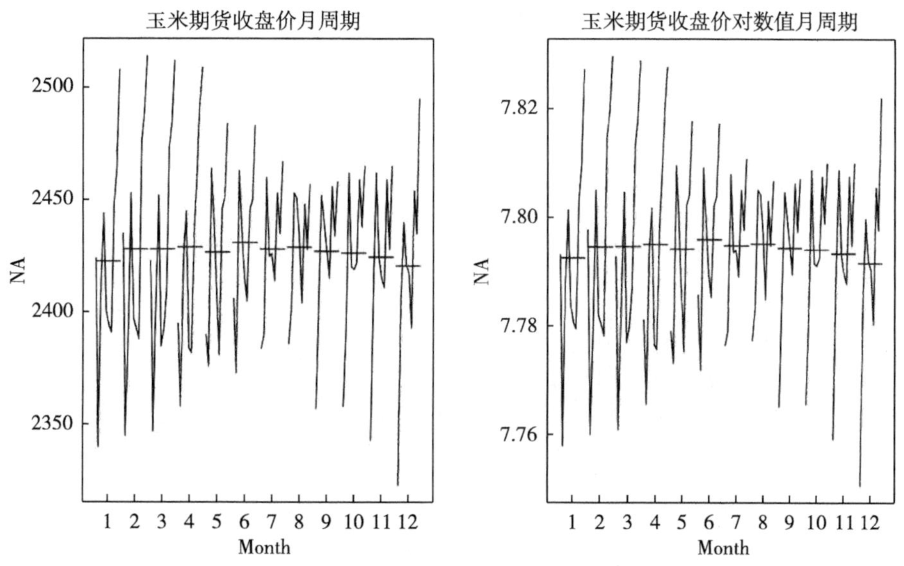

图 1－7　玉米期货收盘价周期趋势

周期趋势的结果显示，玉米期货收盘价和其对数皆不存在季度性周期和统计意义相关的周期性趋势，但可能存在一定的月度周期趋势，图 1－7 结果显示，其月度周期趋势的波动率也较低，且并不显著。

6. 时间序列建模

使用 arima（）函数拟合 ARIMA 模型，首先对玉米期货收盘价数据平稳性分析，随后使用 R 的 auto. arima（）函数自动选择模型，并进行预测和对模型评价：

ARIMA 预测模型

（1）分析数据平稳性

```
par(mfrow = c(1,1))
plot(lnCornP)
ndiffs(lnCornP)
dCornP < - diff(lnCornP)差分一次
```

```
dCornP <- na.omit(dCornP) 忽略 NA 值
plot(dCornP)
adf.test(dCornP) 对差分后的序列进行 ADF 检验,显示序列是平稳的(差分前 P>0.05,不平稳)
Augmented Dickey-Fuller Test
data:  dCornP
Dickey-Fuller = -5.3052, Lag order = 4, p-value = 0.01
alternative hypothesis: stationary
```

差分后的一阶序列如图 1-8 所示。

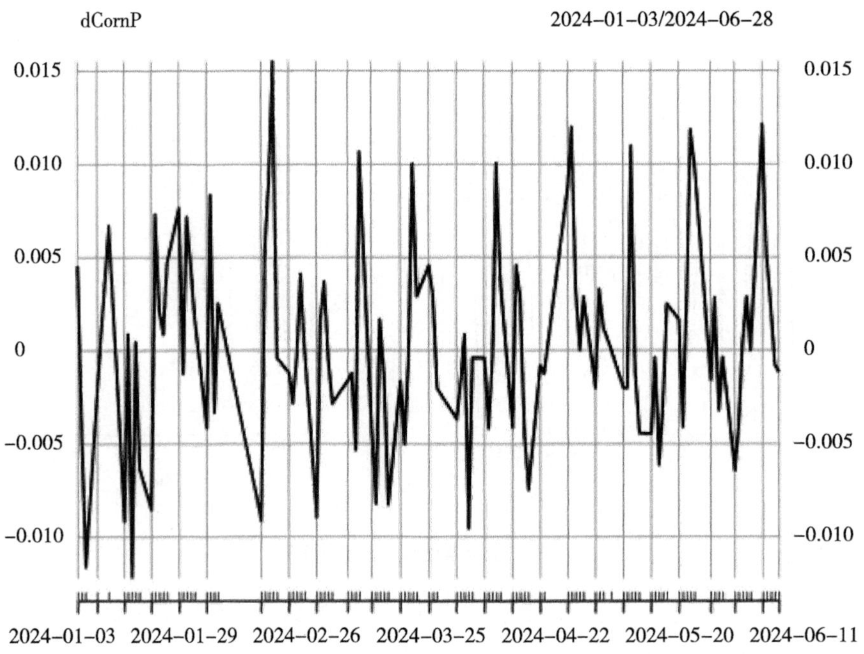

图 1-8　差分后的一阶序列

对平稳的玉米期货价格（dCornP）进行模型自相关和偏相关分析。

（2）选择模型

通过 ACF 图和 PACF 图来选择备选模型

```
par(mfrow = c(1,2)) 一行二列放置图
acf(dCornP)
pacf(dCornP)
```

图 1-9 结果显示，平稳的玉米期货价格（dCornP）在滞后项为一阶时有一个比较明显的自相关，而当滞后阶数逐渐增加时，偏相关变化不明显。在此情况下，选择 ARIMA 参数采用自动设置。

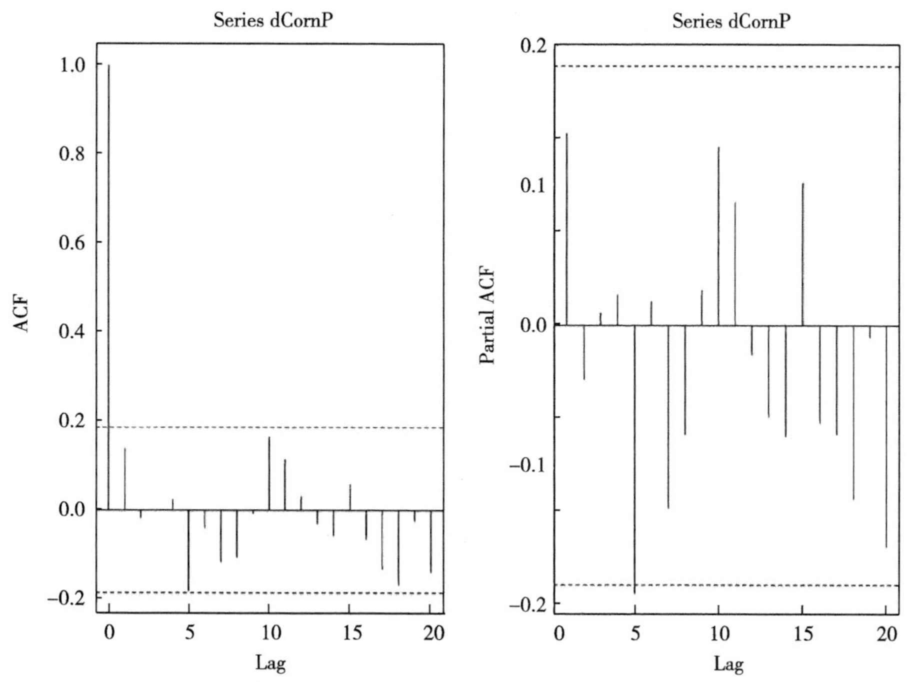

图 1-9　差分后的自相关和偏相关

拟合模型(这里选择自动)

arima _ d < - auto. arima(dCornP)

arima _ d　　　　AIC 越小越好

结果显示：

Series：dCornP

ARIMA(0,0,0) with zero mean

sigma^2 = 2. 996e - 05：　log likelihood = 420. 56

AIC = - 839. 12　　AICc = - 839. 08　　BIC = - 836. 41

使用 accuracy( ) 函数对评估模型预测性能，如均方误差(MSE)和均方根误差(RMSE)：

accuracy(arima _ d)　RMSE = 0. 54%

使用拟合的模型进行时间序列的预测：

利用模型进行预测

forecast _ d < - forecast(arima _ d,10)

forecast _ d

结果显示为：

Point Forecast		Lo 80	Hi 80	Lo 95	Hi 95
112	0	- 0. 007015116	0. 007015116	- 0. 01072869	0. 01072869
113	0	- 0. 007015116	0. 007015116	- 0. 01072869	0. 01072869

```
114                    0  -0.007015116 0.007015116  -0.01072869 0.01072869
115                    0  -0.007015116 0.007015116  -0.01072869 0.01072869
116                    0  -0.007015116 0.007015116  -0.01072869 0.01072869
117                    0  -0.007015116 0.007015116  -0.01072869 0.01072869
118                    0  -0.007015116 0.007015116  -0.01072869 0.01072869
119                    0  -0.007015116 0.007015116  -0.01072869 0.01072869
120                    0  -0.007015116 0.007015116  -0.01072869 0.01072869
121                    0  -0.007015116 0.007015116  -0.01072869 0.01072869
par(mfrow = c(1,1))
plot(forecast(arima_d,10),xlab = "时点",ylab = "玉米期货",main = "玉米期货日线时间序列预测图")
```

使用图来表示，即图 1-10 结果显示。

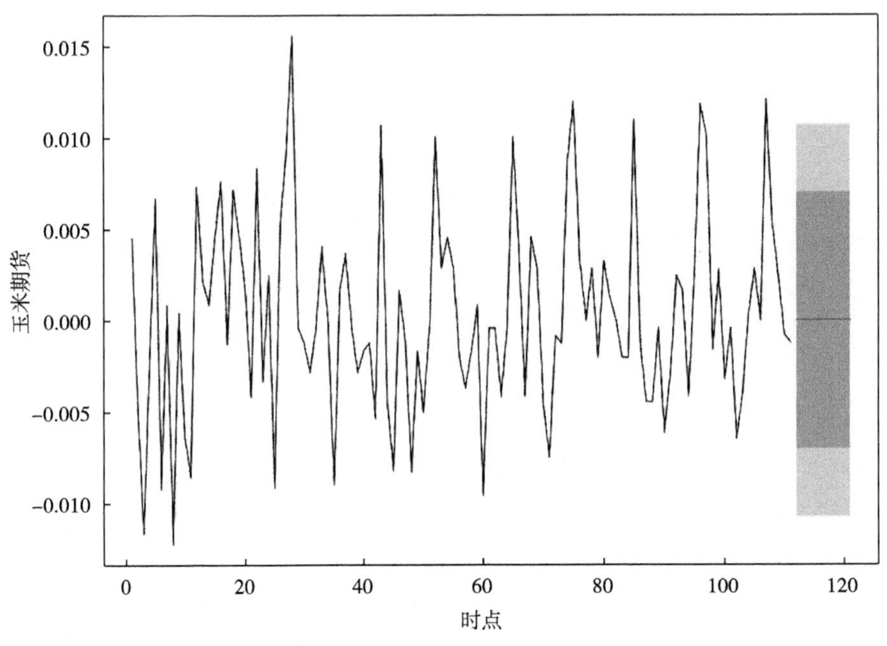

图 1-10　玉米期货日线时间序列预测

从数据可以看出，预测未来 10 天的数据，预测值变动较小，但 95% 的可信限范围较大，说明单纯通过历史日收盘价来预测玉米期货的价格，即使使用最佳的 ARIMA 模型，也是无法准确获得预测能力的。

总体而言，R Studio 提供了一个强大的环境，使得 R 语言的编程和数据分析变得更加高效和直观。通过上述步骤，用户可以轻松地在 R Studio 中进行期货价格的时间序列分析。无论是探索性分析、统计建模还是预测，R Studio 都提供了相应的工具和功能来支持复杂的数据分析任务。随着对 R Studio 和 R 语言的进一步学习，读者将能够解锁更多的高级功能，以应对各种期货实务的统计和计量数据分析挑战。

第二节　期货统计与计量的产生和基本作用

一、全球期货市场统计与计量现状

（一）期货市场起源和发展

全球期货市场的起源和发展是一个历史悠久且充满变革的过程，它与全球经济的发展紧密相连。期货交易的雏形可以追溯到古代文明，如古希腊和罗马，当时的人们通过简单的远期合约来交换商品。在中世纪的欧洲，出现了类似于期货合约的交易方式，尤其是在谷物和农产品市场上。

1. 第一个发展阶段

随着工业革命的逐步发展，对大宗商品流通的需求日益增长，欧洲金融发达的地区开始初步具有局部交易的雏形，然而期货市场晚于股票交易数十年。17 世纪，荷兰的阿姆斯特丹出现了世界上第一个股票交易所，这标志着现代金融市场的开始，但直到 1898 年，美国芝加哥商品交易所（CME）的成立，才正式形成了世界上第一个现代意义上的期货交易所。

2. 第二个发展阶段

在 19 世纪至 20 世纪初的工业革命深化进程中，随着商品需求的显著提升，期货市场在农产品、金属及其他商品领域扮演了日益重要的角色。在这一时期，国际期货市场尚处于早期发展阶段，商品期货占据了核心地位。这些期货合约以实际存在的商品为标的，广泛涵盖了农产品如小麦、玉米等，以及贵金属如黄金、白银等多元化品种。随着美国逐步构建起现代工业生产体系，期货合约的种类也随之扩展，从最初的农产品领域延伸至金属、制成品及加工品等多个领域。特别值得一提的是，隶属于芝加哥商业交易所集团的纽约商品交易所（COMEX），其前身为多个交易所（包括皮革、生丝、橡胶及金属交易所）的合并体，于 1933 年正式成立。该交易所专注于黄金、白银、铜、铝等商品的交易，推动了期货市场的进一步专业化与细分化。与此同时，期货交易所在这一阶段开始引入标准化合约，此举不仅规范了市场操作，还极大地提升了市场的流动性和运作效率，为期货市场的长远发展奠定了坚实基础。

3. 第三个发展阶段

20 世纪中叶，布雷顿森林体系的瓦解引发了全球经济格局的深刻变革，在此背景下，金融期货作为一种新型的金融工具应运而生，并迅速在全球范围内推动期货市场的扩展与多元化发展。期货市场逐步接纳并引入了包括货币、利率以及股票指数在内的金融期货品种，进一步丰富了其交易内容与市场结构。具体而言，1972 年，芝加哥商品交易所（CME）旗下的国际货币市场分部（IMM）率先推出了外汇期货合约，这一创举不仅标志着金融期货的正式诞生，也为后续金融期货市场的蓬勃发展奠定了坚实基础。此后，随着市场的不断成熟与需求的日益增长，利率期货与股指期货也相继登上历史舞台。其中，1975 年推出的国民抵押协会债券（GN-MA）期货合约与 1977 年问世的美国长期国债期货合约，在推动利率期货市场发展的同时，也增强了期货市场对宏观经济及金融市场利率变动的敏感性与反应能力。而 1982 年价值线综合指数期货合约的推出，则标志着股指期货时代的正式开启，进一步拓宽了期货市场的投资渠道与风险管理功能。

综上所述，自布雷顿森林体系解体以来，金融期货的兴起与发展不仅推动了期货市场的全面扩张与多样化，也标志着期货市场从传统的商品期货向更为复杂、高级的金融期货领域迈出了关键一步。在此期间，随着全球经济一体化的加速推进，期货市场逐渐演变成为一个具有全球影响力的市场，交易者得以跨越地理界限，在世界各地参与交易活动。与此同时，我国正处于改革开放的浪潮之中，农产品和金属等大宗商品价格的剧烈波动导致了现货市场价格体系的扭曲，加之市场保值机制的相对不足，这一系列因素共同促成了我国期货市场建立的基础条件。自 1990 年起，我国在三年内相继成立了郑州粮食批发市场、深圳有色金属交易所以及上海金属交易所，这一系列举措标志着我国现代期货市场体系的逐步建立与稳步发展。

（二）市场交易中统计与计量的重要性

金融科技在证券期货行业的兴起，其历史可追溯至 20 世纪 90 年代初期。在这一时期，金融科技迈入了 1.0 时代，其标志性特征是计算机、电话通信、卫星通信等技术的广泛应用。这些技术有效替代了传统的人工操作，成功实现了证券登记、交易、结算等关键业务流程的电子化与自动化。自此以后，期货市场中的统计与计量环节逐渐凸显其重要性，成为交易过程中不可或缺的一部分。

1. 第一个发展阶段

在期货市场的日常运作中，统计与计量扮演着至关重要的角色。交易者借助各类先进的统计软件，对期货市场的行情进行精准统计与测量。这些软件能够深入分析期货各品种在不同时间周期（如每日、每周、每月、每年）内的价格波动情况，包括实际波动率与隐含波动率的计算。通过这些数据，交易者能够更全面地把握市场动态，为交易策略的制定与完善提供有力支持。这一流程几乎成为了每一位合格交易者的日常工作，体现了金融科技在提升期货市场效率与准确性方面的显著作用。

2. 第二个发展阶段

随着金融科技步入 2.0 时代，期货市场已积极拥抱互联网与移动技术，致力于为投资者及交易各方打造高效便捷的线上服务平台。此举措不仅精简了业务流程，还通过优化产品界面显著提升了用户体验。同时，我们充分利用互联网及移动互联网的技术优势，以低成本、高效率的方式为投资者及交易各方提供证券期货服务，并不断探索与推出创新型服务，科技进步已成为推动证券期货行业实现跨越式发展的核心动力。

在此背景下，交易方得以通过先进的数据库系统，实时获取交易数据，并轻松运用各类商业统计软件，实现一键式获取各品种合约、交易相关数据以及期货市场行情统计与策略数据，极大地促进了策略制定的便捷性与准确性。然而，更为便捷及时的数据统计与计量也带来了新的挑战，即交易策略制定的难度有所增加。鉴于交易本质上是一种场内的对手博弈，当对手方采用更为先进的统计与计量手段时，无疑增加了自身策略成功实施的难度。因此，为了适应更高频率、更便捷的数据交互方式及数据统计集成方法，各交易方对新型算法、计量及统计模型的需求日益迫切，以辅助交易策略的精准制定。例如，众多期货公司正加速开发并发布大型数据库，此举不仅增加了市场对基本面数据监控、技术面多维度分析及高频期货市场追踪等广泛数据分析的热情，也进一步促进了整个行业的智能化与精细化发展。

3. 第三个发展阶段

金融科技 3.0 时代自 2017 年起，这普遍被视作一个重要起点，这一时期见证了云计算、大数据、人工智能、区块链等新兴技术的显著突破，进而催生了数字金融领域的深刻变革。在此背景下，证券期货行业积极应对，以智能化、便捷化及成本效益为突破口，加速了金融科技对行业创新发展的驱动。数字化转型成为期货市场中的核心议题与热门趋势。

与此同时，市场格局也发生显著变化，涌现出众多新兴参与者，如 2015 年创立于伦敦的 XTX 公司，其凭借量化交易策略，在仅拥有百余名员工的情况下，迅速跃居全球外汇市场前列，并于 2023 年占据了货币市场超过 7% 的交易份额。另一典型案例为 Jump Trading 公司，该公司凭借全球范围内不足六百名员工的规模，已发展成为全球期货交易市场中举足轻重的力量。自 2018 年进入中国期货市场以来，Jump Trading 公司表现尤为突出，2019 年在金融资产交易所的成交金额便高达 1.51 万亿元，位列第六；至 2020 年，其成交金额更是跃居榜首，总额达到 6.57 万亿元，这一数字甚至超越了工商银行与中国银行的总和。Jump Trading 公司官方招聘公告也明确彰显了其在期货市场统计与计量领域的高度重视，强调："Jump Trading 专注于世界级研究，我们为数学、物理及计算机科学领域的卓越人才提供平台，鼓励他们探索科学未知，突破既有边界，并将这些前沿研究成果应用于全球金融市场的实践之中。"

总而言之，在期货市场交易中，随着金融科技的持续进步与数字革命的深入发展，统计分析、计量方法乃至更为前沿的数学理论的应用，将日益广泛地发挥着核心作用。这些技术手段的采用，将助力交易者更精准地把握市场动态，优化交易策略，从而在竞争激烈的市场中占据有利地位。

（三）市场现状和未来趋势

1. 国际市场

随着数字经济的发展和全球经济发展的需要，截至 2023 年，全球期货和期权交易市场的交易量仍在高速增长。根据国际期货业协会（FIA）对全球 80 多家交易所的数据汇总统计，2023 年全球期货和期权成交量为 1372.93 亿手，较 2022 年增长 63.7%，首次突破千亿手，创历史新纪录。表 1－3 数据显示，2023 年全球期货和期权成交达到创纪录的 1372.93 亿手，较 2022 年增长了 534.45 亿手，增幅达 63.7%，远高于 2022 年的增幅。

表 1－3　2023 年全球期货和期权成交统计

场内衍生品	成交量（单位：手；单边）		同比增减	市场份额占比
	2023 年	2022 年		
期货	29096552118	29315491477	－0.0075	0.2119
期权	108196348020	54532317260	0.9841	0.7881
合计	137292900138	83847808737	0.6374	1.0000

数据来源：国际期货业协会（FIA）。

经国际期货业协会（FIA）的其他统计数据发现，增幅主要来源于亚太市场的快速增长，其中印度和中国的增幅分别为 128.1% 和 25.6%，截至 2023 年末，中印两国的成交已占全球总成交的 72.6%，成为全球期货和期权成交量创历史新纪录的最直接推动力。

2. 中国的国际影响力

中国正逐步成为全球期货和期权市场的重要推动力量，这一进程与衍生品创新和市场适应性的提升密不可分。期货市场的蓬勃发展促进了包括期权、掉期及远期合约在内的多种衍生品的诞生，这些工具不仅丰富了风险管理策略，也相应增加了市场的复杂程度。同时，衍生品的创新显著提升了期货市场的交易量，增强了市场的流动性和适应性，同时也对投资者保护和市场秩序维护提出了新的挑战和要求。

在保护投资者利益和维护市场秩序的背景下，建立的监管框架和法律规则对期货市场的运作方式、统计与计量方法产生了深远的影响。为确保数据的准确性和时效性，监管机构对数据的维度要求不断提升，进而推动了期货市场统计分析和计量方法的深入发展。此外，随着交易量的扩大，期货市场已超越单一国家或地区的范畴，跨品种、跨区域的交易日益增多，使得期货市场对全球经济的影响日益显著。这种影响力的提升，进一步凸显了市场参与者和监管机构加强系统性风险研究和计量的必要性和紧迫性，为期货市场统计分析和计量模型的底层技术创新与进步提供了坚实的需求基础。

3. 未来趋势

随着金融科技的不断创新，包括区块链、人工智能与大数据等前沿技术，正逐步深入应用于期货市场的交易统计、分析及计量领域，此举将持续推动期货市场的稳健发展。同时，鉴于对环境及社会责任的日益重视，期货市场有望迎来更多聚焦于可持续发展与绿色金融的新型产品。此类顺应经济发展趋势的衍生品创新，将进一步激发统计与计量在期货市场交易中的革新应用与持续优化。总体而言，全球期货市场已从传统的商品交换模式，演进为如今高度复杂且多元化的金融体系，其不仅为全球经济体系提供了至关重要的风险管理工具，还极大地促进了资本的有效配置与流动。展望未来，随着技术革新与市场结构的不断演变，期货市场将继续在全球经济版图中扮演举足轻重的角色。

二、国内期货市场统计与计量现状

（一）期货市场行情统计和测量

1. 市场发展历史

1990 年 10 月 12 日，郑州粮食批发市场开业，1993 年 5 月 28 日推出期货交易；1992 年 1 月 18 日，深圳有色金属交易所正式开业；同年 5 月 28 日，上海金属交易所开业，到 1993 年下半年，全国各地已成立 50 多家期货交易所及近千家期货经纪机构。针对期货市场盲目发展的状况，1993—1998 年，国务院下发《关于制止期货市场盲目发展的通知》及《国务院关于进一步整顿和规范期货市场的通知》，开始两次清理整顿行动。在清理整顿中，交易所被压缩合并为 3 家，交易品种也有所减少，并成功止住了我国期货市场无序的混乱局面，自此国内期货市场进入规范发展阶段。

在期货市场二次整顿中，由于交易品种逐渐减少，全国的期货交易量呈现萎缩趋势，然而自 2003 年，全国期货交易金额就逐步上升，期货市场在国民经济中的正面作用逐渐显露出来。2004 年，随着燃料油、棉花和玉米三个新品种先后上市交易，当年的交易金额创下新高，达到 7.35 万亿元，2006 年，中国金融期货交易所成立，2010 年 4 月，我国第一个金融期货品种——沪深 300 股指期货正式上市交易。2014 年，国内期货市场交易金额达到创纪录的 292 万亿元，2023 年，全国期货市场累计成交量已达到 8501315582 手，累计成交额为 5685096.72 亿元，同比分别增长 25.60% 和 6.28%。中国期货业协会最新统计资料表明，以单边计算，2024 年 1—7 月全国期货市场累计成交量为 4171041662 手，累计成交额为 3339367.96 亿元，同比分别下降 12.62% 和增长 6.64%，中国各交易所在全球交易所的排名也稳步提升至第 10 名、第 11 名、第 12 名。

2. 市场发展现状

中国内地期权市场也呈现出快速发展势头，特别是商品期权，在全球商品期权中的占比已经从 2022 年的 51.1% 提升至 62.1%，这与近年来商品期权品种的不断丰富密不可分，新品种不仅带来了交易的活跃度和市场新盈利，也对交易各方在其中的策略分析提出了挑战，因此数字经济下的期货市场相关的行情统计和测量技术也随之不断地迭代。

首先，期货市场所依托的行情统计与测量技术显著提升了交易效率。在数字经济背景下，金融科技技术的不断演进正推动着金融行业的智能化与数据化转型。大数据的广泛应用为证券期货交易领域带来了前所未有的发展机遇，不仅促使我国公布期货行情相关的电子交易平台实现了智能化、高效化、便捷化的升级，还针对不同交易用户提供了个性化的行情统计与策略数据平台，进一步促进了期货交易的精细化服务，从而显著提升了整个期货行业的服务水平与效率。

其次，期货市场相关的行情统计与测量技术也显著加快了期货市场资金的流转速度。随着我国期货市场的蓬勃发展，交易所的国际竞争力日益增强，与全球其他期货市场的竞争也日趋激烈。在此背景下，如何高效利用资金成为了各国期货市场竞争的关键。得益于行情统计与测量技术的支持，网络交易得以快速发展，极大地加速了资本的流通效率。网络期货作为一种新兴的交易方式，凭借其便捷性、高效性，吸引了大量机构投资者的参与，推动了网络用户数量与网络交易额的快速增长。这种交易方式的变革，使得投资者能够随时随地进行交易，同时简化了交易流程与操作步骤，有助于投资者在激烈的市场竞争中捕捉稍纵即逝的交易机会，实现更高的投资回报。

最后，期货市场相关的行情统计与测量技术还在一定程度上降低了行业风险。在传统的期货市场中，新产品的推出往往需要耗费大量的人力物力进行数据分析与计算，且人为因素导致的错误难以避免，这不仅降低了分析计算的效率，还可能因错误未被及时发现而引发市场波动，影响经济稳定。然而，在行情统计与测量技术的助力下，期货市场中的新产品、新业务能够借助先进的技术与系统进行高效、准确的分析比对，大大提高了核算效率与数据准确性，从而在一定程度上降低了行业风险。

（二）期货交易和策略

各种投资工具有不同特点，期货与股票在保证金制度、风险等方面存在差异。期货交易需及时补足保证金，否则合约将被强行平仓，损失自担。特殊情况下，投资者可能爆仓，即倒欠期货公司钱，股票投资就没有此类风险。用股票交易方法交易期货易致损失。投资者应认真比较期货与股票差异，勿混淆。期货交易需复杂策略进行风险管理，需准确高效运用统计与计量技术。

1. 降低部分代理风险的能力

统计与计量技术在期货交易中具备降低部分代理风险的能力。代理风险特指投资者在选择期货公司作为代理过程中所面临的潜在风险。理论上，投资者应在选定期货公司前，全面考察其规模、资信状况及经营状况，并在签订期货经纪合同时，基于这些信息作出“最优”选择。然而，若投资者选择不具备合法代理资格或运作不规范的期货公司，将可能遭遇代理风险。这种理论上的“最优”选择，若未通过实际对各期货公司规模、资信及经营状况进行统计分析加以验证，则可能导致片面甚至错误的决策。为有效防范此类代理风险，监管部门已多次提醒投资者，可登录中国证监会及中国期货业协会官方网站，详尽查询期货公司的公开披露信息，从而作出更为审慎的选择，并警惕社会上某些机构可能进行的变相或非法期货交易活动。

2. 有效降低交易风险

统计与计量技术在期货交易中也能有效降低交易风险。交易风险涵盖因市场流动性不足导致期货交易难以迅速、便捷成交的风险，以及期货价格波动剧烈时，投资者因保证金未能及时补足而面临被强制平仓的风险。投资者需持续运用各类分析方法，对交易情况进行统计分析，并定期检查交易结算账单，通过对账单数据的深入分析，准确掌握自身资产组合的风险状况。此外，投资者还应结合基本面与技术面分析，敏锐捕捉市场走势中可能对自身交易产生不利影响的因素，并据此提前制定交易策略，适时进行平仓或追加保证金操作。这一过程充分考验了投资者在期货市场中的统计分析与计量能力。

3. 降低交割风险

统计与计量技术在降低交割风险方面也发挥着重要作用。交割风险主要出现在投资者准备或进行期货交割的过程中。期货合约到期时，所有未平仓合约均需进行实物或现金交割。对于无意进行交割的投资者而言，应在合约到期前或交割月到来前及时平仓，以避免承担交割责任。尽管个人投资者因无法交付或接收增值税专用发票而无法直接参与实物交割，但期货交易的交割过程往往涉及多个大宗商品期、现货市场的跨市场套期保值操作，且大多数期货交易还涉及跨市场的汇率、利率等策略分析，这些均对交割策略的制定产生深远影响。因此，合理且准确地运用统计与计量技术，对于制定有效的交割策略至关重要。

综上所述，掌握并合理运用统计与计量技术，是期货交易与策略制定的核心要素之一，它在降低代理风险、交易风险及交割风险等方面均发挥着不可或缺的作用。

（三）基本面和技术面分析

1. 基本面分析

“基本面分析”旨在深入剖析商品的供求态势及其背后的基本驱动因素，其核心目的在于精准把握供求平衡状况，并据此预测价格变动的趋势。从商品供需关系决定价格的基本原理出发，人们或许会认为，通过明确当前价格水平下的供需对比情况，即供大于求或供不应求，可有效预测价格走势。这一逻辑在理论上无疑是站得住脚的。然而，实际操作中却面临重大挑战：未来时间窗口内的需求量和供应量均存在高度的不确定性。这一不确定性不仅源于价格本身的波动，更受到多重外部因素的交织影响，包括但不限于经济周期的波动、政府经济政策与金融政策的调整、国际市场动态、投机行为、季节性变化，乃至突发的自然灾害与政治动荡等，这些因素均对供需状况构成深远影响。

在此背景下，基本面分析高度依赖于时间序列分析与因子模型等统计与计量经济学技术，以科学手段探索并量化这些复杂因素的作用机制。然而，值得注意的是，期货市场中同一时段内往往并存利多与利空消息或数据，纯粹利好或利空的局面较为罕见。因此，即便采用相同的统计与计量模型进行基本面分析，所得结论也可能因多种因素的交织而显得模糊不清，甚至存在相互矛盾之处。此外，许多关键的基本面影响因素在事前往往难以预见，这进一步凸显了基本面分析中不可预知性的存在。

统计与计量经济学技术在基本面分析中通过设定合理假设并严谨求证的方式，努力捕捉基本面因素在期货价格波动中的映射，其重要性不言而喻。相较于其他可能更为主观臆断的分析方法，统计与计量技术更有可能为期货交易策略的制定提供持续且准确的支持，从而在基本面分析中占据核心地位，对期货市场的投资决策具有深远的指导意义。

2. 技术面分析

在探讨技术面分析时，统计与计量技术占据着举足轻重的地位。该方法的核心在于深入剖析市场行为本身，以预测市场价格变动的趋向。具体而言，它涉及将期货市场过往的价、量、时、空等交易数据，依循时间脉络绘制成图表，随后针对这些图表进行深入剖析，旨在揭示并预测期货价格的走势。实质上，技术面分析是运用统计与计量经济学的技术手段，为期货市场行情与交易活动构建经验模型，进而从波动模式中提炼出价格波动的规律。

以 MACD 线为例，在技术面分析领域内，它常被视为市场趋势转变的风向标。当 MACD 线与触发线发生交叉时，往往预示着该品种期货价格（或收益率）在后续周期内可能经历趋势的转换。MACD 之所以具备这样的功能，源于其计算原理：它通过对期货价格的两个不同速度指数平滑移动平均线之间的偏差进行度量来确定。这一偏差的构建，又依赖于时间序列分析中的常用方法，即结合当期残差及其滞后项对期货价格（或收益率）进行建模。因此，MACD 作为一种移动平均线的波动指标，其本质是基于时间序列计量方法构建的模型，进而转化为技术分析的指标，为投资者把握买卖时机提供有力帮助。

具体的 MACD 构建方法如下。

在 R 语言中，可以使用内置的 Stats 包来计算移动平均值，进而构造期货价格的移动平均收敛发散指标（Moving Average Convergence Divergence，MACD），计算并绘制 MACD 线。

假设 df 是一个数据框，其中包含至少两列：日期（Date）和期货价格（Price）

这里使用模拟数据作为示例

加载所需的库

```
library(ggplot2)
# 创建示例数据
```

```
set. seed(123)# 为了可重复性
dates < - seq(from = as. Date("2024 - 01 - 01"), to = as. Date("2024 - 01 - 30"), by = "day")
prices < - cumsum(runif(30, min = 100, max = 200))# 模拟价格数据
df < - data. frame(Date = dates, Price = prices)
# 计算 MACD 值
df $EMA12 < - ema(df $Price, span = 12)# 12 日指数移动平均
df $EMA26 < - ema(df $Price, span = 26)# 26 日指数移动平均
df $MACD < - df $EMA12 - df $EMA26# MACD 线
df $Signal < - ema(df $MACD, span = 9)# 信号线
# 绘制 MACD 线和信号线
ggplot(df, aes(x = Date)) +
  geom _ line(aes(y = MACD, color = "MACD 线"), size = 1) +
  geom _ line(aes(y = Signal, color = "信号线"), size = 1) +
  labs(title = "期货价格 MACD 指标",
       x = "日期",
       y = "价格",
       color = "指标") +
  theme _ minimal() +
  scale _ color _ discrete(name = "指标")
# 定义 EMA 函数
ema < - function(x, span) {
  EMA < - numeric(length(x))
  EMA[1] < - mean(x[1:span])
  for (i in 2:length(x)) {
    EMA[i] < - (x[i] - x[i - 1]) (1 / span) + EMA[i - 1]
  }
  return(EMA)
}
```

展望未来，随着统计与计量技术的不断进步，技术面分析领域有望开发出更为精准、更能准确反映期货价格趋势变动的指标，为市场参与者提供更加科学、可靠的决策依据。

（四）衍生品定价

1. 期权实际价格

在期权交易中，行权价作为上述六个核心要素之一，其值是明确界定的；标的

物价格可通过观察手段获取，因而同样被视为确定项。期权的剩余时间也是预先知晓的明确信息。至于无风险利率与标的物在持有期内的预期收益，这两者可大致预估，其影响力度有限，故预估误差通常保持在可控范围内。唯独波动率这一关键因素，仅能凭借估计手段获取。

上述六个要素若均具备明确数值，理论上是否足以推导出期权的合理价格？对此问题，金融学界已展开深入探讨。布莱克与斯科尔斯所创立的期权定价模型（BS模型，或称为 Black - Scholes 模型），在衍生品定价领域实现了重大突破。以此为基石，后续金融学者不断推陈出新，构建出多样化的定价模型，为衍生品市场的定价机制奠定了坚实基础。可以说，衍生品定价实践构成了计量经济学发展历程中，期权行权价确定策略的一个典范，而整个衍生品定价体系也随着统计与计量技术的演进而逐步完善。

2. 期权理论价格

需明确指出的是，所有衍生品定价工具（包括但不限于计算器、模型及程序）均建立在特定假设基础之上，这些假设使得在现实交易环境中的适用性可能有所局限。此外，鉴于所有定价模型均带有半参数性质，其中波动率的输入环节尤为依赖主观判断，这一特性进一步凸显了统计与计量技术在推动衍生品定价进步中的重要作用，但同时也说明其并不能单方面决定衍生品的最终定价与交易结果。因此，统计与计量技术在衍生品定价领域虽占据关键地位，但其作用仍需与其他因素综合考量。

在 R 语言中，使用 Black - Scholes（BS）模型构建欧式期权的定价相对简单。BS 模型是欧式期权定价中最常用的模型之一。以下是构建玉米期货欧式看涨和看跌期权定价的示例代码：

```
# 载入必要的库
library( stats)
# 定义 Black - Scholes 欧式期权定价函数
black _ scholes < - function( S, K, r, sigma, T, type) {
# 输入参数:
    S: 期货当前价格
    K: 期权行权价格
    r: 无风险利率
    sigma: 期货价格波动率
    T: 期权到期时间( 以年为单位)
    type: " call" 为看涨期权," put" 为看跌期权
```

```
# 计算 d1 和 d2
  d1 < - log(S / K) + (r + sigma^2 / 2)  T / sigma / sqrt(T)
d2 < - d1 - sigma  sqrt(T)
# 根据期权类型计算期权价值
  if (type == "call") {
#   看涨期权
    value < - (S  pnorm(d1) - K  exp( - r  T)  pnorm(d2))
  } else if (type == "put") {
#   看跌期权
    value < - (K  exp( - r  T)  pnorm( - d2) - S  pnorm( - d1))
  }
  return(value)
}
# 设置期权参数
S < - 100              #期货当前价格
K < - 105              #期权行权价格
r < - 0.05             #无风险利率,比如 5%
sigma < - 0.3          #期货价格波动率,比如 30%
T < - 1                #期权到期时间,比如 1 年
type < - "call"        #期权类型,"call" 或 "put"
# 计算期权价值
option_value < - black_scholes(S, K, r, sigma, T, type)
# 打印结果
if (type == "call") {
  cat("欧式看涨期权价值:", option_value, "\n")
} else {
  cat("欧式看跌期权价值:", option_value, "\n")
}
```

这段代码首先定义了一个 black_scholes 函数，该函数接受期货当前价格（S）、期权行权价格（K）、无风险利率（r）、期货价格波动率（sigma）、期权到期时间（T）和期权类型（type）作为输入参数，然后根据 Black - Scholes 模型计算并返回欧式期权的价值。值得注意的是，本书的这个 BS 模型，具有两个基本假设——波动率和无风险利率在期权有效期内是恒定的，并且市场是有效的。在实际应用中，读者可能需要根据市场条件和具体资产的特性调整模型参数。此外，期货期权定价

可能还需要考虑其他因素，如交割方式和期货合约的特定条款。

第三节　投资者实务中的统计与计量

一、交易风险识别和控制

我国期货市场作为金融市场的关键构成部分，为投资者提供了至关重要的风险管理与投资机会。在实际操作中，期货市场的投资者与分析师普遍采用多样化的统计与计量手段，以深入剖析市场数据、精准预测价格变动趋势，并据此制定科学合理的投资策略。同时，他们借助这些统计与计量方法，有效识别并严格控制投资组合中所蕴含的交易风险，确保投资决策的稳健与可靠。比如投资者常采用如下的统计与计量方法进行资产组合的构建和风险分析。

（一）描述性统计

在期货交易领域，投资者通常需要针对各个品种的主力合约，执行一系列详尽的统计分析工作，这些工作包括但不限于对日、周、月、季度以及年度收盘价进行描述性统计分析。在这一过程中，投资者会计算各种关键指标，如均值、中位数，以及方差与标准差等，以精确地刻画期货价格变动的集中趋势与离散程度。通过这种细致的分析，投资者能够全面地概览各个期货品种主力合约在不同时间尺度上的价格波动特性，从而为后续资产组合策略的制定提供坚实的数据支撑与分析基础。这种分析不仅有助于投资者理解市场的整体走势，还能帮助他们识别潜在的风险和机会，从而作出更为明智的投资决策。通过对历史数据的深入挖掘和分析，投资者可以更好地预测未来价格的可能走势，制定出更为科学和合理的交易策略，以期在激烈的市场竞争中占据有利地位。

（二）时间序列分析

在期货交易领域，投资者必须对交易平台所提供的各种期货品种主力合约的日常、周度、月度、季度以及年度价格数据进行细致且严格的时间序列检验。这一过程通常包括采用 Augmented Dickey Fuller（ADF）检验来评估期货价格的平稳性，以确保数据的可靠性。此外，投资者还会运用多种统计方法，如自回归模型（AR）、移动平均模型（MA）或自回归移动平均模型（ARMA），对价格走势进行深入的分析和预测。这些时间序列分析方法旨在揭示价格波动的内在趋势和过程，从而为后续针对价格波动影响因素的相关性分析奠定坚实的基础。通过对这些数据进行详尽的分析，投资者可以更好地理解市场动态，预测未来价格走势，并制定相应的交易策略，以期在期货市场中获得更好的投资回报。

（三）协整分析

在经济学和金融学的研究中，经常需要分析和理解两个或多个非平稳时间序列之间的长期稳定关系。所谓非平稳时间序列，是指其统计特性如均值、方差等随时间变化的序列。为了研究这些序列之间的长期稳定关系，引入了一个重要的概念，即协整（Co－integration）。在数学上，如果多个非平稳的时间序列通过某种线性组合能够得到一个平稳的时间序列，那么这种关系被称为协整。平稳时间序列是指其统计特性不随时间变化的序列，具有更好的预测性和稳定性。

具体来说，如果存在一组系数 β，使得两个价格序列中的随机过程通过线性组合恰好能够相互抵消，那么这两个价格序列的价差序列将表现出平稳性。在这种情况下，我们可以说这两个或多个非平稳时间序列的价格满足一定的协整关系。协整关系的存在表明，这两个价格序列的随机过程能够相互抵消的根本原因在于它们的随机性源自同一个随机过程，即它们具有共同的因素。

在期货市场中，研究两个或多个非平稳时间序列之间的协整关系具有重要的实际意义。期货市场的一个核心功能是对现货市场进行价格发现，即通过期货市场的交易形成对未来现货价格的预期。这种价格发现功能往往使得期货价格和现货价格（或收益率）之间存在协整关系。换句话说，期货价格和现货价格在长期内会表现出一定的稳定关系，偏离这种关系的情况通常是暂时的，最终会回归到稳定状态。

因此，在期货市场中，利用统计和计量经济学的方法，对同品种的期货和现货价格进行协整关系分析和策略制定显得尤为重要。通过这种分析，投资者和市场参与者可以更好地理解价格之间的长期关系，制定更为有效的交易策略，从而在市场中获得竞争优势。此外，协整关系的研究还可以帮助监管机构和政策制定者更好地理解市场动态，制定相应的政策以维护市场的稳定和健康发展。

（四）波动性模型

在期货交易领域，投资者常常面临一个重要的任务，那就是对某些特定品种的期货价格波动率进行更为精确和细致的预测。这种对波动率的预测工作并不是一件简单的事情，它通常需要借助一些复杂而强大的数学模型来实现。其中，自回归条件异方差模型（ARCH 模型）和广义自回归条件异方差模型（GARCH 模型）是两种非常重要的工具。通过运用这些时间序列多元计量模型，投资者不仅可以获得价格（或收益率）实际波动率的预测值，还可以进一步分析和预测期货价格的隐含波动率以及相关的波动趋势。这些预测结果对于资产组合的风险管理控制具有至关重要的作用，因为它们为投资者提供了关键的决策支持工具，帮助他们在面对市场波动时作出更为明智和有效的投资决策。

（五）基本面分析

在期货交易这一专业领域内，投资者在进行决策时，必须不仅依赖于对期货价格（或收益率）的直接统计与计量分析，还需要借助于因子分析的专业模型和算法，深入剖析影响期货价格（或收益率）的多元因素。这些因素包括宏观经济指标、行业发展趋势以及供需关系等多个方面。通过这种综合分析，投资者能够获得更为深刻的洞察力，从而更好地理解市场动态和潜在风险。此外，综合分析还能够帮助投资者获得更为客观、持久且具备前瞻性的预测能力，使他们能够在复杂多变的市场环境中作出更为明智的投资决策。通过深入研究各种经济指标和市场趋势，投资者可以更好地把握市场的脉搏，从而在激烈的市场竞争中占据有利位置。

（六）技术分析和风险度量

在进行期货交易的过程中，投资者通常会借助各种计量模型、图表和技术指标来预测市场的未来走势。这些工具包括移动平均线、相对强弱指数（RSI）、布林带等，它们能够帮助投资者更好地理解市场的动态和潜在趋势。通过这些技术手段，投资者可以更准确地判断市场的买入和卖出时机，从而提高交易的成功率。此外，投资者还需要构建模型来计算价值风险（Value at Risk，VaR），这是一种衡量投资组合在正常市场条件下可能遭受的最大损失的方法。通过 VaR 模型，投资者可以评估在特定置信水平下，投资组合在一定时间内可能遭受的最大损失。此外，进行压力测试和敏感性分析也是必不可少的步骤，这些方法可以帮助投资者了解在极端市场条件下投资组合的表现，从而评估其潜在的市场风险。

通过对这些风险评估工具的综合运用，投资者可以更有效地识别和控制期货相关的资产组合风险。了解投资组合中可能存在的各种资产风险，是制定有效风险管理策略的基础。投资者需要通过对相关风险指标进行区间性的策略制定，即在不同的风险指标波动区间内制定相应的交易策略，以应对市场的变化。通过这种方式，投资者可以在风险指标波动时及时调整策略，从而降低交易中的总体风险，确保投资组合的稳健性和盈利能力。

（七）套期保值策略

在期货市场进行交易的过程中，投资者往往面临着各种价格波动的风险。为了有效应对这些风险，投资者需要采取一定的风险管理措施。其中，套期保值是一种常见的风险管理工具。通过在期货市场上进行相反方向的交易，投资者可以锁定未来某一时间点的价格，从而减少价格波动带来的不确定性。

为了使套期保值的效果达到最佳，投资者需要确定一个最优的套期保值比率。这个比率是指期货合约的数量与现货头寸数量之间的比例关系。通过使用统计方法，如最小二乘法、协整分析等，投资者可以计算出一个最优的套期保值比率，以最小化价格风险。

具体来说，统计方法可以帮助投资者分析现货价格与期货价格之间的关系，找出两者之间的相关性和波动性。通过计算历史数据，投资者可以确定在不同市场情况下，最优套期保值比率的变化规律。这样，投资者可以根据当前的市场情况和未来的价格预测，调整套期保值策略，以达到最佳的风险管理效果。

总之，在期货市场交易过程中，投资者需要运用统计方法来确定最优的套期保值比率，从而有效管理价格风险，确保投资组合的稳定性和收益最大化。而这其中由于使用了统计和计量技术，需要注意数据质量的问题，确保使用的市场数据准确、完整，避免因数据问题导致的分析误差。此外，由于大部分计量模型皆需要进行模型假设，故而在投资者实务中，需理解所用统计模型的假设条件，确保模型适用于所分析的数据。合理设置止损点，控制单一头寸的风险敞口，避免过度杠杆，保持冷静，避免因市场波动产生的情绪化决策。通过综合运用这些统计与计量方法，期货投资者可以更加科学地进行市场分析和投资决策，从而提高投资效率和风险控制能力。

二、资金安全风险和交易限制

（一）资金安全风险

期货交易中较为特色的交易操作是保证金制度，为降低总体交易风险，期货投资者需按照规定交纳资金或者提交价值稳定、流动性强的标准仓单、国债等有价证券，用于结算和保证履约，这就是保证金。

在合同履行过程中，期货公司有时会面向所有投资者普遍或面向个别投资者单独调整保证金收取标准。实践中，经常有投资者对期货公司提高其保证金标准存在不解或提出异议，甚至由此发生争议，特别是当期货公司提高保证金标准导致投资者保证金不足，需要其追加保证金时，更容易引起投资者不解、异议和争议。对此，投资者应当知晓调整保证金标准是期货公司为了满足监管要求、控制资金安全风险而设定的一个合同权利。

期货公司追加保证金的通知往往通过网站、营业场所公告、每日交易结算报告等形式发出。当投资者持有期货头寸时，应当按照期货公司通知的标准交纳保证金，避免因为保证金追加不及时导致被强行平仓。然而这种为控制资金安全风险而产生的保证金制度，又往往会给期货交易的投资者带来额外的资金安全风险，比如在交易各个时期，如何正确计算所需保证金？如何合理分配所需保证金？在交易期间，如何避免保证金未及时追加和降低强制平仓风险？这些都需要在实际业务操作中，使用到一些统计和计量工具和方法，确保持仓、保证金和权益变化情况的准确预测和及时操作。

（二）交易限制

1. 交易限制范围

在期货交易中，投资者应本着适当性原则进行交易。适当性原则主要包含两方面内容：一是期货经营机构应当向适当的投资者推介期货产品，二是期货市场的投资者应当具备相应的资质。监管在行业协会的投资者教育的相关文件中反复强调：期货不是大众投资工具，投资者应当根据适当性原则的要求，全面评估自身的经济实力、产品认知能力、风险控制与承受能力，审慎决定是否参与期货市场。

2. 适当性原则

这种适当性原则往往需要满足至少以下四个条件，才能参与期货市场。

（1）拥有一定的经济收入或资产，足以承受期货交易可能带来的风险。进入期货市场的资金应该是不影响正常生产、生活的可支配资金，不能将养老积蓄、子女教育基金、下岗补贴款、企业支付工人工资款、财政资金等款项用于期货投资。

（2）具备一定的身体及心理承受能力。从事期货交易既可能产生较大的投资收益，也可能发生较大的损失。投资期货一定要充分理解“买者自负”的市场原则，不仅要具备相应的经济能力，还要审慎评估自身的身体及心理承受能力。

（3）期货市场是一个专业的投资市场，投资期货市场应具备相应的专业知识。投资者应该充分了解期货市场的法律法规、交易所规则、期货专业知识等，并具备一定的投资经历和相应的投资技能。

（4）有充分时间和精力关注行情和交易状况。期货市场是个价格瞬息万变的市场，投资者需要随时关注账户情况，根据行情变化处理交易。当资金出现不足，期货公司发出追加保证金通知书时，投资者应该及时补足所需保证金或自行减仓，以降低交易风险。

若仅凭主观判断来评估上述四个条件，易陷入个人偏好的非理性误区，难以确保准确性。目前，更为普遍且科学的方法是利用五维量表，通过询问收集关于这四个必要条件的个体影响及个人风险偏好信息，运用统计分析手段，以辅助对期货市场投资者交易限制进行合理判断。这一过程凸显了统计与计量技术在交易限制决策中的核心作用。

3. 其他交易限制

与此同时，鉴于期货交易品种、市场流动性、人口结构、宏观经济等因素的动态变化，适应性原则需随之灵活调整，以适应新的市场环境。这种适应性调整不仅是对现有环境的积极响应，也向原有的量化方法和模型提出了新的挑战与要求，强调了期货市场交易限制领域内统计与计量技术持续迭代与更新的重要性。

本章小结

本章首先介绍了 R 语言作为期货统计与计量分析的主要工具，强调了其开源免费、统计功能丰富、图形表示能力强等优势。R 语言的跨平台兼容性和活跃的社区支持，使其成为金融统计分析的重要软件。同时，本章概述了期货市场的起源、发展以及与全球经济的紧密联系，展示了金融科技在期货市场中的应用和影响。

其次，章节深入探讨了统计与计量在期货市场分析中的重要性。基本面分析和技术面分析作为预测市场趋势的两大支柱，分别从宏观经济因素和历史交易数据两个角度为投资者提供了决策支持。此外，衍生品定价，尤其是 Black - Scholes 模型在欧式期权定价中的应用，体现了计量经济学在期货市场交易过程中的关键作用。

最后，章节聚焦于投资者在期货市场中的风险管理实务，包括交易风险的识别与控制、资金安全风险和交易限制的考量，讨论了套期保值策略和统计方法在确定最优套期保值比率中的应用，以及如何运用五维量表等统计工具评估投资者的适当性，强调了统计与计量技术在帮助投资者理解市场动态、制定交易策略、管理风险以及适应市场变化中的核心作用。

课后习题

1. （难度级别：低）问题描述：解释 R 语言在期货统计分析中的基本用途。

要求：

（1）列出至少三个 R 语言在期货统计分析中的关键功能。

（2）简述为什么这些功能对期货分析至关重要。

2. （难度级别：低）问题描述：假设你是一名期货市场分析师，需要对某个期货合约的日收盘价进行描述性统计分析。

要求：

（1）列出至少四种描述性统计指标。

（2）解释这些指标在分析中的作用。

3. （难度级别：低）问题描述：简述什么是保证金制度，并解释它在期货交易中的作用。

要求：

（1）定义保证金的概念。

（2）描述保证金如何帮助投资者降低期货交易的风险。

4. （难度级别：中）问题描述：使用 R 语言编写一个函数，该函数能够计算并返回一个期货价格时间序列的移动平均值（MA）。

要求：

（1）函数应该接受价格向量和移动平均的窗口大小作为输入。

（2）返回计算后的移动平均值向量。

5. （难度级别：中）问题描述：解释什么是协整分析，并说明它在期货市场中的应用。

要求：

（1）定义协整的概念。

（2）描述协整分析如何帮助投资者识别期货价格和现货价格之间的长期稳定关系。

6. （难度级别：中）问题描述：使用 R 语言实现一个简单的技术分析指标——相对强弱指数（RSI）。

要求：

（1）编写一个函数计算给定价格序列的 RSI 值。

（2）说明 RSI 如何帮助投资者判断超买或超卖情况。

7. （难度级别：中）问题描述：解释波动率模型在期货市场风险管理中的作用。

要求：

（1）描述波动率的重要性以及它如何影响期货交易策略。

（2）简述 ARCH 和 GARCH 模型的基本概念及其在风险预测中的应用。

8. （难度级别：中）问题描述：使用 R 语言实现 Black - Scholes 模型，计算给定参数下的欧式看涨期权价值。

要求：

（1）编写一个函数，根据期货当前价格、行权价格、无风险利率、波动率和到期时间来计算期权价值。

（2）说明模型的基本假设及其在实际交易中的局限性。

第二章　合约和交易制度

第一节　交易的逐日清算以及标准化合约

一、期货标准化合约

（一）标准化合约内容概况

一份远期合同（合约）涉及多个要素，最主要的要素：（1）商品名称及质量等级；（2）商品计量单位及数量；（3）交货日期；（4）交货地点；（5）价格。买卖双方一对一订立合同（合约）时，上述要素都可以谈判。显然，这种因人而异的合约是非标准的。标准合约是指交易者在交易所买卖时，合约的上述要素中，除第（5）条价格外，都由交易所预先统一规定。各期货品种标准化合约的主要内容，详见《附表 2－1 国内期货品种基本信息文件》。

比如，在上海期货交易所买卖铜，交易所规定：每一个合约对应数量是 5 吨，质量必须符合国标 GB/T 467—2010 中 1 号标准铜（Cu－CATH－2）规定，其中主成分铜加银含量不小于 99.95%。替代品必须符合国标 GB/T 467—2010 中 A 级铜（Cu－CATH－1）规定；或符合 BSEN 1978：1998 中 A 级铜（Cu－CATH－1）规定。交货地点为交易所指定的交割仓库。交货日期为指定合约月份最后交易日后连续 5 个工作日。如此一来，买卖双方在交易之前就已明确知道自己应该承担的责任和义务。例如，某交易者在 3 月 5 日卖出 10 张 6 月的合约，6 月 15 日为最后交易日，意味着他应该在 6 月 15 日之后的 5 个交易日期间将 50 吨符合质量要求的铜送至交易所的交割仓库，由交易所负责交给买方，同时由交易所负责将全部货款付给交易者。

（二）交易单位和合约乘数

如表 2－1 结果所示，对于非实物的股指期货，由于交易对象是一个统计数字，

附表 2-1　　国内期货品种基本信息文件

交易品种	交易代码	交易单位	报价单位	最小变动价位	每日价格最大波动限制	合约交割月份	交易时间	最后交易日
优质强筋小麦	WS	10 吨/手	元（人民币）/吨	1 元/吨	不超过上一交易日结算价 ±3%	1、3、5、7、9、11 月	上午 9:00—11:30，下午 1:30—3:00	合约交割月份的倒数第 7 个交易日
硬麦	WT	10 吨/手	元（人民币）/吨	1 元/吨	不超过上一交易日结算价 ±3%	每年 1、3、5、7、9、11 月	星期一至星期五上午 9:00—11:30，下午 1:30—3:00（法定节假日除外）	合约交割月份的倒数第 7 个交易日
硬冬白麦	WT	10 吨/手	元（人民币）/吨	1 元/吨	不超过上一交易日结算价 ±3%	1、3、5、7、9、11 月	星期一至星期五上午 9:00—11:30，下午 1:30—3:00（法定节假日除外）	合约交割月份的倒数第 7 个交易日
SCE 橡胶	RU	5 吨/手	元（人民币）/吨	5 元/吨	不超过上一交易日结算价 ±3%	1、3、4、5、6、7、8、9、10、11 月	上午 9:00—11:30，下午 1:30—3:00	合约交割月份的 15 日（遇法定假日顺延）
橡胶	RU	5 吨/手	元（人民币）/吨	5 元/吨	不超过上一交易日结算价 ±3%	1、3、4、5、6、7、8、9、10、11 月	上午 9:00—11:30，下午 1:30—3:00	合约交割月份的 15 日（遇法定假日顺延）
绿豆	GN	10 吨/手	元（人民币）/吨	2 元/吨	不超过上一交易日结算价的 ±120 元	每年 1、3、5、7、9、11 月	星期一至星期五上午 9:00—11:30，下午 1:30—3:00（法定节假日除外）	合约交割月份的倒数第 7 个交易日
大豆	S	10 吨/手	元（人民币）/吨	1 元/吨	不超过上一交易日结算价的 3%	每年 1、3、5、7、9、11 月	星期一至星期五上午 9:00—11:30，下午 1:30—3:00（法定节假日除外）	合约交割月份第 10 个交易日
豆一	A	10 吨/手	元（人民币）/吨	1 元/吨	不超过上一交易日结算价的 4%	每年 1、3、5、7、9、11 月	每周一至周五上午 9:00—11:30，下午 13:30—15:00	合约月份第 10 个交易日

续表

交易品种	交易代码	交易单位	报价单位	最小变动价位	每日价格最大波动限制	合约交割月份	交易时间	最后交易日
豆二	B	10 吨/手	元（人民币）/吨	1 元/吨	上一交易日结算价的 4%	1、3、5、7、9、11 月	每周一至周五上午 9:00—11:30，下午 13:30—15:00	合约月份第 10 个交易日
燃油	FU	10 吨/手	元（人民币）/吨	1 元/吨	上一交易日结算价 ±5%	1—12 月（春节月份除外）	上午 9:00—11:30，下午 1:30—3:00	合约交割月份前一月份的最后一个交易日
硬白小麦	WT	10 吨/手	元（人民币）/吨	1 元/吨	不超过上一交易日结算价 ±3%	1、3、5、7、9、11 月	上午 9:00—11:30，下午 1:30—3:00	合约交割月份的倒数第 7 个交易日
普通小麦	PM	50 吨/手	元（人民币）/吨	1 元/吨	上一个交易日结算价 ±4% 及《郑州商品交易所期货交易风险控制管理办法》相关规定	1、3、5、7、9、11 月	每周一至周五（北京时间法定节假日除外）上午 9:00—11:30，下午 1:30—3:00	合约交割月份第 10 个交易日
强筋小麦	WS	10 吨/手	元（人民币）/吨	1 元/吨	不超过上一交易日结算价 ±3%	1、3、5、7、9、11 月	上午 9:00—11:30，下午 1:30—3:00	合约交割月份的倒数第 7 个交易日
中密度纤维板	FB	500 张/手	元（人民币）/张	0.05 元/张	上一交易日结算价的 5%	1、2、3、4、5、6、7、8、9、10、11、12 月	每周一至周五上午 9:00—11:30，下午 13:30—15:00，以及交易所规定的其他时间	合约月份第 10 个交易日
SCFIS 欧线	EC	50	指数点	0.1 点	上一交易日结算价 ±10%	2、4、6、8、10、12 月	上午 9:00—11:30，下午 1:30—3:00 和上海国际能源交易中心规定的其他交易时间	合约交割月份最后一个开展期货交易的周一（上海国际能源交易中心可以根据国家法定节假日等调整最后交易日）
线材	WR	10 吨/手	元（人民币）/吨	1 元/吨	不超过上一交易日结算价 ±7%	1—12 月	上午 9:00—11:30，下午 1:30—3:00 和交易所规定的其他交易时间	合约月份的 15 日（遇国家法定节假日顺延，春节月份等最后交易日交易所可另行调整并通知）

续表

交易品种	交易代码	交易单位	报价单位	最小变动价位	每日价格最大波动限制	合约交割月份	交易时间	最后交易日
镍	NI	1 吨/手	元（人民币）/吨	10 元/吨	不超过上一交易日结算价 ±10%	1—12 月	上午 9:00—11:30，下午 1:30—3:00 和交易所规定的其他交易时间	合约月份的 15 日（遇国家法定节假日顺延，春节月份等最后交易日交易所可另行调整并通知）
焦炭	J	100 吨/手	元（人民币）/吨	0.5 元/吨	上一交易日结算价的 8%	1、2、3、4、5、6、7、8、9、10、11、12 月	上午 9:00—11:30，下午 13:30—15:00，以及交易所规定的其他交易时间	合约月份第 10 个交易日
焦煤	JM	60 吨/手	元（人民币）/吨	0.5 元/吨	上一交易日结算价的 8%	1、2、3、4、5、6、7、8、9、10、11、12 月	上午 9:00—11:30，下午 13:30—15:00，以及交易所规定的其他交易时间	合约月份第 10 个交易日
铁矿石	I	100 吨/手	元（人民币）/吨	0.5 元/吨	上一交易日结算价的 11%	1、2、3、4、5、6、7、8、9、10、11、12 月	上午 9:00—11:30，下午 13:30—15:00，以及交易所规定的其他交易时间	合约月份第 10 个交易日
纤维板	FB	10 立方米/手	元（人民币）/立方米	0.5 元/立方米	上一交易日结算价的 5%	1、2、3、4、5、6、7、8、9、10、11、12 月	上午 9:00—11:30，下午 13:30—15:00，以及交易所规定的其他交易时间	合约月份第 10 个交易日
细木工板	BB	500 张/手	元（人民币）/张	0.05 元/张	上一交易日结算价的 5%	1、2、3、4、5、6、7、8、9、10、11、12 月	上午 9:00—11:30，下午 13:30—15:00，以及交易所规定的其他交易时间	合约月份第 10 个交易日
粳米	RR	10 吨/手	元（人民币）/吨	1 元/吨	上一交易日结算价的 5%	1、2、3、4、5、6、7、8、9、10、11、12 月	上午 9:00—11:30，下午 13:30—15:00，以及交易所规定的其他交易时间	合约月份第 10 个交易日

续表

交易品种	交易代码	交易单位	报价单位	最小变动价位	每日价格最大波动限制	合约交割月份	交易时间	最后交易日
普麦	PM	50 吨/手	元（人民币）/吨	1 元/吨	上一交易日结算价 ±7% 及《郑州商品交易所期货交易风险控制管理办法》相关规定	1、3、5、7、9、11 月	上午 9:00—11:30，下午 13:30—15:00，以及交易所规定的其他交易时间	合约交割月份的第 10 个交易日
强麦	WH	20 吨/手	元（人民币）/吨	1 元/吨	上一交易日结算价 ±7% 及《郑州商品交易所期货交易风险控制管理办法》相关规定	1、3、5、7、9、11 月	上午 9:00—11:30，下午 13:30—15:00，以及交易所规定的其他交易时间	合约交割月份的第 10 个交易日
油菜籽	RS	10 吨/手	元（人民币）/吨	1 元/吨	上一交易日结算价 ±4% 及《郑州商品交易所期货交易风险控制管理办法》相关规定	7、8、9、11 月	上午 9:00—11:30，下午 13:30—15:00，以及交易所规定的其他交易时间	合约交割月份的第 10 个交易日
早籼稻	RI	20 吨/手	元（人民币）/吨	1 元/吨	上一交易日结算价 ±7% 及《郑州商品交易所期货交易风险控制管理办法》相关规定	1、3、5、7、9、11 月	上午 9:00—11:30，下午 13:30—15:00，以及交易所规定的其他交易时间	合约交割月份的第 10 个交易日
粳稻谷	JR	20 吨/手	元（人民币）/吨	1 元/吨	上一交易日结算价 ±7% 及《郑州商品交易所期货交易风险控制管理办法》相关规定	1、3、5、7、9、11 月	上午 9:00—11:30，下午 13:30—15:00，以及交易所规定的其他交易时间	合约交割月份的第 10 个交易日
晚籼稻	LR	20 吨/手	元（人民币）/吨	1 元/吨	上一交易日结算价 ±7% 及《郑州商品交易所期货交易风险控制管理办法》相关规定	1、3、5、7、9、11 月	上午 9:00—11:30，下午 13:30—15:00，以及交易所规定的其他交易时间	合约交割月份的第 10 个交易日
玻璃	FG	20 吨/手	元（人民币）/吨	1 元/吨	上一交易日结算价 ±10% 及《郑州商品交易所期货交易风险控制管理办法》相关规定	1—12 月	上午 9:00—11:30，下午 13:30—15:00，以及交易所规定的其他交易时间	合约交割月份的第 10 个交易日

续表

交易品种	交易代码	交易单位	报价单位	最小变动价位	每日价格最大波动限制	合约交割月份	交易时间	最后交易日
动力煤	ZC	100 吨/手	元（人民币）/吨	0.2 元/吨	上一交易日结算价 ±10% 及《郑州商品交易所期货交易风险控制管理办法》相关规定	1—12 月	上午 9:00—11:30，下午 13:30—15:00，以及交易所规定的其他交易时间	合约交割月份的第 5 个交易日
硅铁	SF	5 吨/手	元（人民币）/吨	2 元/吨	上一交易日结算价 ±10% 及《郑州商品交易所期货交易风险控制管理办法》相关规定	1—12 月	上午 9:00—11:30，下午 13:30—15:00，以及交易所规定的其他交易时间	合约交割月份的第 10 个交易日
锰硅	SM	5 吨/手	元（人民币）/吨	2 元/吨	上一交易日结算价 ±10% 及《郑州商品交易所期货交易风险控制管理办法》相关规定	1—12 月	上午 9:00—11:30，下午 13:30—15:00，以及交易所规定的其他交易时间	合约交割月份的第 10 个交易日
鲜苹果	AP	10 吨/手	元（人民币）/吨	1 元/吨	上一交易日结算价 ±9% 及《郑州商品交易所期货交易风险控制管理办法》相关规定	1、3、4、5、10、11、12 月	上午 9:00—11:30，下午 13:30—15:00，以及交易所规定的其他交易时间	合约交割月份的第 10 个交易日
纯碱	SA	20 吨/手	元（人民币）/吨	1 元/吨	上一交易日结算价 ±10% 及《郑州商品交易所期货交易风险控制管理办法》相关规定	1—12 月	上午 9:00—11:30，下午 13:30—15:00，以及交易所规定的其他交易时间	合约交割月份的第 10 个交易日
红枣	CJ	5 吨/手	元（人民币）/吨	5 元/吨	上一交易日结算价 ±10% 及《郑州商品交易所期货交易风险控制管理办法》相关规定	1、3、5、7、9、12 月	上午 9:00—11:30，下午 13:30—15:00，以及交易所规定的其他交易时间	合约交割月份的第 10 个交易日
黄大豆 1 号	A	10 吨/手	元（人民币）/吨	1 元/吨	不超过上一交易日结算价的 8%	每年 1、3、5、7、9、11 月	上午 9:00—11:30，下午 13:30—15:00，以及交易所规定的其他交易时间	合约月份第 10 个交易日

续表

交易品种	交易代码	交易单位	报价单位	最小变动价位	每日价格最大波动限制	合约交割月份	交易时间	最后交易日
黄大豆2号	B	10吨/手	元（人民币）/吨	1元/吨	上一交易日结算价的8%	1、2、3、4、5、6、7、8、9、10、11、12月	上午9:00—11:30，下午13:30—15:00，以及交易所规定的其他交易时间	合约月份第10个交易日
豆粕	M	10吨/手	元（人民币）/吨	1元/吨	上一交易日结算价的6%	1、3、5、7、8、9、11、12月	上午9:00—11:30，下午13:30—15:00，以及交易所规定的其他交易时间	合约月份第10个交易日
豆油	Y	10吨/手	元（人民币）/吨	2元/吨	上一交易日结算价的6%	1、3、5、7、8、9、11、12月	上午9:00—11:30，下午13:30—15:00，以及交易所规定的其他交易时间	合约月份第10个交易日
棕榈油	P	10吨/手	元（人民币）/吨	2元/吨	上一交易日结算价的9%	1、2、3、4、5、6、7、8、9、10、11、12月	上午9:00—11:30，下午13:30—15:00，以及交易所规定的其他交易时间	合约月份第10个交易日
玉米	C	10吨/手	元（人民币）/吨	1元/吨	上一交易日结算价的6%	1、3、5、7、9、11月	上午9:00—11:30，下午13:30—15:00，以及交易所规定的其他交易时间	合约月份第10个交易日
玉米淀粉	CS	10吨/手	元（人民币）/吨	1元/吨	上一交易日结算价的5%	1、3、5、7、9、11月	上午9:00—11:30，下午13:30—15:00，以及交易所规定的其他交易时间	合约月份第10个交易日
鲜鸡蛋	JD	5吨/手	元（人民币）/500千克	1元/500千克	上一交易日结算价的7%	1、2、3、4、5、6、7、8、9、10、11、12月	上午9:00—11:30，下午13:30—15:00，以及交易所规定的其他交易时间	合约月份倒数第4个交易日

续表

交易品种	交易代码	交易单位	报价单位	最小变动价位	每日价格最大波动限制	合约交割月份	交易时间	最后交易日
LLDPE	L	5 吨/手	元（人民币）/吨	1 元/吨	上一交易日结算价的 6%	1、2、3、4、5、6、7、8、9、10、11、12 月	上午 9:00—11:30，下午 13:30—15:00，以及交易所规定的其他交易时间	合约月份第 10 个交易日
聚丙烯	PP	5 吨/手	元（人民币）/吨	1 元/吨	上一交易日结算价的 6%	1、2、3、4、5、6、7、8、9、10、11、12 月	上午 9:00—11:30，下午 13:30—15:00，以及交易所规定的其他交易时间	合约月份第 10 个交易日
聚氯乙烯	V	5 吨/手	元（人民币）/吨	1 元/吨	上一交易日结算价的 6%	1、2、3、4、5、6、7、8、9、10、11、12 月	上午 9:00—11:30，下午 13:30—15:00，以及交易所规定的其他交易时间	合约月份第 10 个交易日
乙二醇	EG	10 吨/手	元（人民币）/吨	1 元/吨	上一交易日结算价的 9%	1、2、3、4、5、6、7、8、9、10、11、12 月	上午 9:00—11:30，下午 13:30—15:00，以及交易所规定的其他交易时间	合约月份倒数第 4 个交易日
液化石油气	PG	20 吨/手	元（人民币）/吨	1 元/吨	上一交易日结算价的 9%	1、2、3、4、5、6、7、8、9、10、11、12 月	上午 9:00—11:30，下午 13:30—15:00，以及交易所规定的其他交易时间	合约月份倒数第 4 个交易日
生猪	LH	16 吨/手	元（人民币）/吨	5 元/吨	上一交易日结算价的 7%	1、3、5、7、9、11 月	上午 9:00—11:30，下午 13:30—15:00，以及交易所规定的其他交易时间	合约月份倒数第 4 个交易日
苯乙烯	EB	5 吨/手	元（人民币）/吨	1 元/吨	上一交易日结算价的 9%	1、2、3、4、5、6、7、8、9、10、11、12 月	上午 9:00—11:30，下午 13:30—15:00，以及交易所规定的其他交易时间	合约月份倒数第 4 个交易日

续表

交易品种	交易代码	交易单位	报价单位	最小变动价位	每日价格最大波动限制	合约交割月份	交易时间	最后交易日
丁二烯橡胶	BR	5 吨/手	元（人民币）/吨	5 元/吨	上一交易日结算价 ±10%	1—12 月	上午 9:00—11:30，下午 1:30—3:00 和交易所规定的其他交易时间	合约月份的 15 日（遇国家法定节假日顺延，春节月份等最后交易日交易所可另行调整并通知）
中质含硫原油	SC	1000 桶/手	元（人民币）/桶	0.1 元（人民币）/桶	不超过上一交易日结算价 ±8%	最近 1—12 个月为连续月份以及随后八个季月	上午 9:00—11:30，下午 1:30—3:00 以及上海国际能源交易中心规定的其他交易时间	交割月份前第一月的最后一个交易日
低硫燃料油	LU	10 吨/手	元（人民币）/吨	1 元（人民币）/吨	不超过上一交易日结算价 ±10%	1、2、3、4、5、6、7、8、9、10、11、12 月	上午 9:00—11:30，下午 1:30—3:00 以及上海国际能源交易中心规定的其他交易时间	交割月份前第一月的最后一个交易日（遇国家法定节假日、休息日顺延；上海国际能源交易中心可以根据国家法定节假日、休息日调整最后交易日）
20 号胶	NR	10 吨/手	元（人民币）/吨	5 元（人民币）/吨	不超过上一交易日结算价 ±6%	1、2、3、4、5、6、7、8、9、10、11、12 月	上午 9:00—11:30，下午 1:30—3:00 以及上海国际能源交易中心规定的其他交易时间	交割月份的 15 日（遇国家法定节假日、休息日顺延；上海国际能源交易中心可以根据国家法定节假日、休息日调整最后交易日）
铜	CU	5 吨/手	元（人民币）/吨	10 元/吨	不超过上一交易日结算价 ±7%	1—12 月	上午 9:00—11:30，下午 1:30—3:00 和交易所规定的其他交易时间	合约月份的 15 日（遇国家法定节假日顺延，春节月份等最后交易日交易所可另行调整并通知）

续表

交易品种	交易代码	交易单位	报价单位	最小变动价位	每日价格最大波动限制	合约交割月份	交易时间	最后交易日
铝	AL	5吨/手	元（人民币）/吨	5元/吨	不超过上一交易日结算价±8%	1—12月	上午9:00—11:30，下午1:30—3:00和交易所规定的其他交易时间	合约月份的15日（遇国家法定节假日顺延，春节月份等最后交易日交易所可另行调整并通知）
锡	SN	1吨/手	元（人民币）/吨	10元/吨	不超过上一交易日结算价±11%	1—12月	上午9:00—11:30，下午1:30—3:00和交易所规定的其他交易时间	合约月份的15日（遇国家法定节假日顺延，春节月份等最后交易日交易所可另行调整并通知）
不锈钢	SS	5吨/手	元（人民币）/吨	5元/吨	上一交易日结算价±5%	1—12月	上午9:00—11:30，下午1:30—3:00和交易所规定的其他交易时间。	合约月份的15日（遇国家法定节假日顺延，春节月份等最后交易日交易所可另行调整并通知）
石油沥青	BU	10吨/手	元（人民币）/吨	1元/吨	不超过上一交易日结算价±10%	24个月以内，其中最近1—6个月为连续月份合约，6个月以后为季月合约	上午9:00—11:30，下午1:30—3:00和交易所规定的其他交易时间	合约月份的15日（遇国家法定节假日顺延，春节月份等最后交易日交易所可另行调整并通知）
天然橡胶	RU	10吨/手	元（人民币）/吨	5元/吨	上一交易日结算价±6%	1、3、4、5、6、7、8、9、10、11月	上午9:00—11:30，下午1:30—3:00和交易所规定的其他交易时间	合约月份的15日（遇国家法定节假日顺延，春节月份等最后交易日交易所可另行调整并通知）
甲醇	MA	10吨/手	元（人民币）/吨	1元/吨	上一交易日结算价±8%及《郑州商品交易所期货交易风险控制管理办法》相关规定	1—12月	上午9:00—11:30，下午13:30—15:00，以及交易所规定的其他交易时间	合约交割月份的第10个交易日
短纤	PF	5吨/手	元（人民币）/吨	2元/吨	上一交易日结算价±8%及《郑州商品交易所期货交易风险控制管理办法》相关规定	1—12月	上午9:00—11:30，下午13:30—15:00，以及交易所规定的其他交易时间	合约交割月份的第10个交易日

续表

交易品种	交易代码	交易单位	报价单位	最小变动价位	每日价格最大波动限制	合约交割月份	交易时间	最后交易日
白糖	SR	10 吨/手	元（人民币）/吨	1 元/吨	上一交易日结算价 ±8% 及《郑州商品交易所期货交易风险控制管理办法》相关规定	1、3、5、7、9、11 月	上午 9:00—11:30，下午 13:30—15:00，以及交易所规定的其他交易时间	合约交割月份的第 10 个交易日
棉花	CF	5 吨/手	元（人民币）/吨	5 元/吨	上一交易日结算价 ±6% 及《郑州商品交易所期货交易风险控制管理办法》相关规定	1、3、5、7、9、11 月	上午 9:00—11:30，下午 13:30—15:00，以及交易所规定的其他交易时间	合约交割月份的第 10 个交易日
菜籽粕	RM	10 吨/手	元（人民币）/吨	1 元/吨	上一交易日结算价 ±8% 及《郑州商品交易所期货交易风险控制管理办法》相关规定	1、3、5、7、8、9、11 月	上午 9:00—11:30，下午 13:30—15:00，以及交易所规定的其他交易时间	合约交割月份的第 10 个交易日
菜籽油	OI	10 吨/手	元（人民币）/吨	1 元/吨	上一交易日结算价 ±8% 及《郑州商品交易所期货交易风险控制管理办法》相关规定	1、3、5、7、9、11 月	上午 9:00—11:30，下午 13:30—15:00，以及交易所规定的其他交易时间	合约交割月份的第 10 个交易日
棉纱	CY	5 吨/手	元（人民币）/吨	5 元/吨	上一交易日结算价 ±6% 及《郑州商品交易所期货交易风险控制管理办法》相关规定	1—12 月	上午 9:00—11:30，下午 13:30—15:00，以及交易所规定的其他交易时间	合约交割月份的第 10 个交易日
PTA	TA	5 吨/手	元（人民币）/吨	2 元/吨	上一交易日结算价 ±6% 及《郑州商品交易所期货交易风险控制管理办法》相关规定	1—12 月	上午 9:00—11:30，下午 13:30—15:00，以及交易所规定的其他交易时间	合约交割月份的第 10 个交易日
阴极铜	BC	5 吨/手	元（人民币）/吨	10 元（人民币）/吨	上一交易日结算价 ±8%	1、2、3、4、5、6、7、8、9、10、11、12 月	上午 9:00—11:30，下午 1:30—3:00 以及上海国际能源交易中心规定的其他交易时间	交割月份的 15 日（遇国家法定节假日、休息日顺延；上海国际能源交易中心可以根据国家法定节假日、休息日调整最后交易日）

续表

交易品种	交易代码	交易单位	报价单位	最小变动价位	每日价格最大波动限制	合约交割月份	交易时间	最后交易日
氧化铝	AO	20 吨/手	元（人民币）/吨	1 元/吨	上一交易日结算价 ±8%	1—12 月	上午 9:00—11:30，下午 1:30—3:00 和交易所规定的其他交易时间	合约月份的 15 日（遇国家法定节假日顺延，春节月份等最后交易日交易所可另行调整并通知）
漂白硫酸盐针叶木浆	SP	10 吨/手	元（人民币）/吨	2 元/吨	上一交易日结算价 ±6%	1—12 月	上午 9:00—11:30，下午 1:30—3:00 和交易所规定的其他交易时间	合约月份的 15 日（遇国家法定节假日顺延，春节月份等最后交易日交易所可另行调整并通知）
对二甲苯	PX	5 吨/手	元（人民币）/吨	2 元/吨	上一交易日结算价 ±7% 及《郑州商品交易所期货交易风险控制管理办法》相关规定	1—12 月	上午 9:00—11:30，下午 13:30—15:00，以及交易所规定的其他交易时间	合约交割月份的第 10 个交易日
尿素	UR	20 吨/手	元（人民币）/吨	1 元/吨	上一交易日结算价 ±7% 及《郑州商品交易所期货交易风险控制管理办法》相关规定	1—12 月	上午 9:00—11:30，下午 13:30—15:00，以及交易所规定的其他交易时间	合约交割月份的第 10 个交易日
碳酸锂	LC	1 吨/手	元（人民币）/吨	50 元/吨	上一交易日结算价 ±11%	1、2、3、4、5、6、7、8、9、10、11、12 月	上午 9:00—11:30，下午 13:30—15:00，以及交易所规定的其他交易时间	合约月份的第 10 个交易日
烧碱	SH	30 吨/手	元（人民币）/吨	1 元/吨	上一交易日结算价 ±8% 及《郑州商品交易所期货交易风险控制管理办法》相关规定	1—12 月	上午 9:00—11:30，下午 13:30—15:00，以及交易所规定的其他交易时间	合约交割月份的第 10 个交易日
白银	AG	15 千克/手	元（人民币）/千克	1 元/千克	不超过上一交易日结算价 ±10%	1—12 月	上午 9:00—11:30，下午 1:30—3:00 和交易所规定的其他交易时间	合约月份的 15 日（遇国家法定节假日顺延，春节月份等最后交易日交易所可另行调整并通知）
螺纹钢	RB	10 吨/手	元（人民币）/吨	1 元/吨	不超过上一交易日结算价 ±5%	1—12 月	上午 9:00—11:30，下午 1:30—3:00 和交易所规定的其他交易时间	合约月份的 15 日（遇国家法定节假日顺延，春节月份等最后交易日交易所可另行调整并通知）

续表

交易品种	交易代码	交易单位	报价单位	最小变动价位	每日价格最大波动限制	合约交割月份	交易时间	最后交易日
热轧卷板	HC	10吨/手	元（人民币）/吨	1元/吨	不超过上一交易日结算价±5%	1—12月	上午9:00—11:30，下午1:30—3:00和交易所规定的其他交易时间	合约月份的15日（遇国家法定节假日顺延，春节月份等最后交易日交易所可另行调整并通知）
燃料油	FU	10吨/手	元（人民币）/吨	1元/吨	上一交易日结算价±8%	1—12月	上午9:00—11:30，下午1:30—3:00和交易所规定的其他交易时间	合约月份前一月份的最后一个交易日；交易所可以根据国家法定节假日调整最后交易日。
黄金	AU	1000克/手	元（人民币）/克	0.02元/克	上一交易日结算价±10%	最近三个连续月份的合约以及最近13个月以内的双月合约	上午9:00—11:30，下午1:30—3:00和交易所规定的其他交易时间	合约月份的15日（遇国家法定节假日顺延，春节月份等最后交易日交易所可另行调整并通知）
花生仁	PK	5吨/手	元（人民币）/吨	2元/吨	上一交易日结算价±7%及《郑州商品交易所期货交易风险控制管理办法》相关规定	1、3、4、5、10、11、12月	上午9:00—11:30，下午13:30—15:00，以及交易所规定的其他交易时间	合约交割月份的第10个交易日
工业硅	SI	5吨/手	元（人民币）/吨	5元/吨	上一交易日结算价±7%	1、2、3、4、5、6、7、8、9、10、11、12月	上午9:00—11:30，下午13:30—15:00，以及交易所规定的其他交易时间	合约月份的第10个交易日
锌	ZN	5吨/手	元（人民币）/吨	5元/吨	不超过上一交易日结算价±7%	1—12月	上午9:00—11:30，下午1:30—3:00和交易所规定的其他交易时间	合约月份的15日（遇国家法定节假日顺延，春节月份等最后交易日交易所可另行调整并通知）
铅	PB	5吨/手	元（人民币）/吨	5元/吨	不超过上一交易日结算价±7%	1—12月	上午9:00—11:30，下午1:30—3:00和交易所规定的其他交易时间	合约月份的15日（遇国家法定节假日顺延，春节月份等最后交易日交易所可另行调整并通知）

续表

交易品种	交割日期	交割等级	交割地点	交易保证金	交割方式	交易手续费（元/手）	交易所代码
优质强筋小麦	合约交割月份的第1个交易日至最后交易日	标准交割品：符合郑州商品交易所期货交易用优质强筋小麦标准（Q/ZSJ 001—2003）二等优质强筋小麦，替代品及升贴水见《郑州商品交易所交割细则》	交易所指定交割仓库	合约价值的5%	实物交割	2元/手（含风险准备金）	CZCE
硬麦	合约交割月份的第1个交易日至最后交易日	标准品：二等硬冬白小麦符合GB 1351—1999替代品：一（升水30元/吨）、三（贴水50元/吨）等硬冬白小麦；符合GB 1351—1999	郑州交易所指定交割仓库	合约价值的5%	实物交割	2元/手（含风险准备金）	CZCE
硬冬白麦	合约交割月份的第1个交易日至最后交易日	标准交割品：二等硬冬白小麦符合GB 1351—1999替代品及升贴水见《郑州商品交易所交割细则》替代品：一、三等硬冬白小麦符合GB 1351—1999	郑州交易所指定交割仓库	合约价值的5%	实物交割	2元/手（含风险准备金）	CZCE
SCE橡胶	最后交易日后连续五个工作日	标准品：1. 国产天然橡胶（SCR WF），质量符合国标GB/T 8081—2008。2. 进口3号烟胶片（RSS3），质量符合《天然橡胶等级的品质与包装国际标准（绿皮书）》（1979年版）	交易所指定交割仓库	合约价值的5%	实物交割	不高于成交金额的万分之一点五（含风险准备金）	SHFE
橡胶	最后交易日后连续五个工作日	标准品：1. 国产天然橡胶（SCR WF），质量符合国标GB/T 8081—2008。2. 进口3号烟胶片（RSS3），质量符合《天然橡胶等级的品质与包装国际标准（绿皮书）》（1979年版）	交易所指定交割仓库	合约价值的5%	实物交割	不高于成交金额的万分之一点五（含风险准备金）	SHFE

续表

交易品种	交割日期	交割等级	交割地点	交易保证金	交割方式	交易手续费（元/手）	交易所代码
绿豆	合约交割月份的第1个交易日至最后交易日	标准交割品：国标二等杂绿豆　符合GB 10462—89。替代品：国标一等、三等杂绿豆；国标一等、二等、三等明绿豆	郑州交易所指定交割仓库	合约价值的20%	实物交割	6元/手（含风险准备金）	CZCE
大豆	最后交易日后第7个交易日	GB 1352—86三等黄大豆	大连商品交易所指定交割仓库	合约价值的5%	集中交割	不超过4元/手	DCE
豆一	最后交易日后7日（遇法定节假日顺延）	大连商品交易所黄大豆1号交割质量标准（FA/DCE D001—2009）（具体内容见附件）	大连商品交易所指定交割仓库	合约价值的5%	实物交割	4元/手	DCE
豆二	最后交易日后第3个交易日	符合《大连商品交易所黄大豆2号交割质量标准（FB/DCE D001—2009）》（具体内容见附件）	大连商品交易所指定交割仓库	合约价值的5%（当前暂为7%）	实物交割	不超过4元/手	DCE
燃油	最后交易日后连续五个工作日	180CST燃料油（具体质量规定见附件）或质量优于该标准的其他燃料油。	交易所指定交割地点	合约价值的8%	实物交割	不高于成交金额的万分之二（含风险准备金）	SHFE
硬白小麦	合约交割月份的第1个交易日至最后交易日	基准交割品：三等硬白小麦符合GB 1351—2008《小麦》替代品及升贴水见《郑州商品交易所期货交割细则》	交易所指定交割仓库	合约价值的5%	实物交割	1元/手	CZCE
普通小麦	合约交割月份第12个交易日	符合《中华人民共和国国家标准　小麦》（GB 1351—2008）的三等及以上小麦，且物理指标等符合《郑州商品交易所期货交割细则》规定要求	交易所指定交割仓库及指定交割计价点	合约价值的5%	实物交割	5元/手	CZCE
强筋小麦	合约交割月份的第1个交易日至最后交易日	标准交割品：符合郑州商品交易所期货交易用优质强筋小麦标准（Q/ZSJ 001—2003）二等优质强筋小麦，替代品及升贴水见《郑州商品交易所交割细则》	交易所指定交割仓库	合约价值的5%	实物交割	1元/手	CZCE

续表

交易品种	交割日期	交割等级	交割地点	交易保证金	交割方式	交易手续费（元/手）	交易所代码
中密度纤维板	最后交易日后第3个交易日	大连商品交易所纤维板交割质量标准	大连商品交易所纤维板指定交割仓库	合约价值的20%	实物交割	成交合约金额的万分之一	DCE
SCFIS 欧线	合约交割月份最后一个开展期货交易的周一（上海国际能源交易中心可以根据国家法定节假日等调整最后交易日）	上海航运交易所在集运指数（欧线）期货合约最后交易日发布的及最后交易日前第一、第二个指数发布日发布的三个上海出口集装箱结算运价指数（欧洲航线）的算术平均值	上海国际能源交易中心	合约价值的12%	现金交割	成交金额的万分之零点五	INE
线材	最后交易日后连续二个工作日	标准品：符合国标 GB/T 1499.1—2017《钢筋混凝土用钢　第1部分：热轧光圆钢筋》HPB300 牌号的 φ8mm 线材。替代品：符合国标 GB/T 1499.1—2017《钢筋混凝土用钢　第1部分：热轧光圆钢筋》HPB300 牌号的 φ10mm 线材	交易所指定交割仓库	合约价值的9%	实物交割	0 元/手	SHFE
镍	最后交易日后连续二个工作日	标准品：电解镍，符合国标 GB/T 6516—2010Ni9996 规定，其中镍和钴的总含量不小于 99.96%。替代品：电解镍，符合国标 GB/T 6516—2010Ni9999 规定，其中镍和钴的总含量不小于 99.99%；或符合 ASTMB39—79（2013）规定，其中镍的含量不小于 99.8%	交易所指定交割仓库	合约价值的12%	实物交割	3 元/手	SHFE
焦炭	最后交易日后第3个交易日	大连商品交易所焦炭交割质量标准	大连商品交易所焦炭指定交割仓库	合约价值的20%	实物交割	成交合约金额的万分之一	DCE

续表

交易品种	交割日期	交割等级	交割地点	交易保证金	交割方式	交易手续费（元/手）	交易所代码
焦煤	最后交易日后第3个交易日	大连商品交易所焦煤交割质量标准（F/DCE JM001—2018）	大连商品交易所焦煤指定交割仓库	合约价值的20%	实物交割	成交合约金额的万分之一	DCE
铁矿石	最后交易日后第3个交易日	大连商品交易所铁矿石交割质量标准（F/DCE I001—2017）	大连商品交易所铁矿石指定交割仓库及指定交割地点	合约价值的15%	实物交割	成交合约金额的万分之一（非1、5、9月合约）	DCE
纤维板	最后交易日后第3个交易日	大连商品交易所纤维板交割质量标准（F/DCE FB001—2019）	大连商品交易所纤维板指定交割仓库	合约价值的10%	实物交割	成交合约金额的万分之一	DCE
细木工板	最后交易日后第3个交易日	大连商品交易所胶合板交割质量标准（F/DCE BB002—2018）	大连商品交易所胶合板指定交割仓库	合约价值的40%	实物交割	成交合约金额的万分之一	DCE
粳米	最后交易日后第3个交易日	大连商品交易所粳米交割质量标准（F/DCE RR001—2019）	大连商品交易所粳米指定交割仓库	合约价值的6%	实物交割	1元/手	DCE
普麦	合约交割月份第13个交易日	符合《中华人民共和国国家标准　小麦》（GB 1351—2008）的三等及以上小麦，且物理指标等符合《郑州商品交易所期货交割细则》规定要求	交易所指定交割仓库及指定交割计价点	合约价值的15%	实物交割	30元/手	CZCE
强麦	合约交割月份的次月20日	符合《中华人民共和国国家标准　小麦》（GB 1351—2008）的三等及以上小麦，且稳定时间、湿面筋等指标符合《郑州商品交易所期货交割细则》规定要求	交易所指定交割仓库	合约价值的15%	实物交割	30元/手	CZCE

续表

交易品种	交割日期	交割等级	交割地点	交易保证金	交割方式	交易手续费（元/手）	交易所代码
油菜籽	合约交割月份的第13个交易日	基准交割品：符合以下质量指标的菜籽：含油量（以8%水分计，以下同）≥38.0%，水分≤9.0%，杂质≤3.0%，热损伤粒≤2.0%，生霉粒≤2.0%，色泽气味正常。菜籽指标定义、卫生指标要求及检验方法等按照《中华人民共和国国家标准　油菜籽》（GB/T 11762—2006）执行。替代品及升贴水详见《郑州商品交易所期货交割细则》	交易所指定交割地点	合约价值的5%	实物交割	2元/手	CZCE
早籼稻	合约交割月份的第13个交易日	基准交割品：符合《中华人民共和国国家标准　稻谷》（GB 1350—2009）三等及以上等级质量指标及《郑州商品交易所期货交割细则》规定的早籼稻谷　替代品及升贴水见《郑州商品交易所期货交割细则》	交易所指定交割仓库	合约价值的15%	实物交割	2.5元/手	CZCE
粳稻谷	合约交割月份的第13个交易日	见《郑州商品交易所期货交割细则》	交易所指定交割地点	合约价值的15%	实物交割	3元/手	CZCE
晚籼稻	合约交割月份的第13个交易日	见《郑州商品交易所期货交割细则》	交易所指定交割地点	合约价值的15%	实物交割	3元/手	CZCE
玻璃	合约交割月份的第13个交易日	见《郑州商品交易所期货交割细则》	交易所指定交割地点	合约价值的12%	实物交割	6元/手	CZCE
动力煤	合约交割月份的第8个交易日	见《郑州商品交易所期货交割细则》	交易所指定交割地点	合约价值的12%	实物交割	150元/手	CZCE
硅铁	合约交割月份的第13个交易日	见《郑州商品交易所期货交割细则》	交易所指定交割地点	合约价值的12%	实物交割	1.5元/手（［N+2，N+5］（N为当月月份）区间内的非1、5、9月合约）	CZCE

续表

交易品种	交割日期	交割等级	交割地点	交易保证金	交割方式	交易手续费（元/手）	交易所代码
锰硅	合约交割月份的第13个交易日	见《郑州商品交易所期货交割细则》	交易所指定交割地点	合约价值的12%	实物交割	1.5元/手（［N+2，N+5］（N为当月月份）区间内的非1、5、9合约）	CZCE
鲜苹果	合约交割月份的第13个交易日	见《郑州商品交易所期货交割细则》	交易所指定交割地点	合约价值的10%	实物交割	20元/手	CZCE
纯碱	合约交割月份的第13个交易日	见《郑州商品交易所期货交割细则》	交易所指定交割地点	合约价值的12%	实物交割	成交金额的万分之二	CZCE
红枣	合约交割月份的第13个交易日	见《郑州商品交易所期货交割细则》	交易所指定交割仓库	合约价值的12%	实物交割	3元/手	CZCE
黄大豆1号	最后交易日后第3个交易日	大连商品交易所黄大豆1号交割质量标准（F/DCE A001—2018）	大连商品交易所指定交割仓库	合约价值的9%	实物交割	2元/手	DCE
黄大豆2号	最后交易日后第3个交易日	大连商品交易所黄大豆2号交割质量标准（F/DCE B003—2017）	大连商品交易所指定交割仓库	合约价值的9%	实物交割	1元/手	DCE
豆粕	最后交易日后第3个交易日	大连商品交易所豆粕交割质量标准	大连商品交易所指定交割仓库	合约价值的7%	实物交割	1.5元/手	DCE
豆油	最后交易日后第3个交易日	大连商品交易所豆油交割质量标准	大连商品交易所指定交割仓库	合约价值的7%	实物交割	2.5元/手	DCE
棕榈油	最后交易日后第3个交易日	大连商品交易所棕榈油交割质量标准	大连商品交易所棕榈油指定交割仓库	合约价值的10%	实物交割	2.5元/手	DCE
玉米	最后交易日后第3个交易日	大连商品交易所玉米交割质量标准（F/DCE C005—2023）	大连商品交易所玉米指定交割仓库	合约价值的7%	实物交割	1.2元/手	DCE

续表

交易品种	交割日期	交割等级	交割地点	交易保证金	交割方式	交易手续费（元/手）	交易所代码
玉米淀粉	最后交易日后第3个交易日	大连商品交易所玉米淀粉交割质量标准（F/DCE CS002—2018）	大连商品交易所玉米淀粉指定交割仓库	合约价值的6%	实物交割	1.5元/手	DCE
鲜鸡蛋	最后交易日后第3个交易日	大连商品交易所鸡蛋交割质量标准（F/DCE JD003—2020）	大连商品交易所鸡蛋指定交割仓库、指定车板交割场所	合约价值的8%	实物交割	成交合约金额的万分之一点五	DCE
LLDPE	最后交易日后第3个交易日	大连商品交易所线型低密度聚乙烯交割质量标准	大连商品交易所线型低密度聚乙烯指定交割仓库	合约价值的7%	实物交割	1元/手（非1、5、9月合约）	DCE
聚丙烯	最后交易日后第3个交易日	大连商品交易所聚丙烯交割质量标准	大连商品交易所聚丙烯指定交割仓库	合约价值的7%	实物交割	1元/手（非1、5、9月合约）	DCE
聚氯乙烯	最后交易日后第3个交易日	质量标准符合《悬浮法通用型聚氯乙烯树脂（GB/T 5761—2018）》规定的SG5型一等品和优等品（干流性指标不做要求）	大连商品交易所指定交割仓库	合约价值的7%	实物交割	1元/手（非1、5、9月合约）	DCE
乙二醇	最后交易日后第3个交易日	大连商品交易所乙二醇交割质量标准（F/DCE EG001—2018）	大连商品交易所乙二醇指定交割仓库	合约价值的10%	实物交割	3元/手	DCE
液化石油气	最后交易日后第3个交易日	大连商品交易所液化石油气交割质量标准（F/DCE PG001—2020）	大连商品交易所液化石油气指定交割仓库	合约价值的10%	实物交割	6元/手	DCE

续表

交易品种	交割日期	交割等级	交割地点	交易保证金	交割方式	交易手续费（元/手）	交易所代码
生猪	最后交易日后第3个交易日	大连商品交易所生猪交割质量标准（F/DCE LH001—2021）	大连商品交易所生猪指定交割仓库、指定车板交割场所	合约价值的9%	实物交割	成交金额的万分之一	DCE
苯乙烯	最后交易日后第3个交易日	大连商品交易所苯乙烯交割质量标准（F/DCE EB001—2019）	大连商品交易所苯乙烯指定交割仓库	合约价值的10%	实物交割	3元/手	DCE
丁二烯橡胶	最后交易日后连续二个工作日	1. 用于实物交割的丁二烯橡胶，质量应当符合或者优于GB/T 8659—2018《丁二烯橡胶（BR）9000》中I类指标规定。2. 每一标准仓单的丁二烯橡胶，应当是交易所认证的商品，且应当附有相应的质量证明书。3. 每一标准仓单的丁二烯橡胶，应当是同一生产企业生产、同一品牌、同一牌号、同一包装规格的商品组成。组成每一标准仓单的丁二烯橡胶的生产日期应当不超过连续30日	交易所指定交割地点	合约价值的12%	实物交割	成交金额的万分之零点二	SHFE
中质含硫原油	最后交易日后连续五个交易日	中质含硫原油，基准品质为API度32.0，硫含量1.5%，具体可交割油种及升贴水由上海国际能源交易中心另行规定	上海国际能源交易中心指定交割仓库	合约价值的10%	实物交割	20元/手	INE
低硫燃料油	最后交易日后连续五个交易日	低硫船用燃料油（具体质量规定见附件）	上海国际能源交易中心指定交割仓库	合约价值的12%	实物交割	成交合约金额的万分之零点一	INE
20号胶	最后交易日后连续五个交易日	具体质量规定见附件	上海国际能源交易中心指定交割仓库	合约价值的8%	实物交割	成交合约金额的万分之零点二	INE

续表

交易品种	交割日期	交割等级	交割地点	交易保证金	交割方式	交易手续费（元/手）	交易所代码
铜	最后交易日后连续二个工作日	标准品：阴极铜，符合国标 GB/T 467—2010 中 1 号标准铜（Cu—CATH—2）规定，其中主成份铜加银含量不小于 99.95%。替代品：阴极铜，符合国标 GB/T 467—2010 中 A 级铜（Cu—CATH—1）规定；或符合 BS EN 1978：1998 中 A 级铜（Cu—CATH—1）规定	交易所指定交割仓库	合约价值的 9%	实物交割	0 元/手	SHFE
铝	最后交易日后连续二个工作日	标准品：铝锭，符合国标 GB/T 1196—2008 AL99.70 规定，其中铝含量不低于 99.70%。替代品：1. 铝锭，符合国标 GB/T 1196—2008 AL99.85，AL99.90 规定。2. 铝锭，符合 P1020A 标准	交易所指定交割仓库	合约价值的 10%	实物交割	0 元/手	SHFE
锡	最后交易日后连续二个工作日	标准品：锡锭，符合国标 GB/T 728—2010Sn99.90A 牌号规定，其中锡含量不小于 99.90%。替代品：锡锭，符合国标 GB/T 728—2010Sn99.90AA 牌号规定，其中锡含量不小于 99.90%；Sn99.95A、Sn99.95AA 牌号规定，其中锡含量不小于 99.95%；Sn99.99A 牌号规定，其中锡含量不小于 99.99%	交易所指定交割仓库	合约价值的 13%	实物交割	3 元/手（非 1、5、9 月份合约）	SHFE
不锈钢	最后交易日后连续二个工作日	标准品为厚度 2.0mm、宽度 1219mm、表面加工类型为 2B、边部状态为切边的 304 奥氏体不锈钢冷轧卷板。替代交割品厚度可选 0.5mm、0.6mm、0.7mm、0.8mm、0.9mm、1.0mm、1.2mm、1.5mm、3.0mm，宽度可选 1000mm、1500mm，边部状态可选毛边（厚度升贴水、边部状态升贴水由交易所另行规定并公告）。质量符合 GB/T 3280—2015《不锈钢冷轧钢板和钢带》要求的 06Cr19Ni10，或者符合 JISG 4305：2012《冷轧不锈钢钢板及钢带》的 SUS304	交易所指定交割地点	合约价值的 7%	实物交割	2 元/手	SHFE

续表

交易品种	交割日期	交割等级	交割地点	交易保证金	交割方式	交易手续费（元/手）	交易所代码
石油沥青	最后交易日后连续二个工作日	70号A级道路石油沥青，具体内容见《上海期货交易所石油沥青期货交割实施细则（试行）》	交易所指定交割地点	合约价值的12%	实物交割	成交金额的万分之零点五	SHFE
天然橡胶	最后交易日后连续二个工作日	标准品：1. 国产天然橡胶（SCR WF），质量符合国标GB/T 8081—2018。2. 进口3号烟胶片（RSS3），质量符合《天然橡胶等级的品质与包装国际标准（绿皮书）》（1979年版）	交易所指定交割仓库	合约价值的8%	实物交割	3元/手	SHFE
甲醇	合约交割月份的第13个交易日	见《郑州商品交易所期货交割细则》	交易所指定交割地点	合约价值的9%	实物交割	成交金额的万分之一	CZCE
短纤	合约交割月份的第13个交易日	见《郑州商品交易所期货交割细则》	交易所指定交割地点	合约价值的9%	实物交割	3元/手	CZCE
白糖	合约交割月份的第13个交易日	见《郑州商品交易所期货交割细则》	交易所指定交割仓库	合约价值的9%	实物交割	1.5元/手（［N+2，N+5］（N为当月月份）区间内的非1、5、9月合约）	CZCE
棉花	合约交割月份的第13个交易日	基准交割品：符合GB 1103.1—2012《棉花 第1部分：锯齿加工细绒棉》规定的3128B级，且长度整齐度为U3档，断裂比强度为S3档，轧工质量为P2档的国产棉花。替代品详见交易所交割细则。替代品升贴水由交易所另行制定并公告	交易所指定棉花交割仓库	合约价值的7%	实物交割	2元/手（［N+2，N+5］（N为当月月份）区间内的非1、5、9月合约）	CZCE
菜籽粕	合约交割月份的第13个交易日	见《郑州商品交易所期货交割细则》	交易所指定交割地点	合约价值的9%	实物交割	1元/手（［N+2，N+5］（N为当月月份）区间内的非1、5、9月合约）	CZCE

续表

交易品种	交割日期	交割等级	交割地点	交易保证金	交割方式	交易手续费（元/手）	交易所代码
菜籽油	合约交割月份的第13个交易日	基准交割品：符合《中国人民共和国国家标准　菜籽油》（GB 1536—2004）四级质量指标的菜油。替代品及升贴水见《郑州商品交易所期货交割细则》	交易所指定交割地点	合约价值的9%	实物交割	1元/手（［N+2，N+5］（N为当月月份）区间内的非1、5、9月合约）	CZCE
棉纱	合约交割月份的第13个交易日	见《郑州商品交易所期货交割细则》	交易所指定交割地点	合约价值的7%	实物交割	4元/手	CZCE
PTA	合约交割月份的第13个交易日	见《郑州商品交易所期货交割细则》	交易所指定交割仓库	合约价值的7%	实物交割	1.5元/手（［N+2，N+5］（N为当月月份）区间内的非1、5、9月合约）	CZCE
阴极铜	最后交易日后连续五个交易日	阴极铜，符合国标GB/T 467—2010中A级铜（Cu—CATH—1）规定；或者符合BS EN 1978：1998中A级铜（Cu—CATH—1）规定	上海国际能源交易中心指定交割仓库	合约价值的10%	实物交割	成交合约金额的万分之零点一	INE
氧化铝	最后交易日后连续二个工作日	1. 用于实物交割的氧化铝，主要化学成分和主要物理性能应当符合国标GB/T 24487—2022AO—1或者AO—2牌号的规定。2. 每一标准仓单的氧化铝，应当是交易所批准的注册品牌或者交易所认可的生产企业生产的商品，且应当附有相应的质量单证。3. 每一标准仓单的国产氧化铝，应当是同一企业生产、同一注册商标、同一牌号、同一包装规格的商品组成，并且组成每一标准仓单的氧化铝生产日期应当不超过连续15日，且以最早日期作为该标准仓单的生产日期。每一标准仓单的进口氧化铝，应当是同一企业生	交易所指定交割地点	合约价值的10%	实物交割	成交金额的万分之一	SHFE

续表

交易品种	交割日期	交割等级	交割地点	交易保证金	交割方式	交易手续费（元/手）	交易所代码
		产、同一牌号、同一生产日期、同一包装规格的商品组成。4. 氧化铝交割以净含量进行计量。每一标准仓单的实物溢短不超过±1%，磅差不超过±0.3%。5. 每一标准仓单应当载明重量和件数，包装应当符合交易所相关规定。6. 标准仓单应当由交易所指定交割仓库按规定验收后出具，或者由指定氧化铝厂库按规定出具					
漂白硫酸盐针叶木浆	最后交易日后连续二个工作日	1. 用于实物交割的漂针浆，其抗张指数、耐破指数和撕裂指数三个指标应当符合或优于QB/T 1678—2017《漂白硫酸盐木浆》中针叶木浆一等品质量规定，尘埃指标应当符合或优于优等品质量规定，且D65亮度指标应当不小于87%。2. 每一标准仓单的漂针浆，应当是交易所认可的生产企业生产的指定品牌，应当附有相应的质量证明书。3. 每一标准仓单的漂针浆，应当是同一生产厂生产、同一品牌的正品浆商品组成。4. 漂针浆交割以实测风干重计重。每一标准仓单的溢短不超过±5%，重量误差不超过±1%。5. 每一标准仓单应当载明重量和件数。包装应当符合交易所的相关规定。6. 标准仓单应当由交易所指定交割仓库按规定验收合格后出具	交易所指定交割仓库	合约价值的8%	实物交割	0元/手	SHFE
对二甲苯	合约交割月份的第13个交易日	见《郑州商品交易所期货交割细则》	交易所指定交割地点	合约价值的8%	实物交割	成交金额的万分之一	CZCE

续表

交易品种	交割日期	交割等级	交割地点	交易保证金	交割方式	交易手续费（元/手）	交易所代码
尿素	合约交割月份的第13个交易日	见《郑州商品交易所期货交割细则》	交易所指定交割地点	合约价值的8%	实物交割	成交金额的万分之一	CZCE
碳酸锂	最后交易日后的第3个交易日	见《广州期货交易所碳酸锂期货、期权业务细则》	交易所指定交割库	合约价值的13%	实物交割	成交金额的万分之零点八	GFEX
烧碱	合约交割月份的第13个交易日	见《郑州商品交易所期货交割细则》	交易所指定交割地点	合约价值的9%	实物交割	成交金额的万分之一	CZCE
白银	最后交易日后连续二个工作日	标准品：符合国标 GB/T 4135—2002 IC—Ag99.99 规定，其中银含量不低于 99.99%	交易所指定交割仓库	合约价值的12%	实物交割	0元/手	SHFE
螺纹钢	最后交易日后连续二个工作日	标准品：符合国标 GB/T 1499.2—2018《钢筋混凝土用钢　第2部分：热轧带肋钢筋》HRB400E 牌号的 Φ16mm、Φ18mm、Φ20mm、Φ22mm、Φ25mm 螺纹钢	交易所指定交割仓库	合约价值的7%	实物交割	成交金额的万分之零点二（非1、5、10月合约），交割月前第二月的第一个交易日起为成交金额的万分之一（非1、5、10月合约）	SHFE
热轧卷板	最后交易日后连续二个工作日	标准品：符合 GB/T 3274—2017《碳素结构钢和低合金结构钢热轧厚钢板和钢带》的 Q235B 或符合 JIS G 3101—2015《一般结构用轧制钢材》的 SS400，厚度 5.75mm、宽度 1500mm 热轧卷板。替代品：符合 GB/T 3274—2017《碳素结构钢和低合金结构钢热轧厚钢板和钢带》的 Q235B 或符合 JIS G 3101—2015《一般结构用轧制钢材》的 SS400，厚度 9.75mm、9.5mm、7.75mm、7.5mm、5.50mm、4.75mm、4.50mm、3.75mm、3.50mm，宽度 1500mm 热轧卷板	交易所指定交割仓库	合约价值的7%	实物交割	成交金额的万分之零点二（非1、5、10月份合约），交割月前第二月的第一个交易日起为成交金额的万分之一（非1、5、10月合约）	SHFE

续表

交易品种	交割日期	交割等级	交割地点	交易保证金	交割方式	交易手续费（元/手）	交易所代码
燃料油	最后交易日后连续二个工作日	RMG 380 船用燃料油（硫含量为Ⅰ级、Ⅱ级）或者质量优于该标准的船用燃料油（具体质量规定见附件）	交易所指定交割地点	合约价值的10%	实物交割	成交金额的万分之零点一（非1、5、9月合约），交割月前第二月的第一个交易日起为成交金额的万分之零点五（非1、5、9月合约）	SHFE
黄金	最后交易日后第一个工作日	金含量不小于99.95%的国产金锭及经交易所认可的伦敦金银市场协会（LBMA）认定的合格供货商或精炼厂生产的标准金锭（具体质量规定见附件）	交易所指定交割金库	合约价值的12%	实物交割	2元/手（非6、12月份合约），交割月前第二月的第一个交易日起为10元/手（非6、12月合约）	SHFE
花生仁	仓单交割：合约交割月份的第13个交易日车（船）板交割：合约交割月份的次月10日	见《郑州商品交易所期货交割细则》	交易所指定交割地点	合约价值的8%	实物交割	4元/手	CZCE
工业硅	最后交易日后的第3个交易日	见《广州期货交易所工业硅期货、期权业务细则》	交易所指定交割库	合约价值的9%	实物交割	成交金额的万分之一	GFEX
锌	最后交易日后连续二个工作日	标准品：锌锭，符合国标 GB/T 470—2008 ZN99.995 规定，其中锌含量不小于99.995%。替代品：锌锭，符合 BS EN 1179：2003 Z1 规定，其中锌含量不小于99.995%	交易所指定交割仓库	合约价值的9%	实物交割	0元/手	SHFE
铅	最后交易日后连续二个工作日	标准品：铅锭，符合国标 GB/T 469—2013 Pb99.994 规定，其中铅含量不小于99.994%	交易所指定交割仓库	合约价值的9%	实物交割	0元/手	SHFE

很难进行实物交割，因此普遍采用现金交割方式。只要在合约中规定一个合约乘数就可以同商品期货一样进行交易。

表 2-1　　阴极铜和沪深 300 股指期货合约的样式

交易品种/合约标的	阴极铜	沪深 300 指数
交易单位/合约乘数	5 吨/手	每点 300 元
报价单位	元（人民币）/吨（交易报价为不含税价格）	指数点
最小变动价位	10 元（人民币）/吨	0.2 点
涨跌停板幅度	上一交易日结算价 ±3%	
合约月份	1、2、3、4、5、6、7、8、9、10、11、12 月	当月、下月及随后两个季月
交易时间	上午 9:00—11:30，下午 1:30—3:00 以及上海国际能源交易中心规定的其他交易时间	上午 9:00—11:30，下午 1:00—3:00
最后交易日	交割月份的 15 日（遇国家法定节假日、休息日顺延）	合约到期月份的第三个周五，遇国家法定假日顺延
交割日期	最后交易日后连续五个交易日	同最后交易日
交割品级	阴极铜，符合国标 GB/T 467—2010 中 A 级铜（Cu—CATH—1）规定；或者符合 BS EN 1978：1998 中 A 级铜（Cu—CATH—1）规定	
交割地点	上海国际能源交易中心指定交割仓库	
最低交易保证金	合约价值的 5%	合约价值的 8%
交割方式	实物交割	现金交割
交易代码	BC	IF
上市机构	上海国际能源交易中心	中国金融期货交易所
每日价格最大波动限制		上一个交易日结算价 ±10%

分析表 2-1 中可发现在标准化合约中，对期货相关商品名称及质量等级以及商品计量单位及数量集中描述在一个指标——交易单位或合约乘数。实物交割的期货品种往往公布的是“交易单位”，指每手期货合约代表的标的商品的数量。例如，上海期货交易所 1 手铜期货合约为 5 吨；郑州商品交易所规定，1 手白糖期货合约的交易单位为 10 吨；中金所 1 手 5 年期国债期货合约是符合规定的 100 万元面值的国债。在交易时，只能以交易单位的整数倍进行买卖。在此情况下，交易单位与价格相乘就可以得到合约规模（合约价值或合约金额）。比如，假设铜的价格为每吨 50000 元，因为 1 手合约为 5 吨，即 1 手铜期货合约的金额为 250000 元。

现金交割的期货品种往往公布的是“合约乘数”，对股指期货而言，由于指数只是一个抽象的统计数字，只能以另一种方式表示，具体的方法：合约标的为股指，人为规定一个合约乘数，将合约乘数与指数相乘可得到一个金额，该金额代表合约的规模。比如，沪深300指数在2500点时，1手合约的金额就是2500×300=750000元。

举例说明，假设交易者交易了10手阴极铜期货，每手5吨，当前市场价格为50000元/吨，然后计算出合约的总价值。使用R语言定义一个名为calculate_trade_size_and_value的函数，它接受交易单位、交易规模（合约数量）和市场价格作为输入参数，并返回交易规模和合约的总价值：

```
# 定义计算交易规模和合约价值的函数
calculate_trade_size_and_value <- function(contract_size, num_contracts, market_price) {
# 交易单位(每手吨数)
contract_size <- 5  # 假设阴极铜的交易单位是5吨/手
# 交易规模(手数)
num_contracts <- 10  # 假设交易者交易了10手
# 当前市场价格(元/吨)
market_price <- 50000  # 假设当前市场价格是50000元/吨
# 计算合约总价值
total_contract_value <- num_contracts * contract_size * market_price
# 返回交易规模和合约总价值
list(
trade_size = num_contracts,
contract_value = total_contract_value
)
}
# 调用函数并打印结果
trade_info <- calculate_trade_size_and_value(contract_size =5, num_contracts =10, market_price =50000)
print(trade_info)
```

举例说明通过合约乘数计算合约规模和合约价值。假设交易者交易了5手沪深300指数期货，当前指数点位为4500点，每点价值300元，然后计算出合约的总价值。定义一个名为calculate_index_futures_value的函数，它接受交易的合约数量、沪深300指数的当前点位和合约乘数作为输入参数，并返回交易规模和合约的总价值：

```
# 定义计算沪深300指数期货交易规模和合约价值的函数
```

```
calculate _ index _ futures _ value < - function( contracts, current _ index _ value, contract _ multiplier) {
# 交易者购买或卖出的合约数量
contracts < - 5  # 假设交易者交易了 5 手
# 沪深 300 指数的当前点位
current _ index _ value < - 4500  # 假设当前指数点位是 4500 点
# 沪深 300 指数期货的合约乘数
contract _ multiplier < - 300  # 每点 300 元人民币
# 计算合约总价值
total _ contract _ value < - contracts * current _ index _ value * contract _ multiplier
# 返回交易规模和合约总价值
list(
trade _ size = contracts,
contract _ value = total _ contract _ value
)
}
# 调用函数并打印结果
futures _ value < - calculate _ index _ futures _ value( contracts = 5, current _ index _ value = 4500, con-
tract _ multiplier = 300)
print( futures _ value)
```

除了不同交易品种下交易单位或合约乘数外，期货合约还会公布各种标准化合约下的业务数据，包括合约参数、交易参数、结算参数和交割参数（见附表 2 – 1 和表 2 – 2）来辅助投资者对合约价值进行统计和计量分析。

表 2 – 2　　国内期货品种基本信息文件的各参数注释

交易品种	字段说明见表 2 – 1
交易代码	
交易单位	每种商品的期货合约规定了统一的、标准化的数量和数量单位统称“交易单位”
报价单位	报价计量单位：人民币元
最小变动价位	指期货交易时买卖双方报价所允许的最小变动幅度，每次报价时价格的变动必须是这个最小变动价位的整数倍
每日价格最大波动限制	指某交易日期货合约的成交价格不能高于或低于该合约上一交易日结算价的一定幅度
合约交割月份	是指某种期货合约到期交割的月份
交易时间	

续表

最后交易日	指期货合约停止买卖的最后截止日期
交割日期	指合约标的物所有权进行转移，以实物交割方式了结未平仓合约的时间。如大连商品交易所，大豆期货的最后交割日为最后交易日后七日
交割等级	商品期货合约规定了统一的、标准化的质量等级，一般采用国家制定的商品质量等级标准
交割地点	期货合约为期货交易的实物交割指定了标准化的、统一的实物商品的交割仓库
交易保证金	在买卖期货合约过程中，交易所按成交金额向交易双方收取一定比例的交易保证金
交割方式	如实物交割、集中交割等
交易手续费	
交易所代码	指期货交易所简写代码

（三）合约月份和最后交易日

1. 合约月份

在标准化合约中，还需规定合约月份，主要指某种期货合约到期的月份，它直接影响到交易策略的制定和执行。如阴极铜期货合约的挂牌合约月份是 1—12 月，共计 12 个合约。中金所的沪深 300 股指期货挂牌合约为当月、下月及随后两个季月，总共四个合约。通过举例说明可以看出，期货合约通常会在一年中的特定月份进行交易，这些月份被称为标准合约月份。这些月份的选择通常基于商品的生产周期、消费习惯以及市场流动性等因素。

投资者在选择合约月份时，需综合考量多方面因素以确保决策的科学性和合理性。首先，要考虑的是合约的流动性状况，即特定月份合约的交易活跃度及市场参与者的广泛程度。高流动性的合约通常能显著降低交易成本，并促进更为有效的价格发现过程。其次，投资者应审慎评估合约的到期时间，并结合自身投资策略的时间框架进行匹配。对于追求长期价值增值的投资者而言，选择距离当前日期较远的合约月份可能更为适宜；而对于偏好短期交易机会的投资者，则可能更倾向于选择近期到期的合约月份。

此外，合约月份的选择还与滚动策略的制定和执行紧密相关。随着合约逐渐接近到期日，投资者需适时将其持仓转移至新的合约月份，这一过程被业内称为“滚动”。滚动策略的有效运用，对于控制交易成本、管理市场风险具有重要意义。例如，投资者可根据市场状况及自身风险偏好，选择在合约到期前适时进行滚动操作，以规避到期日可能面临的流动性紧张及价格波动加剧等风险。为便于读者更清晰地把握不同合约月份的滚动策略特点与差异，特提供以下简明表 2－3 作为参考。

表 2-3　　　　合约月份选择的滚动策略

合约月份	流动性	到期时间	滚动策略
近月合约	高	短期	提前滚动
远月合约	低	长期	延迟滚动

以下通过一个例子来学习如何在充分考虑合约月份的选择，以及与之相关的流动性、到期时间和滚动策略等因素的情况下，制定交易策略。

假设流动性影响买卖价差（Bid - Ask Spread），流动性越低，价差越大，交易成本越高。构建函数 calculate_rolling_cost 接受近月合约和远月合约的价格、合约乘数和流动性价差作为参数，计算并返回滚动策略的总成本。示例中展示了在不同流动性情况下滚动成本的计算：

```
# 定义计算滚动策略成本的函数
calculate_rolling_cost <- function(near_month_price, far_month_price,
contract_size, liquidity_spread) {
# 近月合约价格
near_month_price <- near_month_price
# 远月合约价格
far_month_price <- far_month_price
# 合约乘数或交易单位
contract_size <- contract_size
# 流动性价差,假设为固定值,实际中可能是动态的
liquidity_spread <- liquidity_spread
# 计算近月合约的卖出成本(使用买价,即较低的价格)
near_month_sell_cost <- near_month_price - liquidity_spread
# 计算远月合约的买入成本(使用卖价,即较高的价格)
far_month_buy_cost <- far_month_price + liquidity_spread
# 计算滚动成本(卖出近月合约的成本加上买入远月合约的成本)
total_rolling_cost <- (near_month_sell_cost + far_month_buy_cost)   contract_size
# 返回滚动成本
total_rolling_cost
}
# 示例使用
# 假设近月合约价格为 3000 元,远月合约价格为 3100 元
near_month_price <- 3000
far_month_price <- 3100
```

```
# 合约乘数或交易单位,假设为100(例如,每点100元)
contract_size <- 100
# 流动性价差,假设在高流动性情况下为1,在低流动性情况下为5
liquidity_spread_high <- 1
liquidity_spread_low <- 5
# 计算高流动性和低流动性情况下的滚动成本
rolling_cost_high <- calculate_rolling_cost(near_month_price, far_month_price, contract_size, liquidity_spread_high)
rolling_cost_low <- calculate_rolling_cost(near_month_price, far_month_price, contract_size, liquidity_spread_low)
# 打印结果
cat("高流动性情况下的滚动成本:", rolling_cost_high, "\n")
cat("低流动性情况下的滚动成本:", rolling_cost_low, "\n")
```

2. 最后交易日

最后交易日也是期货合约中的一个重要条款，主要指无论交易者买进还是卖出期货合约，只要在最后交易日之后还留有持仓头寸，这些头寸就必须进入交割程序。交易者如果不想进行交割，就必须在最后交易日（或在此之前）将原有的持仓进行反向的平仓交易。如表2-1所示，铜期货合约的最后交易日为合约交割月份的15日（遇法定节假日顺延），股指期货合约的最后交易日为合约到期月份的第三个周五（遇国家法定假日顺延）。因为期货合约是有期限的，最后交易日就是过了最后交易日的当天，不允许交易了，不过在实际的交易过程中，除非是参与套期保值的机构客户会持有头寸到最后交易日，一般的投机者都不会这样操作，且由于大部分企业买卖期货合约的目的是规避现货价格波动的风险，而投资者则是为了博取价格波动的差额，因此很少有人愿意参与商品的实物交割，在合约到期前都以对冲的形式了结。

对于个人投资者而言，在商品期货交易中，投资者无权将持仓保持到最后交割日，若不自行平仓，其持仓将被交易所强行平掉；只有向交易所申请套期保值资格并批准的现货企业，才可将持仓一直保持到最后交割日，并进入交割程序，故而合约的最后交易日有一些特别的注意事项：大连、郑州商品交易所的临近交割月份的合约自然人不可以进入交割月份，即自然人客户在持有大连郑州商品交易所的临近交割月份的合约客户必须在合约进入交割月份的前一交易日将该合约平仓处理。上海期货交易所的临近交割月份的合约自然人可以进入交割月份，但是必须满足交易所规定的持仓手数规则，同时，客户在交割月交易该合约时，不能交易到合约的最后交易日当天，必须在最后交易日的前两个交易日将该合约进行平仓处理。此外，中国金融期货交易所股指合约客户可以一直交易到合约的最后交易日当天，客户当天不平仓，则该持仓将直接由交易所在收盘后按照当天的交割结算价撮合进行现金交割。

（四）实物交割和现金交割

期货合约在到期的最后交易日后，若交易者仍留有持仓头寸，就必须进行交割，由于期货合约所交易的期货品种不同，交割方式会分别适应期货品种，在标准化合约中规定交割方式——实物交割或现金交割。

1. 实物交割

实物交割是指买方拿出全部应付货款，卖方拿出全部应交货物，在交易所的安排下进行交换。实物交割的程序相对比较复杂，商品期货一般都采用实物交割方式，一般程序：卖方在交易所规定的期限内将货物运到交易所指定交割仓库，经验收合格后由仓库开具仓单，再经交易所注册后成为标准仓单。进入交割期后，卖方提交标准仓单及相应的增值税专用发票，买方提交足额贷款，到交易所办理交割手续。假设交易者打算交割 10 手阴极铜合约，市场价格为 50000 元/吨，以及其他相关费用。然后，计算并打印出交割所需的总资金。定义了一个名为 calculate_delivery_funds 的函数，它接受合约规模、阴极铜市场价格、交割数量、仓库费用和检验费用作为输入参数，并返回进行交割所需的总资金。

```
# 定义计算交割所需资金的函数
calculate_delivery_funds <- function(contract_size, copper_price, quantity, warehouse_fee, inspection_fee) {
  # 合约规模(吨/手)
  contract_size <- 5
  # 阴极铜市场价格(元/吨)
  copper_price <- 50000
  # 交割数量(手)
  quantity <- 10
  # 仓库费用(元/吨)
  warehouse_fee <- 10
  # 检验费用(元/吨)
  inspection_fee <- 5
  # 计算总货款
  total_copper_value <- contract_size * copper_price * quantity
```

```
# 计算总费用(仓库费用和检验费用)
total _ fees < - (warehouse _ fee + inspection _ fee) *  contract _ size *  quantity
# 计算交割所需总资金
total _ funds < - total _ copper _ value + total _ fees
# 返回所需资金
total _ funds
}
# 调用函数计算交割所需资金
delivery _ funds < - calculate _ delivery _ funds(contract _ size = 5, copper _ price = 50000, quantity = 10, warehouse _ fee = 10, inspection _ fee = 5)
cat("交割所需资金为:", delivery _ funds, "元\n")
```

除此之外，中金所的国债期货也采用实物交割方式，由于每种可交割国债都有一个转换因子，用于将各种国债的票面金额转换为期货合约的名义金额，故在计算过程中需要对转换因子进行计算。假设交易者打算交割 10 手国债期货合约，并计算出交割所需的总资金。然后，打印出交割所需的资金。代码定义一个名为 calculate _ bond _ delivery _ funds 的函数，它接受合约规模、国债面值、转换因子、交割国债的收益率、交割数量和应计利息作为输入参数，并返回进行交割所需的总资金。

```
# 定义计算国债期货交割所需资金的函数
calculate _ bond _ delivery _ funds < - function(contract _ size, face _ value, conversion _ factor, bond _ yield, delivery _ quantity, accrued _ interest) {
# 合约规模(手)
contract _ size < - 1000000  # 国债期货合约的名义本金金额(元)
# 国债面值
face _ value < - 100  # 国债的票面金额(元)
# 转换因子
conversion _ factor < - 0.98  # 国债期货合约的转换因子
# 交割国债的收益率
bond _ yield < - 3.5  # 交割国债的年化收益率(%)
# 交割数量(手)
delivery _ quantity < - 10  # 假设交易者交割 10 手
# 应计利息
accrued _ interest < - 1.5  # 交割国债的应计利息(元)
# 计算交割债券的 CTD(最便宜的可交割国债)价格
```

```
ctd_price <- (face_value * conversion_factor) / (1 + (bond_yield / 100)  (accrued_interest / 365))
# 计算合约价值
contract_value <- contract_size * ctd_price
# 计算交割所需总资金
total_funds <- contract_value * delivery_quantity
# 返回所需资金
total_funds
}
# 调用函数计算交割所需资金
delivery_funds <- calculate_bond_delivery_funds(contract_size = 1000000, face_value = 100, conversion_factor = 0.98, bond_yield = 3.5, delivery_quantity = 10, accrued_interest = 1.5)
cat("交割所需资金为:", delivery_funds, "元\n")
```

2. 现金交割

现金交割是指交易双方在交割日按照合约交割价对合约盈亏以现金方式进行结算。沪深300股指期货采用现金交割方式，交割的结算价规定为：最后交易日沪深300指数最后2小时的算术平均价，计算结果保留至小数点后两位。比如在中金所对沪深300指数期货进行现金交割，这意味着合约到期时，卖方不需要实际交付股票组合，而是根据合约的最终结算价与开仓时的价格差额，以现金形式支付盈亏，基本计算步骤如下。

（1）合约到期日盯市：在合约到期日，交易所会根据现货市场沪深300指数的特定时间点的价格来确定期货合约的最终结算价。

（2）结算价确定：最终结算价通常是根据现货市场沪深300指数在合约到期日下午的某一段时间内的平均价格来确定。

（3）盈亏计算：根据最终结算价与投资者开仓时的期货价格，计算每个投资者的盈亏。盈亏计算公式为：盈亏 =（结算价 － 开仓价）×合约乘数×持有的合约数量。

（4）现金交割：交易所根据计算出的盈亏，通过中央对手方机制，将盈利一方的资金划转给亏损一方，完成现金交割。

（5）交割结束：完成现金交割后，该期货合约结束，不再存在。

假设交易者在开仓价为4700点时持有5手沪深300指数期货合约，最终结算价为4800点，合约乘数为300元。然后，计算并打印出现金交割的盈亏。代码定义一个名为 calculate_cash_settlement_profit_loss 的函数，它接受最终结算价、开仓价、合约乘数和持有的合约数量作为输入参数，并返回现金交割的盈亏。

```
# 定义计算沪深300 指数期货现金交割盈亏的函数
calculate _ cash _ settlement _ profit _ loss < - function( settlement _ price, entry _ price, contract _ multiplier, contract _ quantity) {
# 最终结算价(点)
settlement _ price < - 4800
# 开仓价(点)
entry _ price < - 4700
# 合约乘数(每点的货币价值)
contract _ multiplier < - 300  # 沪深300 指数期货的合约乘数为300 元
# 持有的合约数量
contract _ quantity < - 5
# 计算盈亏
profit _ loss < - (settlement _ price - entry _ price) *  contract _ multiplier  contract _ quantity
# 返回盈亏
profit _ loss
}
# 调用函数计算现金交割盈亏
cash _ settlement _ profit _ loss < - calculate _ cash _ settlement _ profit _ loss( settlement _ price =4800, entry _ price =4700, contract _ multiplier =300, contract _ quantity =5)
cat("现金交割盈亏为:", cash _ settlement _ profit _ loss, "元\n")
```

3. 分散性交割

此外，部分交易所明确，交易者在最终交易日之前亦享有实物交割的权利。此交割机制被业内称为分散性交割。举例而言，郑州商品交易所制定了如下规定：自进入交割月份后的首个交易日起至最终交易日之间的任意交易日，卖方均可主动发起交割请求。交易所将依据卖方的交割申请，于当日收盘后，通过计算机系统进行直接配对，为卖方匹配持有该交割月份多头合约时间最长的买方。此日被称为配对日。随后，买卖双方在配对日的次一交易日收盘前，需前往交易所领取交割通知单，此日则标记为通知日，紧接着的下一个交易日，即被视为交割日。买方会员务必在交割日上午九时前，将未结清的货款汇入交易所账户；同时，卖方会员也需在相同时段内，将标准仓单持有凭证提交至交易所。自卖方提出交割申请至实际交割执行完毕，全过程共计三日，因此，该交割方式亦被业内称为“三日交割法”。此外，中金所对国债期货亦设有提前交割机制，即在合约进入交割月份至最终交易日之前，客户可依据自身需求申请交割。对于最终交易日收盘后仍未平仓的合约部分，将遵循交易所相关规定，进入集中交割程序。

假设郑州商品交易所使用“三日交割法”交易强麦期货，代码定义一个名为 simulate_three_day_delivery 的函数，用于模拟强麦期货的三日交割流程。函数接受结算价、合约规模、合约数量、买方账户余额和卖方标准仓单凭证作为输入参数，并返回交割总价值、买方支付货款后的余额、卖方是否收到货款以及交割失败的原因（如果有的话）。

```
# 定义强麦期货三日交割法的模拟函数
simulate_wheat_delivery <- function(settlement_price, contract_size, contract_quantity, buyer_balance, warehouse_receipt) {
# 结算价(元/吨)
settlement_price <- 2500  # 假设强麦期货的结算价为 2500 元/吨
# 合约规模(吨/手)
contract_size <- 10  # 假设强麦期货的合约规模为 10 吨/手
# 持有的合约数量(手)
contract_quantity <- 10  # 假设卖方持有 10 手强麦期货合约待交割
# 买方账户余额
buyer_balance <- 250000  # 假设买方账户中有 250000 元余额
# 卖方标准仓单凭证
warehouse_receipt <- "Valid_Warehouse_Receipt_Wheat"  # 假设卖方拥有有效的标准仓单凭证
# 计算交割总价值
total_delivery_value <- settlement_price * contract_size * contract_quantity
# 模拟配对过程(简化处理,实际由交易所系统完成)
matching_result <- "Matching_Success"  # 假设配对成功
# 模拟通知日行为(简化处理)
buyer_received_notice <- TRUE  # 假设买方已收到交割通知单
seller_submitted_warehouse_receipt <- TRUE  # 假设卖方已提交标准仓单
# 模拟交割日资金流和仓单转移
if (buyer_balance >= total_delivery_value && matching_result == "Matching_Success" && buyer_received_notice && seller_submitted_warehouse_receipt) {
# 买方支付货款
buyer_balance_after_payment <- buyer_balance - total_delivery_value
# 卖方提交仓单,货款汇入卖方账户
seller_receives_payment <- TRUE
```

```
delivery_status <- "Delivery_Completed"
} else {
# 如果交割流程未完成,记录失败原因
delivery_status <- "Delivery_Failed"
}
# 返回交割结果
list(
total_delivery_value = total_delivery_value,
buyer_balance_after_payment = buyer_balance_after_payment,
seller_receives_payment = seller_receives_payment,
delivery_status = delivery_status
)
}
# 调用函数模拟交割流程
delivery_result <- simulate_wheat_delivery(settlement_price = 2500, contract_size = 10, contract_quantity = 10, buyer_balance = 250000, warehouse_receipt = "Valid_Warehouse_Receipt_Wheat")
print(delivery_result)
```

（五）交易时间和连续交易方式

由于考虑到期货品种交易的风险，我国多个交易所会对不同期货品种在标准化合约的交易时间上作出约定，比如为连续交易而制定的夜盘交易，为考虑国内股市的联动情况而制定的股指期货交易时间。

1. 夜盘交易

国内众多商品期货品种均与国际市场保持高度关联性，且同类商品期货品种在国际市场上也进行期货交易。鉴于时差的客观存在，国际市场的主要交易时段恰逢我国夜间时段，若无夜盘交易机制，国内期货价格需待次日开盘后方能作出相应调整，这无疑加剧了交易者的持仓风险。夜盘交易的推出，有效填补了这一时间空白，使国内交易时间基本覆盖国外同类商品的主要交易时段，从而解决了上述问题，并进一步扩大了国内市场的规模，有助于提升我国期货市场的国际影响力。

首个引入夜盘交易的期货品种为上海期货交易所的铜期货。回溯至 2013 年前，上海期货交易所铜期货合约的交易时间设定为上午 9:00 至 11:30，下午 1:30 至 3:00。自 2013 年 12 月 20 日起，上海期货交易所率先启动铜期货的夜盘交易，交易时段自晚上 21:00 延伸至次日凌晨 1:00。此后，上海期货交易所、大连商品交易所及郑州商品交易所相继推出多个品种的夜盘交易，这些交易所的夜盘交易普遍从晚上 21:00 开始，并持续至次日凌晨 2:30 或 3:00，具体交易时间可能依期货品种及市场状况而有所调整。

值得注意的是，并非所有期货品种均纳入夜盘交易范畴。一般而言，仅那些流动性强、受国际市场波动影响显著的品种，如上海期货交易所的铜、铝、锌等有色金属期货，以及大连商品交易所的豆粕、豆油等农产品期货，方被选作夜盘交易的常规品种。

2. 股指期货的交易时间

股指期货的交易时间与商品期货的交易时间不同，股指期货的交易时间主要考虑国内股市的联动情况，比股市提早 15 分钟开盘，推迟 15 分钟收盘。一个特殊情况是，交割合约的最后交易日与股市同步收盘。使用代码模拟交易时间的设定，使用 simulate_trading_hours 函数接受开盘时间和收盘时间作为参数，并返回一个包含全天交易时间的向量。定义了股市的开盘和收盘时间，然后根据股指期货比股市提早 15 分钟开盘、推迟 15 分钟收盘的规则，计算出股指期货的交易时间。

```
install.packages("lubridate")
# 载入 lubridate 包,用于日期和时间的操作
library(lubridate)
# 定义股市开盘和收盘时间(以中国股市为例)
stock_market_open <- "09:30"  # 股市开盘时间
stock_market_close <- "15:00"  # 股市收盘时间
# 股指期货开盘时间提前 15 分钟,收盘时间推迟 15 分钟
futures_open <- stock_market_open - minutes(15)  # 股指期货开盘时间
futures_close <- stock_market_close + minutes(15)  # 股指期货收盘时间
# 打印股指期货的交易时间
cat("股指期货开盘时间:", format(futures_open, "%H:%M"), "\n")
cat("股指期货收盘时间:", format(futures_close, "%H:%M"), "\n")
# 定义一个函数来模拟交易日的交易时间
simulate_trading_hours <- function(open_time, close_time) {
# 定义交易时间段
trading_hours <- seq(from = open_time, to = close_time, by = "min")
# 返回交易时间的向量
trading_hours
}
# 模拟交易时间
trading_hours <- simulate_trading_hours(futures_open, futures_close)
```

```
# 打印交易时间
cat("股指期货交易时间:\n", paste(trading_hours, collapse = ", "), "\n")
```

二、逐日清算制度

（一）开仓的交易保证金

交易者在进行期货合约的开仓买卖操作时，其账户中必须预存相应额度的保证金，此资金被专门用作开仓保证金，以确保交易的有效执行。商品保证金 = 合约价格 × 交易单位 × 保证金比例，以螺纹钢 3000 元的价格为例计算，一手 10 吨，保证金 10%，3000 × 10 × 10% = 3000 元，这就代表交易一手螺纹钢需要 3000 元的资金。保证金的比例越低杠杆就越大，可以买的手数就越多，同时收益和风险也会越大。保证金比例越高杠杆就越小，可以买的手数就越少，同时收益和风险也会越小，保证金的具体计算方式详见第三节。

值得注意的是，即便在交易者开仓之初已一次性缴纳了充足的保证金，其交易活动仍可能面临潜在风险。具体而言，若在随后的交易日中，市场价格走势持续不利于交易者，那么其累计的亏损可能最终超过期货市场所设定的停板幅度，从而引发进一步的财务风险。因此，交易者在进行期货交易时，应当时刻关注市场动态，并采取相应的风险管理措施，以确保交易活动的稳健进行。

（二）交易中的保证金

1. 交易中保证金的计算逻辑

通常而言，交易所所设定的保证金比例均高于当日涨跌停板之幅度。保证金制定规则与各个期货品种的历史涨跌停板幅度有关，如铜期货的涨跌停板幅度设定为 5%，而保证金收取比例则定为 7%；国债期货的涨跌停板幅度为 10%，交易所则要求缴纳 12% 的保证金。通过这个方式，可确保交易者不会因当日价格波动而耗尽全部保证金，进而丧失履约能力。

如表 2 - 4 所示，不同期货品种的保证金收取比例不同，且各期货品种的各主力合约的保证金收取比例也会随历史涨跌停板幅度进行结算前的调整。如铜期货 cu2408 的套保保证金收取比例在调整前为 8%，在 7 月 31 日则定为 15%，8 月 12 日合约最后交易日时则定为 20%，同个合约下投机交易保证金则在调整前略高于套保交易保证金（9%），之后在 7 月 31 日和 8 月 12 日调整为与套保交易保证金一致。同理，石油沥青合约 bu2409 在最后交易日的前一周和当日也会根据历史涨跌停板幅度进行投机和套保保证金收取比例的调整，以此来保证在逐日清算时，交易活动的稳健进行。

表 2－4　　　　　　上海交易所部分品种 2024 年 8 月结算参数调整

调整日期 / 合约	7 月 31 日（周三）				8 月 12 日（周一）				8 月 16 日（周五）			
	交易保证金（%）		交易手续费（‰）		交易保证金（%）		交易手续费（‰）		交易保证金（%）		交易手续费（‰）	
	投机	套保	投机	套保	投机	套保	投机	套保	投机	套保	投机	套保
cu2408	15	15	0.05	0.025	20	20	0.05	0.025	/	/	/	/
cu2409	10	10	0.05	0.025	10	10	0.05	0.025	10	10	0.05	0.025
cu2410	9	8	0.05	0.025	9	8	0.05	0.025	9	8	0.05	0.025
cu2411	9	8	0.05	0.025	9	8	0.05	0.025	9	8	0.05	0.025
bu2408	15	15	0.05	0.025	20	20	0.05	0.025	/	/	/	/
bu2409	10	10	0.05	0.025	10	10	0.05	0.025	10	10	0.05	0.025
bu2410	10	9	0.05	0.025	10	9	0.05	0.025	10	9	0.05	0.025
bu2411	10	9	0.05	0.025	10	9	0.05	0.025	10	9	0.05	0.025
备注	8 月 1 日为到期合约进入交割月份的第一个交易日				8 月 13 日为到期合约最后交易日前二个交易日				cu2508 合约上市。bu2508 合约上市			

数据来源：上海期货交易所。

理论上讲，若保证金仅在开仓时一次性收取，随着交易日的累积，价格连续波动可能导致的损失也随之增加，存在损失超出停板幅度的风险。为应对此风险，期货交易所实施了逐日清算制度，也称每日无负债结算。该制度要求每日依据当日的结算价对交易者持有的头寸进行清算。若产生盈利，则将其划入交易者的保证金账户；若发生亏损，则从保证金账户中扣除。若交易者保证金账户余额低于应付保证金水平，须于下一交易日开市前补足。若未能及时补足，则视为保证能力不足。在此情况下，交易所或经纪公司有权采取强制平仓措施，以规避交易者违约的风险。可以说逐日清算制度的实施，为防范系统性风险构筑了一道坚实的屏障。

2. 举例说明

在不考虑如交易所规则、市场波动性、头寸大小等实际计算交易保证金的多因素情况下，通过每日铜期货价格滚动 10 天的历史涨跌幅数据，预测当日铜期货的套保交易保证金。通常，保证金是根据持有头寸的市场价值和价格波动性来计算的。在以下简化的例子中，本书将使用过去 10 天的日收益率的均值加上 2 个百分点作为当日保证金的预测值。这里假设“套保交易保证金”与价格波动性成正比，而价格波动性可以通过涨跌幅来近似。

计算逻辑为：首先，生成了一个包含 30 天价格的随机铜期货价格序列，然后计算了这些价格的自然对数的一阶差分来得到日收益率。其次，使用 rollmean 函数从 zoo 包计算了过去 10 天的滚动平均收益率。最后，将滚动平均收益率加上 2 个百分点来预测当日的套保交易保证金，并确保保证金的预测值不会是负数。

详细代码如下：

```
# 假设我们有过去一段时间的铜期货价格数据
# 这里使用随机数生成示例数据
set. seed(123)
historical _ prices < - cumprod(1 + runif(30, -0.01, 0.01))
# 计算每日的涨跌幅
daily _ returns < - diff(log(historical _ prices))
# 计算滚动 10 天的日均涨跌幅
rolling _ avg _ returns < - rollmean(daily _ returns, 10, na. pad = TRUE)
# 计算预测的套保交易保证金(滚动 10 天涨跌幅 + 2%)
predicted _ margin < - pmax(rolling _ avg _ returns + 0.02, 0) # 使用 pmax 确保保证金不会是负值
# 打印预测的套保交易保证金
predicted _ margin
```

第二节 交易参数

一、合约参数

（一）每个合约的主要参数

期货的主要参数是指期货合约中所包含的重要信息，包括但不限于合约品种、到期日期、交易单位、最小变动单位、交易时间等。不同交易所公布的合约参数会有细微的差别，如表 2 - 5 所示。这些参数是期货合约的核心构成部分，是制定交易策略时必需参考的指标。

期货合约的各项主要参数之间存在着密切的相互关联。具体而言，交易单位的大小与最小变动单位紧密相关，而交易时间的设定则与到期日期紧密相连。鉴于此，投资者在进行期货投资时，必须全面掌握期货合约的完整信息，以确保能够精准地把握市场机会。值得注意的是，在实际交易中，不同品种的期货合约在主要参数上存在差异。因此，投资者应当根据自己的风险承受能力和投资需求，谨慎选择适合自己的期货合约。

表2-5　　各交易所公布的部分期货合约的合约参数

中国金融期货交易所								
合约代码	合约月份	挂盘基准价	上市日	最后交易日				
IF2408	2408	3464.4	20240624	20240816				
IF2409	20240122	20240920	3226	IF2409				
上海期货交易所								
合约代码		挂牌基准价	上市日	到期日	开始交割日	最后交割日		
bc2408		60360	20230816	20240815	20240816	20240822		
bc2409		60470	20230918	20240918	20240919	20240925		
大连期货交易所								
合约代码	挂牌基准价	开始交易日	最后交易日		最后交割日	交易单位	最小变动价位	
c2409		20230915	20240913		20240920	10	1	
c2501		20240116	20250115		20250120	10	1	
郑州期货交易所								
合约代码	合约月份		第一交易日	最后交易日	交割结算日	最后交割日	最小变动价位	交易单位
AP410	10		20231023	20241021	20241024	20241024	1.00元/吨	10吨/手
AP412	12		20231215	20241213	20241218	20241218	1.00元/吨	10吨/手

（二）主力合约

主力合约，作为期货市场中的核心要素，特指某一期货品种中交易量最为庞大、流动性表现最优异的合约。从表2-5中可明确观察到，不同期货品种在市场交易中，往往并行存在多个不同到期日的合约。鉴于合约固有的时间属性，其终将面临到期，故市场上会同时出现多个具备不同到期日的合约以供交易。

对于投资者而言，主力合约的选定至关重要，因其直接关系到交易的效率与成本。主力合约的确定依据主要涵盖以下三个方面：

交易量：主力合约以其庞大的交易量著称，这直接反映了市场中买卖双方的高度参与，进而促进了其优异的流动性表现。

持仓量：持仓量作为市场参与者对某一合约长期兴趣的直观体现，持仓量较大的合约更易于获得市场的广泛认可，从而脱颖而出成为主力合约。

到期时间：尽管市场中存在多个不同到期日的合约，但那些接近当前日期的合约往往能够吸引更多交易者的关注与参与，进而更有可能成为主力合约。

在上述通用选择标准的作用下，选择主力合约进行交易将带来多重优势。首先，主力合约的流动性通常最为出色，使投资者能够更为便捷地完成合约的买卖操作，而无须过分担忧价格的大幅波动。其次，由于流动性的提升，主力合约的买卖价差往往相对较小，这有助于降低投资者的交易成本。此外，具备流动性和低成本优势的主力合约往往会吸引更多的市场关注与分析，进而为投资者提供更加丰富和全面的市场信息，有助于其作出更为明智的投资决策。

举例说明，首先，按日期对输入的数据框进行排序。其次，遍历每一天的数据，找出交易量最大的合约。如果存在交易量接近的合约，则进一步比较持仓量和到期时间，以确定主力合约。最后，函数返回一个包含日期和对应主力合约的数据框。

```
# 定义计算主力合约的函数
calculate_main_contracts <- function(data) {
# 对数据按日期进行排序
data <- data[order(data$Date), ]
# 初始化一个空的数据框用于存放主力合约
main_contracts <- data.frame(Date = character(), Contract = character(), stringsAsFactors = FALSE)
# 遍历每一行数据
for(i in 1:nrow(data)) {
# 提取当前日期的所有合约数据
current_date_data <- data[data$Date == data$Date[i], ]
# 按交易量降序排列
current_date_data <- current_date_data[order(-current_date_data$Volume), ]
# 提取交易量最大的前两个合约
top_contracts <- head(current_date_data[, c("Contract", "Volume", "Position", "Maturity")], 2)
# 计算交易量差距百分比
volume_gap <- (top_contracts$Volume[2] - top_contracts$Volume[1]) / top_contracts$Volume[1]
# 计算持仓量差距百分比
position_gap <- (top_contracts$Position[2] - top_contracts$Position[1]) / top_contracts$Position[1]
# 选择主力合约的逻辑
if(volume_gap < 0.05) {
if(position_gap < 0.05) {
```

```
# 若交易量和持仓量差距都低于5%,则选择到期时间更早的合约
main_contract <- top_contracts[order(top_contracts$Maturity), ][1, ]
} else {
# 若交易量低于5%,持仓量不低,则选择持仓量更大的合约
main_contract <- top_contracts[which.max(top_contracts$Position), ]
}
} else {
# 若交易量差距高于5%,则选择交易量最大的合约
main_contract <- top_contracts[1, ]
}
# 将主力合约信息添加到结果数据框中
main_contracts <- rbind(main_contracts,
data.frame(Date = data$Date[i],
Contract = main_contract$Contract,
stringsAsFactors = FALSE))
}
# 返回主力合约数据框
return(main_contracts)
}
# 示例数据
# 创建一个示例数据框
sample_data <- data.frame(
Date = as.Date(c("2024-08-01", "2024-08-01", "2024-08-02", "2024-08-02")),
Contract = c("C2009", "C2012", "C2010", "C2011"),
Close = c(120, 115, 125, 123),
Volume = c(10000, 9500, 8000, 8500),
Position = c(8000, 7500, 7800, 7200),
Maturity = as.Date(c("2024-09-01", "2024-12-01", "2024-10-01", "2024-11-01"))
)
# 计算主力合约
main_contracts <- calculate_main_contracts(sample_data)
# 打印主力合约
print(main_contracts)
```

二、交易参数

在期货交易制度中，各交易所需根据交易要求，披露部分交易参数，包括但不

限于某一期权合约的投机交易保证金、套保交易保证金、涨停板价位、跌停板价位等数据。如表2－6所示，上海期货交易所会对其交易的金属期货品种如铜（BC）、铝、锌、铅、锡、氧化铝、黄金、白银、螺纹钢等，能源化工如原油、低硫燃料油、燃料油、石油沥青等以及SCFIS欧线，披露在不同期货合约每日的投机以及套保买/卖保证金率（%）以及涨/跌停板幅度（%）。

表2－6　　上海期货交易所2024年8月13日部分期货合约交易参数

合约代码	投机买保证金率（%）	投机卖保证金率（%）	套保买保证金率（%）	套保卖保证金率（%）	涨停板幅度（%）	跌停板幅度（%）
bc2408	20	20	20	20	7	7
bc2409	10	10	10	10	7	7
bc2410	9	9	8	8	7	7
bc2411	9	9	8	8	7	7
bc2412	9	9	8	8	7	7
bc2501	9	9	8	8	7	7
bc2502	9	9	8	8	7	7
bc2503	9	9	8	8	7	7
bc2504	9	9	8	8	7	7
bc2505	9	9	8	8	7	7
bc2506	9	9	8	8	14	14
bc2507	9	9	8	8	14	14

此外，交易参数中部分交易所还会额外披露涨/跌停板价位、持仓限额和挂盘基准价等，这些都是在总体构建期货交易制度中，可能对投资者的交易策略产生影响的指标。

三、结算参数

（一）结算时的主要参数

在期货合约和交易制度中，交易所还需对各期货品种的合约进行每日结算参数信息的披露，主要包括某一期权合约的结算价、交易手续费率、交易手续费额、行权/履约手续费率、行权/履约手续费额、投机交易保证金、套保交易保证金、期权自对冲手续费率等，除此之外，一些额外的结算参数如期权持仓限额等，则会通过交易所的市场通知形式载明。

表2－7所展示的内容表明，为了配合不同期货品种的结算计算需求，交易所会公布特定的结算参数指标。例如，在上海期货交易所对铜（BC）期货的结算过程中，交易所会明确披露每元（人民币）/吨（交易报价已排除税费）的价格中，所包含的交易手续费率/额、交割手续费额，以及针对投机交易与套期保值交易所设定的不同保证金率。这些参数共同构成了铜（BC）期货品种下各合约结算的依据。

另外，在中国金融期货交易所（中金所）对沪深300股指期货（IF）的结算过程中，鉴于其采用现金交割的方式，交易所主要披露的结算参数包括合约保证金率以及交易手续费率。值得注意的是，这些参数的披露会根据合约的多头、空头持仓情况，以及交易和交割的不同环节，分别进行详细的信息披露。

表2－7　部分交易所2024年8月13日部分期货合约结算参数

上海期货交易所

合约代码	结算价	交易手续费率	交易手续费额	交割手续费额	投机买保证金率	投机卖保证金率	套保买保证金率	套保卖保证金率
单位		（‰）	（元/手）	（元/吨）	（%）	（%）	（%）	（%）
bc2408	63320	0.010	0	0	20	20	20	20
bc2409	64390	0.010	0	0	10	10	10	10

中国金融期货交易所

期货合约	合约多头保证金标准	合约空头保证金标准	交易手续费标准	交割手续费标准	平今仓收取率
IF2408	12%	12%	万分之0.23	万分之0.5	1000%
IF2409	12%	12%	万分之0.23	万分之0.5	1000%
IF2412	12%	12%	万分之0.23	万分之0.5	1000%
IF2503	12%	12%	万分之0.23	万分之1	1000%

（二）结算中的交割费用

在计算结算相关费用时，不同交易所还会根据期货品种的不同，制定不同的交割费用形式，如表2－8所示，大连期货交易所会公布每日各品种的交割预报定金率、交割手续费及仓储费标准，以及计算所凭的交割开始日期和结束日期。而与此不同的是上海期货交易所会公布不同期货品种的不同合约，在当日的完税/保税交割结算价、交割保证金率、交割手续费以及交割开始和结束日。

表 2－8　　部分交易所 2024 年 8 月 3 日部分期货合约交割参数

大连期货交易所						
品种	交割预报定金率（元/最小单位）	最小单位	交割手续费（元/手）	仓储费标准（元/手天）	开始日期	结束日期
聚乙烯	30	吨	0	5	1 月 1 日	12 月 31 日
玉米	10	吨	0	5	1 月 1 日	4 月 30 日
上海期货交易所						
合约代码	完税交割结算价	保税交割结算价	交割保证金率（%）	交割手续费额（元/吨）	交割开始日	交割结束日
au2408			20	0	20240816	20240816
au2409			20	0	20240919	20240919

交割作为期货交易履约的最终环节，其重要性不言而喻。为有效遏制潜在的违约行为，交易所均设有极为严格的惩罚机制，而这也是结算中产生交割费用的重要来源。然而，鉴于违约成本显著高于履约成本，交易者普遍对交割事宜持谨慎态度，从而确保了期货交易中违约事件极为罕见。

针对实物交割，买方违约定义为在既定交割期限内未能足额支付货款；而卖方违约则指未能在规定时间内提供有效的标准仓单及相应票据。若发生买方违约，交易所将代为履行其义务，通过竞卖方式处置相关实物，并由违约买方承担全部损失、费用及高额违约金等额外处罚。同样，卖方违约时，交易所将采取征购措施以填补市场空缺，违约卖方需承担全部损失、费用及高额违约金等责任。

至于现金交割，其过程相对简单，交易所仅依据既定价格对交易账户进行盈亏清算。鉴于买卖双方在清算前已预存充足保证金，因此现金交割环节基本不存在违约风险。

第三节　报价方式、价位最小变动和最大波动

一、报价方式

（一）报价方式主要内容

参考第一节中对于期货标准化合约的定义，我们可以明确，期货标准化合约是一种除价格外，其余各项条款均由交易所预先设定好的合约。在这种合约中，唯一

不由交易所规定的是合约的价格。那么，期货合约的价格究竟是由谁来确定的呢？

在一个运作良好的期货市场中，标准化合约的价格是通过交易者的自由竞价机制来决定的。尽管价格的形成源于交易者的自由竞价，但这种竞价过程并非无序，而是必须遵循一定的市场规则和报价方式。这些规则确保了市场价格的公平、公正和透明。

（二）报价方式的保证体系

为确保报价方式的便捷性和透明度，期货交易采用了公开喊价的方式，也被称为双向拍卖（Double Auction）。在这种方式下，买卖双方同时报出自己的价格，从而形成一个竞争性的市场环境。而在实际的交易过程中，交易各方往往依赖于计算机撮合成交系统来完成交易。该系统基于公开喊价的原理，对交易双方的交易指令进行自动配对，具有准确、连续等特点，能够确保期货交易的报价方式能够顺利且有效地进行配对。

二、价位最小变动

（一）价位最小变动的定义

在每一个期货标准化合约中，合约价格的报价方式都会被注明。比如，上海期货交易所的铜期货合约规定：每张合约为 5 吨，报价为人民币元/吨，最小变动价位为 10 元/吨。意味着你在交易中不可以报出 53783 元/吨买进（卖出），只能报 53780 元或 53790 元这样的价位。每吨的最小变动价位为 10 元，等值于每张合约的最小变动价值为 50 元。故而最小变动价位是指在期货交易所的公开竞价过程中，对合约的每单位价格报价的最小变动数值。

（二）价位最小变动的统计作用

表 2－9 详尽地汇总了截至 2024 年 8 月各期货交易品种的关键交易参数，包括交易单位、报价单位、最小变动价位及每日价格的最大波动限制。以具有代表性的 2 年期国债期货为例，其最小变动价位已正式调整至 0.002 元。假设该期货品种的价格从 101.100 元变动至 101.102 元，同时，鉴于 2 年期国债期货的合约乘数设定为 20000 元（此乘数由百元净值报价与合约标的面值共同决定），因此，每当价格发生一个最小变动价位的波动时，一手合约的盈亏额将精确计算为 0.002 元乘以 20000 元，即 40 元。简而言之，期货合约价格的最小单位变动将直接引发盈亏额的相应变化，其计算公式严谨表述为：盈亏变动金额等于合约交易单位乘以合约的最小变动价位。

表 2-9　　2024 年 8 月各期货交易品种的报价方式汇总

交易品种	交易代码	交易单位	报价单位	最小变动价位	每日价格最大波动限制
优质强筋小麦	WS	10 吨/手	元/吨	1 元/吨	不超过上一交易日结算价 ±3%
硬麦	WT	10 吨/手	元/吨	1 元/吨	不超过上一交易日结算价 ±3%
硬冬白麦	WT	10 吨/手	元/吨	1 元/吨	不超过上一交易日结算价 ±3%
SCE 橡胶	RU	5 吨/手	元/吨	5 元/吨	不超过上一交易日结算价 ±3%
橡胶	RU	5 吨/手	元/吨	5 元/吨	不超过上一交易日结算价 ±3%
绿豆	GN	10 吨/手	元/吨	2 元/吨	不超过上一交易日结算价的 ±120 元
大豆	S	10 吨/手	元/吨	1 元/吨	不超过上一交易日结算价的 3%
豆一	A	10 吨/手	元/吨	1 元/吨	不超过上一交易日结算价的 4%
豆二	B	10 吨/手	元/吨	1 元/吨	上一交易日结算价的 4%
燃油	FU	10 吨/手	元/吨	1 元/吨	上一交易日结算价 ±5%
硬白小麦	WT	10 吨/手	元/吨	1 元/吨	不超过上一交易日结算价 ±3%
普通小麦	PM	50 吨/手	元/吨	1 元/吨	上一交易日结算价 ±4% 及《郑州商品交易所期货交易风险控制管理办法》相关规定
强筋小麦	WS	10 吨/手	元/吨	1 元/吨	不超过上一交易日结算价 ±3%
中密度纤维板	FB	500 张/手	元/张	0.05 元/张	上一交易日结算价的 5%
SCFIS 欧线	EC	50	指数点	0.1 点	上一交易日结算价 ±10%
线材	WR	10 吨/手	元/吨	1 元/吨	不超过上一交易日结算价 ±7%
镍	NI	1 吨/手	元/吨	10 元/吨	不超过上一交易日结算价 ±10%
焦炭	J	100 吨/手	元/吨	0.5 元/吨	上一交易日结算价的 8%
焦煤	JM	60 吨/手	元/吨	0.5 元/吨	上一交易日结算价的 8%
铁矿石	I	100 吨/手	元/吨	0.5 元/吨	上一交易日结算价的 11%
纤维板	FB	10 立方米/手	元/立方米	0.5 元/立方米	上一交易日结算价的 5%
细木工板	BB	500 张/手	元/张	0.05 元/张	上一交易日结算价的 5%
粳米	RR	10 吨/手	元/吨	1 元/吨	上一交易日结算价的 5%
普麦	PM	50 吨/手	元/吨	1 元/吨	上一交易日结算价 ±7% 及《郑州商品交易所期货交易风险控制管理办法》相关规定
强麦	WH	20 吨/手	元/吨	1 元/吨	上一交易日结算价 ±7% 及《郑州商品交易所期货交易风险控制管理办法》相关规定
油菜籽	RS	10 吨/手	元/吨	1 元/吨	上一交易日结算价 ±4% 及《郑州商品交易所期货交易风险控制管理办法》相关规定
早籼稻	RI	20 吨/手	元/吨	1 元/吨	上一交易日结算价 ±7% 及《郑州商品交易所期货交易风险控制管理办法》相关规定
粳稻谷	JR	20 吨/手	元/吨	1 元/吨	上一交易日结算价 ±7% 及《郑州商品交易所期货交易风险控制管理办法》相关规定

续表

交易品种	交易代码	交易单位	报价单位	最小变动价位	每日价格最大波动限制
晚籼稻	LR	20 吨/手	元/吨	1 元/吨	上一交易日结算价 ±7% 及《郑州商品交易所期货交易风险控制管理办法》相关规定
玻璃	FG	20 吨/手	元/吨	1 元/吨	上一交易日结算价 ±10% 及《郑州商品交易所期货交易风险控制管理办法》相关规定
动力煤	ZC	100 吨/手	元/吨	0.2 元/吨	上一交易日结算价 ±10% 及《郑州商品交易所期货交易风险控制管理办法》相关规定
硅铁	SF	5 吨/手	元/吨	2 元/吨	上一交易日结算价 ±10% 及《郑州商品交易所期货交易风险控制管理办法》相关规定
锰硅	SM	5 吨/手	元/吨	2 元/吨	上一交易日结算价 ±10% 及《郑州商品交易所期货交易风险控制管理办法》相关规定
鲜苹果	AP	10 吨/手	元/吨	1 元/吨	上一交易日结算价 ±9% 及《郑州商品交易所期货交易风险控制管理办法》相关规定
纯碱	SA	20 吨/手	元/吨	1 元/吨	上一交易日结算价 ±10% 及《郑州商品交易所期货交易风险控制管理办法》相关规定
红枣	CJ	5 吨/手	元/吨	5 元/吨	上一交易日结算价 ±10% 及《郑州商品交易所期货交易风险控制管理办法》相关规定
黄大豆 1 号	A	10 吨/手	元/吨	1 元/吨	不超过上一交易日结算价的 8%
黄大豆 2 号	B	10 吨/手	元/吨	1 元/吨	上一交易日结算价的 8%
豆粕	M	10 吨/手	元/吨	1 元/吨	上一交易日结算价的 6%
豆油	Y	10 吨/手	元/吨	2 元/吨	上一交易日结算价的 6%
棕榈油	P	10 吨/手	元/吨	2 元/吨	上一交易日结算价的 9%
玉米	C	10 吨/手	元/吨	1 元/吨	上一交易日结算价的 6%
玉米淀粉	CS	10 吨/手	元/吨	1 元/吨	上一交易日结算价的 5%
鲜鸡蛋	JD	5 吨/手	元/500 千克	1 元/500 千克	上一交易日结算价的 7%
LLDPE	L	5 吨/手	元/吨	1 元/吨	上一交易日结算价的 6%
聚丙烯	PP	5 吨/手	元/吨	1 元/吨	上一交易日结算价的 6%
聚氯乙烯	V	5 吨/手	元/吨	1 元/吨	上一交易日结算价的 6%
乙二醇	EG	10 吨/手	元/吨	1 元/吨	上一交易日结算价的 9%
液化石油气	PG	20 吨/手	元/吨	1 元/吨	上一交易日结算价的 9%
生猪	LH	16 吨/手	元/吨	5 元/吨	上一交易日结算价的 7%
苯乙烯	EB	5 吨/手	元/吨	1 元/吨	上一交易日结算价的 9%
丁二烯橡胶	BR	5 吨/手	元/吨	5 元/吨	上一交易日结算价 ±10%
中质含硫原油	SC	1000 桶/手	元/桶	0.1 元/桶	不超过上一交易日结算价 ±8%

续表

交易品种	交易代码	交易单位	报价单位	最小变动价位	每日价格最大波动限制
低硫燃料油	LU	10 吨/手	元/吨	1 元/吨	不超过上一交易日结算价 ±10%
20 号胶	NR	10 吨/手	元/吨	5 元/吨	不超过上一交易日结算价 ±6%
铜	CU	5 吨/手	元/吨	10 元/吨	不超过上一交易日结算价 ±7%
铝	AL	5 吨/手	元/吨	5 元/吨	不超过上一交易日结算价 ±8%
锡	SN	1 吨/手	元/吨	10 元/吨	不超过上一交易日结算价 ±11%
不锈钢	SS	5 吨/手	元/吨	5 元/吨	上一交易日结算价 ±5%
石油沥青	BU	10 吨/手	元/吨	1 元/吨	不超过上一交易日结算价 ±10%
天然橡胶	RU	10 吨/手	元/吨	5 元/吨	上一交易日结算价 ±6%
甲醇	MA	10 吨/手	元/吨	1 元/吨	上一交易日结算价 ±8% 及《郑州商品交易所期货交易风险控制管理办法》相关规定
短纤	PF	5 吨/手	元/吨	2 元/吨	上一交易日结算价 ±8% 及《郑州商品交易所期货交易风险控制管理办法》相关规定
白糖	SR	10 吨/手	元/吨	1 元/吨	上一交易日结算价 ±8% 及《郑州商品交易所期货交易风险控制管理办法》相关规定
棉花	CF	5 吨/手	元/吨	5 元/吨	上一交易日结算价 ±6% 及《郑州商品交易所期货交易风险控制管理办法》相关规定
菜籽粕	RM	10 吨/手	元/吨	1 元/吨	上一交易日结算价 ±8% 及《郑州商品交易所期货交易风险控制管理办法》相关规定
菜籽油	OI	10 吨/手	元/吨	1 元/吨	上一交易日结算价 ±8% 及《郑州商品交易所期货交易风险控制管理办法》相关规定
棉纱	CY	5 吨/手	元/吨	5 元/吨	上一交易日结算价 ±6% 及《郑州商品交易所期货交易风险控制管理办法》相关规定
PTA	TA	5 吨/手	元/吨	2 元/吨	上一交易日结算价 ±6% 及《郑州商品交易所期货交易风险控制管理办法》相关规定
阴极铜	BC	5 吨/手	元/吨	10 元/吨	上一交易日结算价 ±8%
氧化铝	AO	20 吨/手	元/吨	1 元/吨	上一交易日结算价 ±8%
漂白硫酸盐针叶木浆	SP	10 吨/手	元/吨	2 元/吨	上一交易日结算价 ±6%
对二甲苯	PX	5 吨/手	元/吨	2 元/吨	上一交易日结算价 ±7% 及《郑州商品交易所期货交易风险控制管理办法》相关规定
尿素	UR	20 吨/手	元/吨	1 元/吨	上一交易日结算价 ±7% 及《郑州商品交易所期货交易风险控制管理办法》相关规定
碳酸锂	LC	1 吨/手	元/吨	50 元/吨	上一交易日结算价 ±11%
烧碱	SH	30 吨/手	元/吨	1 元/吨	上一交易日结算价 ±8% 及《郑州商品交易所期货交易风险控制管理办法》相关规定

续表

交易品种	交易代码	交易单位	报价单位	最小变动价位	每日价格最大波动限制
白银	AG	15 千克/手	元/千克	1 元/千克	不超过上一交易日结算价 ±10%
螺纹钢	RB	10 吨/手	元/吨	1 元/吨	不超过上一交易日结算价 ±5%
热轧卷板	HC	10 吨/手	元/吨	1 元/吨	不超过上一交易日结算价 ±5%
燃料油	FU	10 吨/手	元/吨	1 元/吨	上一交易日结算价 ±8%
黄金	AU	1000 克/手	元/克	0.02 元/克	上一交易日结算价 ±10%
花生仁	PK	5 吨/手	元/吨	2 元/吨	上一交易日结算价 ±7%及《郑州商品交易所期货交易风险控制管理办法》相关规定
工业硅	SI	5 吨/手	元/吨	5 元/吨	上一交易日结算价 ±7%
锌	ZN	5 吨/手	元/吨	5 元/吨	不超过上一交易日结算价 ±7%
铅	PB	5 吨/手	元/吨	5 元/吨	不超过上一交易日结算价 ±7%

对于在最小变动价位调整前已设置但尚未触发的条件单，若交易者在 2024 年 8 月 1 日结算后未对报单价格进行必要的调整，则从 8 月 2 日起，当市场行情满足交易者原先设定的触发条件时，由于报单价格可能不再符合交易所当前规定的最小变动价位要求，此前设置的条件单将面临报单失败的风险。假设每手玉米期货的交易单位是50 吨，最小变动价位是10 元/吨。如果价格下跌了5 元/吨，函数 calculate_profit_loss 将计算出相应的盈亏变动金额，并打印出来，程序如下。

```
# 定义计算玉米期货盈亏变动的函数
calculate_profit_loss <- function(trade_unit, tick_size, price_change) {
# 交易单位(每手的吨数)
trade_unit <- 50  # 假设每手玉米期货的交易单位是 50 吨
# 最小变动价位(每变动一个单位的货币价值)
tick_size <- 10  # 假设玉米期货的最小变动价位是 10 元/吨
# 价格变动量(可以是正数或负数)
price_change <- -5  # 假设价格下跌了 5 元/吨
# 计算盈亏变动金额
profit_loss <- trade_unit * tick_size * price_change
# 返回盈亏变动金额
profit_loss
}
# 示例使用
# 假设价格下跌了 5 元/吨,计算盈亏变动
price_change <- -5
profit_loss <- calculate_profit_loss(trade_unit = 50, tick_size = 10, price_change = price_
```

```
change)
    # 打印盈亏变动
    cat("盈亏变动金额为:", profit_loss, "元\n")
```

三、价位最大波动

（一）价位最大波动的定义

期货合约的结算价通常是根据该合约在交易日结束时的最后交易价格来确定的。然而，在某些情况下，如果最后交易价格无法正常形成，结算价可能会采用其他方法计算，如通过集合竞价或连续竞价的方式确定。结算价的计算方法对于整个市场来说至关重要，因为它不仅关系到涨跌停板的设定，还影响到投资者的盈亏计算和风险控制。

涨跌停板制度是期货市场中一个重要的风险控制工具，它在保障市场稳定的同时，也对市场流动性、投资者行为以及交易策略产生深远的影响。在涨跌停板制度下，期货市场的价格波动被限制在一个相对较小的范围内，这有助于减少市场过度波动带来的风险。此外，涨跌停板制度还可能对套期保值和投机交易产生不同的影响。对于套期保值者来说，涨跌停板可能会限制他们在期货市场上的操作空间，从而影响到他们对冲风险的效果。而对于投机者而言，涨跌停板制度则可能成为他们制定交易策略时需要考虑的一个重要因素，因为一旦市场价格触及涨跌停板，当天的交易机会就会大大减少。

（二）价位最大波动的统计作用

每日价格最大波动限制条款的规定着意于防止价格波动幅度过大造成交易者亏损过大而带来的风险。以上海期货交易所的铜期货合约为例，其每日价格最大波动限制为上一交易日结算价的5%。而中金所的股指期货合约规定，其报价单位为指数点；由于最小变动价位为0.2点，合约乘数为300元，意味着1手合约的最小变动价为60元；最大波动限制为上一交易日结算指数的10%（合约到期日及季月合约上市另行规定）。

使用价位最小变动的玉米期货计算盈亏变动举例，在本节中假定玉米期货的每日价格变动超过了上一交易日结算价格的5%，那么交易可能会受到限制。则重新计算盈亏变动时，需要首先计算价格变动，然后检查这个变动是否超过了基于上一交易日结算价格设定的5%的最大波动限制。如果价格变动超过了这个限制，将价格变动调整为最大波动限制的值（根据价格变动的方向选择正值或负值）。接着，使用调整后的价格变动来计算盈亏变动金额。计算代码如下。

```
# 定义计算玉米期货每日盈亏变动的函数
calculate_daily_profit_loss <- function(last_settlement_price, current_settlement_price, trade_unit, tick_size) {
# 上一交易日结算价格
last_settlement_price <- 2000  # 假设上一交易日的结算价格是 2000 元/吨
# 当前日结算价格
current_settlement_price <- 1950  # 假设当日的结算价格是 1950 元/吨
# 交易单位(每手的吨数)
trade_unit <- 50  # 假设每手玉米期货的交易单位是 50 吨
# 最小变动价位(每变动一个单位的货币价值)
tick_size <- 10  # 假设玉米期货的最小变动价位是 10 元/吨
# 计算价格变动
price_change <- current_settlement_price - last_settlement_price
# 计算最大波动限制
max_fluctuation <- last_settlement_price  0.05
# 检查价格变动是否超过最大波动限制
if (abs(price_change) > max_fluctuation) {
cat("价格变动超过了最大波动限制。\n")
price_change <- ifelse(price_change < 0, -max_fluctuation, max_fluctuation)
}
# 计算盈亏变动金额
profit_loss <- trade_unit * tick_size * price_change
# 返回盈亏变动金额
profit_loss
}
# 示例使用
# 假设上一交易日的结算价格是 2000 元/吨,当日的结算价格是 1950 元/吨
last_settlement_price <- 2000
current_settlement_price <- 1950
# 计算每日盈亏变动
profit_loss <- calculate_daily_profit_loss(last_settlement_price, current_settlement_price, trade_unit = 50, tick_size = 10)
# 打印盈亏变动
cat("每日盈亏变动金额为:", profit_loss, "元\n")
```

第四节　交易账户计算

对于一个期货交易者而言，掌握基础的账户计算能力是最基本的要求。鉴于期货交易采取保证金制度，并实行每日清算机制，因此其账户计算相较于股票交易更为复杂。然而，只要深入了解并掌握相关要领与规则，这些计算便不会显得过于困难。具体而言，在期货交易账户计算中，核心要素包括盈亏计算、权益计算、保证金计算以及资金余额四项基本内容。

一、盈亏计算

（一）计算逻辑

按照开仓和平仓时间划分，盈亏计算中可分为下列四种类型：当日开仓当日平仓，当日开仓后未平仓转为持仓，上一交易日持仓今日平仓，上一交易日持仓今日继续持仓。各种类型的计算方法如下。

（1）当日开仓当日平仓的，计算其买卖差额；

（2）当日开仓而未平仓的，计算今日结算价与开仓价的差额；

（3）上一交易日持仓今日平仓的，计算平仓价与上一交易日结算价的差额；

（4）上一交易日持仓今日继续持仓的，计算今日结算价与上一交易日结算价的差额。

（二）举例说明

某客户在某期货经纪公司开户后存入保证金60万元，在8月1日开仓买进4手合约9月沪深300股指期货合约，成交价为2200点，同一天该客户在2230点卖出平仓2手，当日结算价为2220点，假定交易保证金比例为12%，手续费为单边每手0.2，则客户的账户情况为：

当日平仓盈亏 = （2230 − 2200） ×300 ×2 = 18000元

当日开仓持仓盈亏 = （2220 − 2200） ×300 ×2 = 12000元

当日盈亏 = 18000 + 12000 = 30000元

具体的计算程序如下：

```
# 给定参数可根据题干部分进行更换
initial _ margin = 600000  # 初始保证金
contract _ multiplier = 300  # 合约乘数
```

```
opening_price = 2200   # 开仓成交价
closing_price = 2230   # 平仓成交价
settlement_price = 2220   # 当日结算价
trading_margin_ratio = 0.12   # 交易保证金比例
commission_per_contract = 0.2 * contract_multiplier   # 每手手续费
# 客户交易情况
contracts_opened = 4   # 开仓手数
contracts_closed = 2   # 平仓手数
remaining_contracts = contracts_opened - contracts_closed   # 剩余持仓手数
# 计算盈亏
closing_profit = (closing_price - opening_price) * contract_multiplier * contracts_closed
holding_profit = (settlement_price - opening_price) * contract_multiplier * remaining_contracts
total_profit = closing_profit + holding_profit
# 计算手续费
total_commission = contracts_closed * commission_per_contract
# 计算当日账户总盈亏
net_profit = total_profit - total_commission
# 打印结果
cat("当日平仓盈亏:", closing_profit, "元\n")
cat("当日持仓盈亏:", holding_profit, "元\n")
cat("当日盈亏(含手续费):", net_profit, "元\n")
```

二、权益计算

（一）计算逻辑

当日权益是指客户在交易日结束时的账户总价值，它包括客户的初始保证金加上或减去当天的盈亏、手续费等。根据之前提供的计算，举例说明中已经有了当日盈亏的计算结果。现在，只需要将这个盈亏值加上客户的初始保证金，就可以得到当日权益。

（二）举例说明

具体计算为：

手续费 $= 2200 \times 0.03 \times 2 \times 0.2 + 2230 \times 0.03 \times 2 \times 0.2 = 26.4 + 26.76 = 53.16$ 元

当日权益 $= 600000 + 18000 + 12000 - 53.16 = 629946.84$ 元

具体程序为：

```
# 已知参数和之前计算的结果
initial_margin = 600000  # 初始保证金
total_profit = 18000 + 12000 # 根据之前的计算,总盈亏为 30000 元
total_commission = contracts_closed * commission_per_contract  # 根据之前的计算,总手续费
# 计算当日权益
# 当日权益 = 初始保证金 + 当日盈亏 - 手续费
daily_equity = initial_margin + total_profit - total_commission
# 打印当日权益
cat("当日权益为:", daily_equity, "元\n")
```

根据之前的计算，当日盈亏为 30000 元（18000 元来自平仓盈亏，12000 元来自持仓盈亏），手续费为每手 80 元（因为平仓了 2 手，所以手续费总共是 160 元）。现在我们可以计算当日权益：

```
# 重新定义手续费
commission_per_contract = 0.2 * contract_multiplier  # 每手手续费为合约乘数的 0.2%
total_commission = contracts_closed * commission_per_contract  # 总手续费
# 计算当日权益
daily_equity = initial_margin + total_profit - total_commission
# 打印结果
print(paste("当日权益为:", daily_equity, "元"))
```

三、保证金计算

（一）计算逻辑

保证金占用计算公式为：保证金占用 = 合约价值 × 交易保证金比例。

（二）举例说明

如果使用当日结算价来计算保证金占用，则计算结果为：

保证金占用 = 2220 × 300 × 2 × 12% = 159840 元

执行这段代码，可以得到投资者保证金的占用额度。这将帮助投资者了解其账户中的资金有多少被当前持仓占用，从而评估剩余可用资金和风险管理。

```
# 已知参数
initial_margin = 600000  # 初始保证金
settlement_price = 2220  # 当日结算价
trading_margin_ratio = 0.12  # 交易保证金比例
contract_multiplier = 300  # 合约乘数
```

```
contracts _ held = 2   # 剩余持仓手数
# 计算每手合约的价值
contract _ value _ per _ hand = settlement _ price * contract _ multiplier
# 计算总合约价值
total _ contract _ value = contract _ value _ per _ hand * contracts _ held
# 计算保证金占用
margin _ used = total _ contract _ value * trading _ margin _ ratio
# 打印保证金占用
cat("保证金占用为:", round(margin _ used, 2), "元\n")
```

四、资金余额计算

(一) 计算逻辑

资金余额（可交易资金）是指客户在期货账户中除去保证金占用后剩余的资金。计算资金余额的公式为：

资金余额 = 初始保证金 - 保证金占用资金余额 = 初始保证金 - 保证金占用

(二) 举例说明

根据之前计算的保证金占用，则计算结果为：

资金余额（可交易资金） = 当日权益 - 保证金占用 = 629946.84 - 159840 = 470106.84 元

使用之前计算得到的保证金占用值，从初始保证金中减去它，得到资金余额。round 函数用于将结果保留两位小数。使用代码计算资金余额：

```
# 已知参数
initial _ margin = 600000   # 初始保证金
margin _ used = total _ contract _ value * trading _ margin _ ratio   # 之前计算的保证金占用
# 计算资金余额
available _ funds = initial _ margin  -  margin _ used
# 打印资金余额
cat("资金余额为:", round(available _ funds, 2), "元\n")
```

第五节　期货交易制度

一、组成制度的主要内容

限仓制度是指期货交易所对每个交易者在某一特定期货合约上的持仓数量进行

限制，以防止市场操纵和过度集中风险。通过设定持仓上限，限仓制度能够确保市场参与者的多样化，避免个别交易者对市场价格产生过大的影响。同时，限仓制度也有助于防止因单个交易者持仓过大而引发的系统性风险。

大户报告制度则要求持仓量达到一定规模的交易者向交易所报告其持仓情况。这一制度的目的是增加市场透明度，使交易所能够及时了解市场中的大额持仓情况，从而更好地监控市场风险。通过大户报告制度，交易所可以及时发现并防范潜在的市场操纵行为，确保市场的公平性和稳定性。

强行平仓制度是指当交易者的保证金余额低于交易所规定的最低保证金水平时，交易所或期货公司有权对交易者的部分或全部持仓进行强制平仓。这一制度的目的是保护交易所和期货公司的利益，防止因交易者无法履行合约义务而造成的损失。强行平仓制度有助于维持市场的正常运作，确保市场参与者的合法权益。

表 2－10 总结分析了期货交易制度中的主要组成部分，表结果可以发现，通过这些制度的相互配合，我国期货市场能够在一定程度上降低交易风险，保障市场的稳定运行。然而，投资者仍需谨慎参与期货交易，充分了解各项制度的具体规定，合理安排自己的交易策略，以应对市场中的各种风险。

表 2－10　　我国期货交易制度的主要内容

名称	简单描述	可能的风险	防范措施
保证金制度	持仓保证金的比率，随交割日期临近、持仓量的变化，或防范市场风险的需要会有所调整	当保证金比率提高时，因后续资金的不足，导致资金不足以维持现有的持仓而被强行平仓	了解保证金制度及调整规则，合理分配资金的使用，避免出现资金不足
涨跌停板制度	通常情况是前日结算价的 3%～5%，当出现单边市时，该比率通常会在下一交易日扩大，连续三个同向单边市可能强行减仓	不利的持仓无法对冲，导致亏损扩大	了解单边市的概念，知晓交易合约的涨跌停板幅度，当不利情况发生时及时处置
限仓制度	为防范市场操纵行为，对投资者最大持仓比例或数量上的限制	投资者无法按自身的需要持有合约；超出限仓部分的将被强行平仓	自然人投资者不能超出持仓限额；可能或必须超限的法人应申请套保头寸
大户报告制度	持仓达到限仓制度规定额度的 80%或以上时，须向交易所报告	交易所处分	了解限仓的规则，及时报告
强行平仓制度	在投资者保证金不足、超持仓限制、违规、为防范风险须采取紧急措施等情况下，交易所可对单个或全部投资者采取强行平仓	投资者的持仓被部分或全部平仓	了解并遵守交易制度

二、制度下的爆仓风险

爆仓，即账户权益降至负数，表明保证金已完全亏损并产生负债。在正常的金融市场中，得益于逐日清算与强制平仓制度的实施，爆仓现象应被有效遏制。以我国股指期货市场为例，自其成立以来，始终保持着无交易者爆仓的记录。这得益于股指期货市场未遭遇涨跌停板情况，一旦交易者保证金不足且未能及时补充，期货公司会迅速采取强制平仓措施，以最大限度地预防爆仓事件的发生。

相比之下，商品期货市场中的涨跌停板幅度较为有限，因此涨跌停板行情的出现是可能的。然而，由于保证金比例通常设定为涨跌停板幅度的 150% 以上，首个停板即导致爆仓的情况并不常见。然而，在连续同方向停板的情况下，期货公司对保证金不足的交易者实施强制平仓可能面临挑战，此时爆仓风险显著增加。例如，2008 年国庆长假后，受国际金融危机冲击，商品期货市场出现连续大面积跌停板，部分持有多单的交易者因无法及时平仓而最终遭遇爆仓。

三、监管风险案例

2023 年，广东监管局在中国期货协会的消费者教育园地披露了一个关于期货强平的纠纷案例。以下分别通过纠纷概要、争议焦点 、调解过程和案例启示进行分析。

（一）纠纷概要

期货投资者李某近日向相关部门反映，其期货交易账户近期遭遇了期货公司的强制平仓措施。然而，李某对期货公司的操作方式提出了质疑，认为公司在处理强平时未充分考量客户利益。具体而言，期货公司首日选择了风险较低的期货品种进行强平，次日再行处理风险较高的品种，李某认为这种顺序安排实际上加剧了他的经济损失。

此外，李某还指出，在交易过程中，期货公司无故限制了他的出金操作，这一行为进一步引发了他的不满。基于上述情况，李某已正式提出调解申请，要求期货公司对其因此遭受的经济损失给予相应的赔偿。

（二）争议焦点

本案的争议核心在于期货公司采取的强制平仓及限制资金提取的行为是否具备合理性。具体而言，李某提出两个方面的质疑：一是期货公司执行强制平仓的顺序与品种选择不合理；二是在其无任何持仓的情况下，期货公司依然实施限制其资金提取的风险控制措施，此举未获李某认同。对此，期货公司则持相反立场，强调其所有行为均严格遵循双方签订的合同条款执行，并未逾越合同约定的范畴。

（三）调解过程

调解员对期货公司提交的期货经纪合同、追保通知及强制平仓记录等相关资料进行了详尽的梳理与分析。在此过程中，确认期货公司已严格按照规定，在当日结算工作完成后，及时向客户发送了交易结算单及追加保证金通知。此外，还通过短信、电话等多种通信方式，多次向李某发出警示，提醒其务必在下一交易日开市前，采取追加保证金或自主减仓等风险防控措施。李某在电话沟通中，也明确表达了将自行应对风险的意愿。

然而，在随后的交易日开市后，客户的持仓风险度却持续攀升，而客户方面却始终未能采取任何实质性的风险应对措施。鉴于此，期货公司依据合同规定及行业惯例，最终对客户账户实施了强制平仓操作。

根据《期货交易管理条例》第三十四条第二款："客户保证金不足时，应当及时追加保证金或者自行平仓。客户未在期货公司规定的时间内及时追加保证金或者自行平仓的，期货公司应当将该客户的合约强行平仓，强行平仓的有关费用和发生的损失由该客户承担。"《最高人民法院关于审理期货纠纷案件若干问题的规定（2020 年修正）》第三十六条第二款规定："客户的交易保证金不足，又未能按期货经纪合同约定的时间追加保证金的，按期货经纪合同的约定处理；约定不明确的，期货公司有权就其未平仓的期货合约强行平仓，强行平仓造成的损失，由客户承担。"

基于此，期货公司执行强制平仓措施的唯一先决条件为客户保证金余额不足，且客户在指定时间内未能及时补充保证金。在此情况下，调解人员以严谨、负责的态度，对李某详尽阐述了合同条款的具体内容，明确指出期货公司在实施强制平仓前已充分履行了通知义务，并严格按照合同条款执行了强制平仓，因此，强制平仓所引发的后果应由李某本人承担。同时，调解人员也明确指出了期货公司在李某无持仓状态下采取限制其资金提取的风险控制措施缺乏合同及法规依据。

经过多轮深入沟通与协商，期货公司对自身行为的合理性进行了重新评估，并承认存在不当之处，表示愿意对李某的交易手续费进行适当减免。李某对此调解方案表示接受与认可，最终，该纠纷得到了妥善且圆满的解决。

（四）案例启示

针对本案的具体情况，对于期货市场的投资者而言，在交易进行过程中，应当保持高度警觉，持续监控自身的持仓状况、保证金余额及权益变动情况，并负有责任地审慎管理其持仓。一旦接收到期货公司发出的追加保证金通知，投资者应立即对账户状况给予充分关注，积极采取措施以控制持仓所伴随的风险，从而避免由于对期货账户持仓风险的管理疏忽，导致期货公司不得不采取强制平仓的措施来降低风险。

本章小结

本章深入探讨了期货交易中标准化合约的定义、组成要素及其重要性，详细阐述了交易的逐日清算制度、标准化合约内容，包括商品名称、质量等级、计量单位、交货日期、地点和价格等，重点介绍了交易单位和合约乘数的概念，以及它们如何影响合约价值和交易策略的制定。此外，本章还对合约月份和最后交易日的规定进行了阐释，说明了它们对期货交易策略和风险管理的影响。

本章进一步分析了交易参数和结算参数，包括保证金制度、涨跌停板制度、限仓制度、大户报告制度和强行平仓制度，讨论了这些参数如何共同作用于期货市场，确保了市场的透明度、公平性和稳定性。同时，本章探讨了爆仓风险和监管风险案例，提供了对期货交易风险的深刻理解，并强调了投资者对市场规则认知的重要性。

通过一个具体的监管风险案例，本章展示了期货公司和投资者之间可能发生的纠纷及其解决过程。案例分析揭示了投资者在期货交易中应持有的风险意识，以及在面对市场波动时采取适当措施的必要性。最后，本书总结了本章的关键知识点，强调了投资者需充分理解期货交易的各项制度和规则，以及在实际操作中保持警惕和采取主动的风险管理措施的重要性。

课后习题

1.（难度级别：低）问题描述：解释期货合约的标准化特征，并给出至少两个例子说明这些特征如何影响交易者决策。

要求：

（1）简述期货合约标准化的含义。

（2）举例说明标准化合约如何影响交易者的选择和风险管理。

2.（难度级别：低）问题描述：如果一个交易者在期货市场上买入了 10 手玉

米期货合约，每手合约的交易单位为 50 吨，当日玉米的市场价格下跌了 5 元/吨，计算该交易者的盈亏变动。

要求：

（1）计算交易者总盈亏变动的金额。

（2）说明价格变动对交易者持仓的影响。

3.（难度级别：低）问题描述：某交易者在股指期货市场上持有 5 手沪深 300 指数期货合约，合约乘数为 300 元/点，当日指数下跌了 10 点，计算该交易者的盈亏。

要求：

（1）计算交易者因市场下跌而产生的盈亏。

（2）讨论合约乘数对盈亏计算的影响。

4.（难度级别：中）问题描述：假设交易者在期货市场上持有某一商品的多头仓位，且市场出现了连续三个同方向的涨跌停板，分析该交易者可能面临的风险。

要求：

（1）解释连续涨跌停板对交易者仓位的影响。

（2）讨论期货公司可能采取的措施以及交易者的责任。

5.（难度级别：中）问题描述：某投资者在期货市场上进行套期保值操作，需要计算最优的套期保值比率。提供一种计算方法，并说明其背后的统计原理。

要求：

（1）描述计算最优套期保值比率的方法。

（2）讨论协整分析在确定套期保值比率中的应用。

6.（难度级别：中）问题描述：分析期货交易中的限仓制度对市场流动性和价格稳定性的影响。

要求：

（1）解释限仓制度的目的和作用。

（2）讨论限仓制度如何影响市场操纵行为和系统性风险。

7.（难度级别：中）问题描述：讨论大户报告制度在提高市场透明度和防范市场操纵中的作用。

要求：

（1）描述大户报告制度的基本内容和要求。

（2）分析大户报告制度如何帮助监管机构监控市场风险。

8.（难度级别：中）问题描述：假设你是一名期货公司的风险管理师，你的客户因保证金不足面临强制平仓。设计一个风险通知流程，确保客户能够及时补足保证金或采取其他风险控制措施。

要求：

（1）设计一个风险通知流程，包括通知方式和时间点。

（2）讨论此流程如何帮助客户和期货公司减少风险。

第三章　行情的统计与计量

第一节　当日结算价计算

一、竞价方式

（一）连续竞价制

期货交易的初期阶段，主要采用公开竞价的方式进行，这需要遵循特定的竞价规则。在欧美市场中，一种广泛采用的竞价方式是连续竞价制度，也称作动盘。该制度的核心原则是在价格优先的前提下，进一步考虑时间优先。具体而言，场内交易者在交易所的交易池内进行面对面的公开竞价，以表达其买入或卖出合约的意向。这一方式也是我国目前采用计算机撮合成交机制的底层公开竞价原理之一。

在“价格优先，时间优先”的原则下，具体操作为：在买入方面，出价更高的买方将优先于出价较低者成交；而在卖出方面，出价更低的卖方将优先于出价较高者成交。根据这一规则，报价更具优势的一方将获得优先成交的权利。特别地，在多个买方或卖方提出相同价格的情况下，交易所将依据报价时间的先后顺序来确定成交的顺序。

以一个简单的例子来详细解释下什么是价格优先、时间优先。

假设在一个大豆合约下，有至少三个交易者甲、乙、丙，通过连续竞价的方式买卖，程序首先创建了两个数据框，分别代表买单和卖单，包括交易者、价格、数量等信息。然后，根据价格优先和时间优先的原则对买单和卖单进行排序。接着，模拟撮合成交过程，选择价格最高的买单（交易者丙）与价格最低的卖单（交易者甲）进行撮合，并打印出撮合结果：

```
# 定义买单和卖单的价格及数量
buy _ orders < - data. frame(
trader = c("乙", "丙", "丁"),
```

```
price = c(3398, 3399, 3399),  # 交易者丙和丁的报价相同,但交易者丙先挂单
quantity = 10  # 假设所有买单都是 10 手
)
sell _ orders  < -  data. frame(
trader = c("甲", "小王"),
price = c(3400, 3397),  # 交易者小王的报价更低,但挂单时间晚于交易者甲
quantity = 10  # 假设所有卖单都是 10 手
)
# 按照价格优先和时间优先的原则对买单和卖单进行排序
buy _ orders _ sorted  < -  buy _ orders[order(buy _ orders $price,  - buy _ orders $trader), ]
sell _ orders _ sorted  < -  sell _ orders[order( - sell _ orders $price, sell _ orders $trader), ]
# 模拟撮合成交过程
# 假设交易者甲和小王的卖单数量足够,只考虑价格优先原则
# 交易者丙的买单将与交易者小王的卖单成交,因为交易者丙出价最高且时间优先
match _ result  < -  data. frame(
buyer = buy _ orders _ sorted $trader[1],
seller = sell _ orders _ sorted $trader[1],
match _ price = pmax(buy _ orders _ sorted $price[1], sell _ orders _ sorted $price[1]),
# 成交价取两者中的较高价
quantity = min(buy _ orders _ sorted $quantity[1], sell _ orders _ sorted $quantity[1])
# 成交数量取两者中较少的量
)
# 打印撮合结果
print(match _ result)
```

该方法的优势在于能够营造出一种充满活力的交易环境，然而其局限性在于参与人数受限于场地容量。众多交易参与者聚集于交易池中，喧闹声此起彼伏，以至于交易者不得不借助手势来辅助交流交易信息。此外，该方法还存在一个不足之处，即场内交易员相较于场外交易者享有信息和时间上的优势。值得注意的是，在期货合约以涨停或跌停板价格申报的情况下，将遵循平仓优先和时间优先的成交撮合原则，其中交易所的强制平仓申报单将优先于其他平仓申报单进行处理。

（二）一节一价制

公开喊价另一种形式是日本的一节一价制。一节一价制把每个交易日分为若干节，每节交易中一种合约只有一个价格。每节交易先由主持人叫价，场内交易员根据其叫价申报买卖数量，如果买量比卖量多，则主持人另报一个更高的价；反之，

则报一个更低的价，直至在某一价格上买卖双方的交易数量相等时为止。

一节一价制的运作方式确保了市场的透明度和公平性。由于每节交易只有一个价格，这使得价格发现过程更为直观和有序。交易员们在每节开始时都会密切关注主持人的叫价，以便迅速作出反应。这种快速的报价和响应机制，使得市场能够迅速地对信息作出反应，从而形成一个有效的价格。此外，一节一价制还具有一定的灵活性。尽管每节交易只有一个价格，但主持人可以根据市场情况调整叫价的频率和幅度。如果市场波动较大，主持人可以增加叫价的次数，以确保价格能够及时反映市场的最新情况。相反，在市场相对平稳时，叫价的频率可以适当减少，以提高交易效率。

一节一价制在日本期货市场得到了广泛应用，尤其是在农产品和能源等大宗商品的交易中。由于其独特的交易机制，一节一价制在一定程度上减少了价格操纵的风险，增强了市场的稳定性。同时，这种制度也便于监管机构对市场进行监督，确保交易的公正性。

若交易者甲、乙、丙在竞价大豆合约时，不采用上述连续竞价制，而是采用一节一价制，则程序设计如下：

```
# 定义一节一价制撮合函数
auction _ matching < - function(buy _ orders, sell _ orders, initial _ price) {
# 初始化叫价
current _ price < - initial _ price
# 初始化交易撮合结果
match _ result < - list(matched _ buy =0, matched _ sell =0, final _ price = current _ price)
# 模拟交易节中的叫价和申报过程
while (TRUE) {
# 假设每轮叫价后,买卖双方根据当前价格申报数量
# 这里简化处理,假设初始买单和卖单数量固定,实际中可能需要根据市场情况动态调整
buy 申报数量 < - ifelse(current _ price < =3399, 10, 0)  # 假设买方在价格 3399 以下全量申报
sell 申报数量 < - ifelse(current _ price > =3397, 10, 0)  # 假设卖方在价格 3397 以上全量申报
# 检查是否撮合成功
if (buy 申报数量 == sell 申报数量) {
# 撮合成功,记录结果并退出循环
match _ result $matched _ buy < - buy 申报数量
match _ result $matched _ sell < - sell 申报数量
match _ result $final _ price < - current _ price
```

```
break
} else if (buy 申报数量 > sell 申报数量) {
# 买量多,叫价提高
current_price <- current_price + 1
} else {
# 卖量多,叫价降低
current_price <- current_price - 1
}
# 打印当前叫价,观察撮合过程
print(paste("当前叫价:", current_price, "买方申报:", buy 申报数量, "卖方申报:", sell 申报数量))
}
# 返回撮合结果
return(match_result)
}
# 假设初始叫价为 3398 元
initial_call_price <- 3398
# 调用撮合函数进行模拟
auction_result <- auction_matching(NULL, NULL, initial_call_price)
# 打印撮合结果
print(auction_result)
```

(三) 计算机撮合成交制

计算机技术普及后，计算机撮合成交代替了原先的公开喊价方式成为基础竞价方式。在我国的计算机撮合成交原则中，主要依据连续竞价制度，在撮合成交时，按价格优先、时间优先的原则进行。该原则在计算机撮合成交中的自动化交易完整解释是，买家出价高的优先，卖家出价低的优先，如果出价相同则挂单时间最早的优先。

计算机撮合成交是根据公开喊价的原理设计而成的一种自动化交易方式，它具有准确、连续、速度快、容量大等优点。目前，我国的期货交易所都采用计算机撮合成交方式。在以上的例子中，计算机的计算逻辑如下：

```
# 创建买单列表,包括交易者、价格和数量
buy_orders <- data.frame(
trader = c("甲", "乙", "丙"),
price = c(3398, 3399, 3399),   # 甲的报价最低,乙和丙的报价相同
```

```
quantity = 10,  # 所有买单都是 10 手
time = c(1, 2, 3)  # 假设甲先挂单,然后是乙,最后是丙
)
# 创建卖单列表,包括交易者、价格和数量
sell_orders <- data.frame(
trader = "交易者",
price = 3400,  # 交易者挂出的卖单价格
quantity = 10  # 卖单 10 手
)
# 按照价格优先和时间优先对买单进行排序
buy_orders_sorted <- buy_orders[order(buy_orders$price, buy_orders$time), ]
# 模拟撮合过程
# 假设卖单数量足够,只考虑价格优先原则
# 买方优先成交者是乙,因为乙的出价最高且时间最早
matched_trade <- data.frame(
buyer = buy_orders_sorted$trader[1],  # 乙
seller = sell_orders$trader,  # 卖出的交易者
match_price = min(buy_orders_sorted$price[1], sell_orders$price),  # 成交价为买单和卖单价格中的较低者
quantity = min(buy_orders_sorted$quantity[1], sell_orders$quantity)  # 成交数量为买单和卖单数量中的较小者
)
# 打印撮合结果
print(matched_trade)
```

根据竞价原则，即买家出价高者优先，卖家出价低者优先，且在出价相同的情况下，挂单时间较早者优先，若买方出价为 3399 元，卖方出价为 3397 元，则实际成交价将依据前一笔成交价来确定。若前一笔成交价低于或等同于卖方出价，则最新成交价将设定为卖方出价；若前一笔成交价高于或等同于买方出价，则最新成交价将设定为买方出价；若前一笔成交价介于卖方与买方出价之间，则最新成交价将沿用前一笔成交价。在前述案例中，计算机的报价将如下展示：买方出价 3399 元，卖方出价 3397 元。若前一笔成交价为 3397 元或更低，则最新成交价为 3397 元；若前一笔成交价为 3399 元或更高，则最新成交价为 3399 元；若前一笔成交价为 3398 元，则最新成交价为 3398 元。

具体情形可归纳如下：

当买入价≥卖出价≥前一成交价时，撮合成交价等于卖出价。

当买入价≥前一成交价≥卖出价时，撮合成交价等于前一成交价。

当前一成交价≥买入价≥卖出价时，则撮合成交价等于买入价。

此撮合机制既体现了公平性，又确保了成交价格的相对连续性，避免了不必要的价格波动。

（四）集合竞价制

期货集合竞价遵循“最大成交量原则”，即以最高买入价和最低卖出价为基础，以成交量最大为标准，确定开盘价。在集合竞价过程中，买方和卖方可以自由报价，但必须遵循价格优先、时间优先的原则。即报价越接近开盘价的，优先成交；同时，报价时间也影响成交顺序，先报价的先成交，后报价的后成交。集合竞价结束后，开盘价确定，进入连续竞价阶段。在这一阶段，投资者可以继续提交买卖申报，价格和数量可以灵活调整。连续竞价遵循同样的价格优先和时间优先原则，但与集合竞价不同的是，连续竞价阶段的成交价格由市场供求关系决定，不再局限于集合竞价确定的开盘价。

在连续竞价过程中，交易所的计算机系统会实时处理所有买卖申报，按照价格优先和时间优先的原则进行撮合。当买方的报价高于卖方的报价时，系统会自动撮合成交，直到买卖双方的报价无法匹配为止。如果某一时刻市场上的买卖报价差距较大，可能会出现成交量较小的情况，此时市场流动性较低，价格波动可能较大。

为了防止价格过度波动，交易所通常会设定涨跌停板制度。当某一期货合约的价格达到涨跌停板限制时，交易将暂停一段时间，以给市场参与者冷静思考的机会。涨跌停板制度有助于控制市场风险，防止因过度投机导致的价格剧烈波动。此外，期货市场还设有熔断机制，当市场出现极端波动时，熔断机制会启动，暂停交易一段时间。熔断机制的目的是给市场“降温”，防止恐慌性抛售或盲目买入，从而保护投资者的利益。使用程序来计算，首先创建买单和卖单的数据框，然后合并它们并根据价格和交易者标识（作为时间的代理）进行排序。接下来，代码通过遍历所有可能的成交价格，计算在每个价格点上的成交量，并找到能够匹配的最大成交量，这个价格即为集合竞价的成交价格。采用集合竞价制重新计算上述例子，程序设计如下：

```
# 定义买单和卖单数据
buy_orders <- data.frame(
trader = c("甲", "乙", "丙"),
price = c(3398, 3399, 3399),  # 甲的报价为3398元,乙和丙的报价为3399元
```

```
quantity = c(10, 10, 10)  # 所有买单都是10手
)
sell_orders <- data.frame(
trader = "小王",
price = 3400,  # 卖单价格为3400元
quantity = 10  # 卖单10手
)
# 合并买单和卖单为一个数据框
orders <- rbind(buy_orders, sell_orders)
# 按照价格优先和时间优先原则对订单进行排序
orders_sorted <- orders[order(orders$price, orders$trader), ]
# 模拟集合竞价撮合过程
max_quantity <- 0
optimal_price <- 0
# 尝试不同的价格点,找到能够匹配的最大成交量
for (price in unique(orders_sorted$price)) {
current_buy_quantity <- sum(orders_sorted$price >= price & orders_sorted$trader != "小王")
current_sell_quantity <- sum(orders_sorted$price == price & orders_sorted$trader == "小王")
# 计算当前价格下的成交量
current_quantity <- min(current_buy_quantity, current_sell_quantity)
# 如果当前成交量大于之前的最大成交量,则更新最优价格和成交量
if (current_quantity > max_quantity) {
max_quantity <- current_quantity
optimal_price <- price
}
}
# 打印集合竞价撮合结果
cat("集合竞价最优价格为:", optimal_price, "元\n")
cat("最大成交量为:", max_quantity, "手\n")
```

总之，期货市场的竞价机制旨在确保交易的公平性和透明度，同时通过各种制度来控制市场风险，维护市场的稳定运行。投资者在参与期货交易时，应充分了解这些竞价规则，合理安排自己的交易策略，以应对市场的各种变化。

二、期货行情表

交易者进行期货交易，看行情是必需的，而行情表上各个数字具有不同的含

义，以中金所沪深300股指期货在2024年8月14日交易结束时的行情表为例子，表3-1结果所示，挂牌的股指期货合约共有4个，依次为2024年8月、9月、12月和2025年3月。从IF2408到IF2503，依次为升水排列，即越是后面的合约价格越高。其中，涨跌1是指今收盘价相对于上一交易日的结算价而言；而涨跌2是指今结算价相对于上一交易日结算价而言；成交量是指开盘至当时的总交易量，是单边计算的，而持仓量也是单边计算的。从成交和持仓的数量上看，均是IF2408合约最大，故在2024年8月14日当天的主力合约为IF2408。

表3-1　　中金所沪深300股指期货行情

合约代码	今开盘	成交量	成交金额	持仓量	持仓变化	今收盘	涨跌1	涨跌2
IF2408	3332.20	34455	3425972.32	37670	-12603	3304.20	-15.8	-9.6
IF2409	3323.00	30599	3034100.05	117562	6635	3294.80	-17.2	-11.6
IF2412	3315.00	9103	900867.17	55450	-124	3288.60	-15.6	-11.4
IF2503	3308.00	2721	268813.52	15416	614	3282.20	-18	-12.6
小计		76878	7629753.07	226098	-5478			

注：时间为2024年8月14日。

数据来源：中金所 http：//www.cffex.com.cn/rtj/。

（1）成交量、持仓量：手（含期转现，按单边计算）

（2）成交额：万元（含期转现，按单边计算）

（3）涨跌1=今收盘价-前结算价

（4）涨跌2=今结算价-前结算价

（5）期货交割日今结算价为现货指数交割结算

三、开盘价、收盘价

（一）定义

在表3-1中所展示的“今开盘”价格，是依据第一节竞价方式中阐述的集合竞价制度来确定的，该制度基于最大成交量原则，即以某一价格成交能够实现最大成交量。首先，交易系统将所有有效的买入申报按照申报价格从高到低进行排序，若申报价格相同，则按照进入系统的时间顺序进行排列；所有有效的卖出申报则按照申报价格从低到高排序，申报价格相同的情况下，按照进入系统的时间先后进行排列。其次，交易系统逐步将排在前面的买入申报与卖出申报进行配对成交，直至无法继续成交为止。若最后一笔成交为全部成交，则取该笔成交的买入申报价与卖出申报价的算术平均值作为集合竞价产生的价格，并按照各期货合约的最小变动价位进行取整；若最后一笔成交为部分成交，则以该笔部分成交的申报价作为集合竞价产生的价格。在每个交易日开市前的5分钟内，前4分钟为期货合约买卖价格指令的申报时间，最后1分钟为集合竞价的撮合时间，由此产生的“今开盘”价格将公布于当日行情栏中。

今收盘价则相对较为简单，通常以该合约当日最后一笔成交的价格作为收盘价，并不采用集合竞价制来确定。

（二）举例说明

以2024年8月14日沪深300股指期货为例，采用集合竞价方法，确定其开盘价举例说明：首先，在程序中定义买单和卖单的数据框，其中包含了价格和数量信息。其次，定义一个名为simulate _ auction的函数来模拟集合竞价撮合过程。在函数中，按照价格对买单和卖单进行排序，并使用嵌套循环来模拟撮合过程，记录每个撮合的价格和数量。最后，计算开盘价和成交量，并打印结果。

```
# 定义买单和卖单列表
buy _ orders < - data. frame(
price = c(2588, 2588, 2588),  # 假设三个排序的买进价均为2588元
quantity = c(30, 20, 50)  # 每个价格下的买进手数
)
sell _ orders < - data. frame(
price = c(2588, 2588, 2588),  # 假设三个排序的卖出价均为2588元
quantity = c(40, 70, 0)  # 每个价格下的卖出手数
)
# 定义一个函数来模拟集合竞价撮合过程
simulate _ auction < - function(buy _ orders, sell _ orders) {
# 按价格对买单和卖单进行排序
buy _ orders < - buy _ orders[order(buy _ orders $price, decreasing = TRUE), ]
sell _ orders < - sell _ orders[order(sell _ orders $price, decreasing = FALSE), ]
# 初始化撮合结果
match _ results < - list()
# 模拟撮合过程
for (i in 1:nrow(buy _ orders)) {
for (j in 1:nrow(sell _ orders)) {
# 如果买单价格高于或等于卖单价格,则进行撮合
if (buy _ orders $price[i] > = sell _ orders $price[j]) {
# 撮合手数为买单和卖单未成交手数的最小值
match _ quantity < - min(buy _ orders $quantity[i], sell _ orders $quantity[j])
# 更新撮合结果
```

```
match _ results[[paste("match", i, j, sep = "_")]] <- list(
price = buy _ orders $price[i],
quantity = match _ quantity
)
# 更新买单和卖单的未成交手数
buy _ orders $quantity[i] <- buy _ orders $quantity[i] - match _ quantity
sell _ orders $quantity[j] <- sell _ orders $quantity[j] - match _ quantity
# 如果买单或卖单已全部成交,则退出内层循环
if (buy _ orders $quantity[i] ==0) break
if (sell _ orders $quantity[j] ==0) break
}
}
}
# 计算开盘价和成交量
opening _ price <- buy _ orders $price[1]  # 假设开盘价为最高买单价格
total _ volume <- sum(sapply(match _ results, function(x) x $quantity))
list(opening _ price = opening _ price, total _ volume = total _ volume)
}
# 调用函数进行模拟撮合
auction _ result <- simulate _ auction(buy _ orders, sell _ orders)
# 打印撮合结果
cat("开盘价为:", auction _ result $opening _ price, "元\n")
cat("成交量为:", auction _ result $total _ volume, "手\n")
```

在开盘集合竞价中的未成交申报单在开市后自动转为竞价交易。

第二节　成交量和持仓量分析

一、开仓、持仓和平仓

(一) 定义

在期货市场中，开仓和平仓是交易者日常操作的两个重要环节。开仓后，交易者需要密切关注市场动态，以便在适当的时候进行平仓。当市场走势与交易者的预期一致时，他们可以选择在盈利达到预期目标时平仓，以锁定利润；相反，如果市场走势与预期相反，交易者可能需要在亏损达到可接受的限度时及时平仓，以避免

更大的损失。在期货市场中，不论买入或卖出，新建立的任何交易位置均被称为开仓。交易者一旦开仓，即意味着其手中持有相应的交易头寸，此状态称为持仓。至于平仓，则是指交易者结束其持仓状态的交易行为，其操作方式是通过执行与持仓方向相反的交易来实现对冲。

（二）举例说明

由于开仓和平仓有着不同的含义，所以，交易者在买卖期货合约时必须指明是开仓还是平仓。通过创建一个交易记录的数据框来模拟这个投资者的持仓变动情况，记录每一笔交易的日期、类型（开仓或平仓）、合约类型、价格和数量，然后计算最终的持仓情况。首先创建了一个名为 trades 的数据框，记录了投资者的所有交易。然后，初始化了一个名为 positions 的数据框来记录持仓情况。通过一个循环，遍历每一条交易记录，并根据交易类型更新持仓。如果是开仓，增加持仓数量；如果是平仓，减少持仓数量。如果平仓的数量超过了多头持仓，令程序记录空头持仓。程序设计如下：

```
# 创建交易记录数据框
trades <- data.frame(
date = as.Date(c("2024-03-15", "2024-03-17")), # 交易日期
type = c("开仓", "平仓"), # 交易类型:开仓或平仓
contract = rep("7月大豆", 2), # 合约类型
price = c(3400, 3415), # 成交价格
quantity = c(10, -6) # 成交数量,负数表示平仓
)
# 初始化持仓记录
positions <- data.frame(
contract = character(),
position = integer(),
stringsAsFactors = FALSE
)
# 模拟持仓变动
for (i in 1:nrow(trades)) {
trade <- trades[i, ]
# 如果是开仓,则增加持仓
if (trade$type == "开仓") {
positions <- transform(positions, position = position + trade$quantity)
```

```
} else if (trade$type == "平仓") {
# 如果是平仓,先检查是否有足够的多头持仓
if ("7月大豆" %in% positions$contract) {
positions$position[which(positions$contract == "7月大豆")] <- positions$position[which(positions$contract == "7月大豆")] + trade$quantity
} else {
# 如果没有多头持仓,记录为空头持仓
positions <- rbind(positions, trade[1])
}
}
# 打印当前持仓情况
print(positions)
}
# 计算最终持仓
final_positions <- aggregate(position ~ contract, data = positions, sum, na.rm = TRUE)
print(final_positions)
```

二、多头和空头

（一）定义

期货交易中必须既有买方又有卖方，才能进行“交易”。在期货交易中，买进期货合约者称为多头，卖出期货合约者称为空头。多头认为期货合约的价格会上涨，所以会买进；相反，空头认为期货合约的价格高了，以后会下跌，所以才卖出。在期货交易中，多头和空头的博弈是市场波动的主要动力。多头希望价格上涨，从而在合约到期时以更高的价格卖出合约获利；而空头则希望价格下跌，以便在合约到期时以较低的价格买回合约平仓获利。这种预期的差异使得期货市场充满了不确定性和风险，同时也带来了巨大的投资机会。

在期货交易中，对卖出没有限制，没有对应货物或未来不打算交货的人也可以卖出期货合约，两者的差别实质上是现货和期货的差别。这与股票市场的交易理念不同，在股票交易中，卖方必须有股票才能卖，没有股票的人是不能卖的。而在期货交易中空头交易是允许的，这使得期货市场具有更高的灵活性和风险性。空头交易者通过卖出期货合约，实际上是在预测未来价格的下跌，从而在价格下跌后以较低价格买回合约平仓，从中获利。这种交易策略在市场波动较大时尤为常见，因为波动性为投资者提供了更多的机会。然而，期货市场的这种特性也带来了更高的风

险。由于期货合约具有到期日，空头交易者必须在合约到期前平仓或交割，否则将面临实际交割货物的义务。

（二）举例说明

期货空头交易的路径如下：

从期货交易所借一张合约，高价卖了→等价格跌下来→再用低价买回来这张合约→还给期货交易所→其中买卖的差价→获得利润。

以螺纹钢为例，一手螺纹钢的合约是 10 吨。这个过程中，当小王要做空 1 手螺纹钢的时候，就等于通过期货交易所将 10 吨螺纹的合同，卖给了其他的期货交易者。虽然小王手里没有 10 吨螺纹钢，甚至小王账户中都没有 10 吨螺纹钢的钱。但交易所允许我们交纳保证金之后，以向交易所缴纳的保证金为抵押，期货交易所就可以借给小王 1 张 10 吨的螺纹期货合同。若行情如小王判断的一样价格下跌了，并下跌至小王的预期，这时候小王就可以从市场中买回来一张 1 手的螺纹合约，将合约还给期货交易所。具体的操作流程设计程序如下：

```
# 定义螺纹钢的基本信息和交易参数
contract_size <- 10  # 一手螺纹钢的合约吨数
price_per_ton <- 5599  # 螺纹钢的价格(每吨)
initial_price <- price_per_ton * contract_size  # 开仓时合约的总价值
margin_ratio <- 0.10  # 保证金比例
# 计算所需的保证金
required_margin <- initial_price * margin_ratio
# 假设小王账户中有恰好足够的保证金进行交易
wang_account_balance <- required_margin
# 小王做空 1 手螺纹钢
# 假设小王成功以当前市场价格 5599 元/吨卖出 1 手合约
short_position_value <- initial_price
# 螺纹钢价格下跌至小王的预期价格 5500 元/吨
expected_price_per_ton <- 5500
final_price <- expected_price_per_ton * contract_size
# 计算差价和盈亏
price_difference <- initial_price - final_price
profit_loss <- price_difference
# 打印交易结果
cat("开仓时合约总价值:", initial_price, "元\n")
```

```
cat("所需保证金:", wang_account_balance, "元\n")
cat("做空1手螺纹钢合约的价值:", short_position_value, "元\n")
cat("预期价格下跌后的合约价值:", final_price, "元\n")
cat("价格差价:", price_difference, "元\n")
cat("小王的盈亏:", profit_loss, "元\n")
```

三、换手交易

（一）定义

换手交易在市场中是一种常见的现象，它反映了市场参与者的心理变化和对市场趋势的不同判断。多头换手通常发生在市场上涨过程中，当一些投资者认为价格已经过高，选择获利了结时，另一些投资者则看好后市，趁机进场买入。这种换手行为往往会导致价格继续上涨，因为新的多头力量在不断涌入。空头换手则多发生在市场下跌过程中。当一些投资者认为价格已经跌得足够低，选择平仓获利时，另一些投资者则认为价格还会继续下跌，趁机进场卖出。这种换手行为往往会导致价格继续下跌，因为新的空头力量在不断涌入。例如，在农产品期货市场中，当农产品价格因天气等因素上涨时，一些农户或贸易商可能会选择在高位卖出期货合约锁定利润，而新的多头投资者则可能看好农产品的长期需求，趁机买入期货合约。

在期货市场中，换手交易分为“多头换手”与“空头换手”。所谓“多头换手”，是指先前持有买入头寸的投资者选择卖出平仓，而新的投资者则在此时买入开仓；相对地，“空头换手”则是指先前持有卖出头寸的投资者进行买入平仓，而新的投资者则卖出开仓。在换手交易过程中，市场的总持仓量保持不变，仅当新的买入方和卖出方同时进入市场时，持仓量才会有所增加。如表3-2所示，按双边计算时多空双方开仓平仓与成交量及对应持仓量的变化关系（假定统计之初的总成交量已经有5000手，同时总持仓量为80000手）。

表3-2　换手交易示意　　单位：手

序号	成交量	买方成交	卖方成交	总成交量	总持仓量	说明
				5000	80000	
1	100	50 多头开仓	50 空头开仓	5100	80100	双开仓 持仓增加
2	200	100 空头平仓	100 多头平仓	5300	79900	双平仓 持仓减少
3	300	150 多头开仓	150 多头平仓	5600	79900	多头换手 持仓不变

续表

序号	成交量	买方成交	卖方成交	总成交量	总持仓量	说明
4	150	75 空头开仓	75 空头平仓	5750	79900	空头换手 持仓不变
合计	750	375 多头开仓 200 空头平仓 175	空头开仓 125 多头平仓 250			开仓 325 平仓 425 平仓为主 持仓减少

换手交易不仅仅体现在单个期货上，还会在外汇、股票等各类金融市场中体现。例如，在外汇市场中，多头换手和空头换手也频繁发生，尤其是在重大经济数据发布或政治事件发生时，市场情绪的波动会导致投资者不断换手，从而推动汇率的波动。换手交易的存在，使得市场流动性得以维持，同时也为投资者提供了更多的交易机会。然而，换手交易也增加了市场的波动性，尤其是在市场情绪高涨或恐慌时，换手交易可能会导致价格的剧烈波动，给投资者带来较大的风险。

（二）举例说明

将表 3－2 举例说明的计算逻辑，用 R 语言的程序进行表达，并计算一定周期内按双边计算时多空双方开仓平仓与成交量及对应持仓量的换手率。首先定义了一个名为 simulate_turnover 的函数，它接受买入成交量、卖出成交量、总成交量和总持仓量作为参数，并返回每一阶段的多头开仓、空头开仓、多头平仓、更新后的总成交量、总持仓量、空头换手率和总换手率。然后分别模拟了四个阶段的成交情况，并打印出了每个阶段的结果。

```
# 初始化成交量和持仓量
total_volume <- 5000
total_position <- 80000
# 定义一个函数来模拟换手操作
simulate_turnover <- function(buy_volume, sell_volume, total_volume, total_position) {
# 第一阶段:多头开仓和空头开仓增加量
long_opening <- min(buy_volume, sell_volume)  # 多头开仓量
short_opening <- long_opening  # 空头开仓量,假设卖方全部为开仓
# 更新成交量和持仓量
total_volume <- total_volume + (buy_volume + sell_volume)
total_position <- total_position + long_opening - short_opening  # 持仓量不变
# 第二阶段:空头开仓和多头开仓数量,总持仓减少量
```

```
short_opening <- min(buy_volume - long_opening, sell_volume)  # 空头开仓量
long_opening <- buy_volume - short_opening  # 多头开仓量
total_position <- total_position + long_opening - short_opening  # 更新持仓量
# 第三阶段:多头开仓和多头平仓量
long_opening <- min(buy_volume, sell_volume - short_opening)  # 多头开仓量
long_closing <- buy_volume - long_opening  # 多头平仓量
total_position <- total_position - long_closing  # 更新持仓量
# 第四阶段:空头开仓量和总空头换手率
short_opening <- min(buy_volume - long_opening, sell_volume)  # 空头开仓量
total_position <- total_position + short_opening  # 更新持仓量
short_turnover_rate <- (short_opening * 2) / total_position  # 空头换手率(双边)
# 计算周期内按双边计算时的换手率
total_traded_volume <- (buy_volume + sell_volume) * 2  # 双边成交量
total_turnover_rate <- total_traded_volume / (total_position + total_volume / 2)
# 返回结果
list(
long_opening = long_opening,
short_opening = short_opening,
long_closing = long_closing,
total_volume = total_volume,
total_position = total_position,
short_turnover_rate = short_turnover_rate,
total_turnover_rate = total_turnover_rate
)
}
# 模拟各阶段成交
stage1 <- simulate_turnover(100, 50, total_volume, total_position)
stage2 <- simulate_turnover(200, 100, stage1$total_volume, stage1$total_position)
stage3 <- simulate_turnover(300, 150, stage2$total_volume, stage2$total_position)
stage4 <- simulate_turnover(150, 75, stage3$total_volume, stage3$total_position)
# 打印结果
print(stage1)
print(stage2)
print(stage3)
print(stage4)
```

四、市场总持仓量的变化

（一）单边计量与双边计量

在交易所公布的实时市场数据中，成交量与总持仓两个栏目尤为重要。总持仓的定义已在前文详述，而成交量则指的是自当日交易开始至当前时刻的累计成交总量。然而，在统计方法上，成交量存在单边和双边两种不同的计算方式。众所周知，每一笔交易都涉及买卖双方，且买卖的数量在数值上是完全相等的。例如，若有人以每吨3500元的价格购入10手大豆，同时也有人以相同价格出售10手大豆，那么这10手交易便得以成交。那么，成交总量应如何计算呢？若采用单边计算法，则成交量为10手；若采用双边计算法，则成交量为20手。显然，双边计算法是将买卖双方的数量合计得出的。同样地，总持仓的双边统计也是将多空双方的未平仓合约数量合并计算。

在我国期货市场中，三大商品期货交易所的行情数据均以双边统计方式展示成交量与总持仓，而中国金融期货交易所的行情数据则采用单边统计方式展示。

（二）市场总持仓计算

对于投资者而言，其自身所持有的头寸自然是明确的。同时，市场整体的总持仓量也是可查询的。在交易所公布的市场行情资料中，特设了“总持仓”一栏，该栏目所指代的是所有市场参与者在特定期货合约上尚未平仓的合约总数。

如表3－3结果所示，大商所的玉米期货行情数据以双边统计方式展示成交量与总持仓，并分别公布持仓变化和总成交额，是将买卖双方的数量合计得出的。同样地，总持仓的双边统计也是将多空双方的未平仓合约数量合并计算，而中金所的沪深300指数以单边统计方式展示成交量与总持仓。

表3－3　日行情中的成交和持仓变化

商品名称	合约名称	成交量	持仓量	持仓量变化	成交额
大商所					
玉米	c2409	346479	329772	－46055	792663.02
玉米	c2411	213288	507605	20389	480932.54
玉米	c2501	124226	423906	15086	278066.04
玉米	c2503	27364	99075	1502	61135.14
玉米	c2505	9030	23059	1979	20544.36
玉米	c2507	12011	11968	986	27408.02

续表

商品名称	合约名称	成交量	持仓量	持仓量变化	成交额
中金所					
沪深 300 指数	IF2408	34455	37670	-12603	3425972.322
沪深 300 指数	IF2409	30599	117562	6635	3034100.046
沪深 300 指数	IF2412	9103	55450	-124	900867.174
沪深 300 指数	IF2503	2721	15416	614	268813.524

注：查询日期：2024 年 8 月 14 日。

数据来源：大连商品交易所和中国金融期货交易所。

在交易过程中，交易者频繁地进行开仓与平仓操作，导致总持仓量持续波动。总持仓量的增减反映了市场对特定合约的关注程度，因而成为投资者密切关注的指标。若总持仓量持续上升，说明多空双方均在积极开仓，市场对合约的兴趣日益浓厚，资金流入该合约交易的规模在扩大；反之，若总持仓量持续下降，则意味着多空双方均在平仓退出，市场对合约的兴趣正在减退。此外，还有一种情况是交易量增加而总持仓量变化不大，这通常表明市场交易以持仓转换为主。

第三节　与股票交易统计与计量的差别

一、共同点

（一）竞价方式

我国期货股票市场的竞价方式都是采用计算机撮合成交的制度，以连续竞价原则进行竞价，竞价交易方式基本相同。同时在计算今开盘价时，也采用同样的竞价方式，即在规定时间段内根据集中双向竞价来计算。

此外，为了防止价格操纵和市场异常波动，交易所还设定了涨跌停板制度。当某一期货或股票的价格在一定时间内达到涨跌停板限制时，交易将暂停，以给市场参与者冷静思考和评估市场情况的机会，防止过度投机行为。

在竞价交易过程中，交易所还会对异常交易行为进行监控和处理。例如，某一投资者频繁下单后又迅速撤销，这种行为可能会被视为存在操纵市场的嫌疑，交易所将对此类行为进行调查，并根据情况采取相应的处罚措施。为了适应市场的发展和投资者的需求，期货和股票的交易所皆会采用几乎通用的更先进的算法和人工智能技术，不断优化竞价交易系统，减少交易延迟和错误。

（二）交易部分术语

从行情表上看，期货和股票所用的术语也差不多，比如，都有开盘价、收盘价、最新价、涨跌幅、买量、卖量、交易量等，通过展示价格波动的轨迹画出来的K线图也差不多一样。如图3－1－1所示，当动图中鼠标点击具体曲线时，图中将正确显示沪深300指数在该天（或分时）的当期开盘价、收盘价、涨跌幅和收益率，图3－1－2所示沪深300股指期货每日收益率也会在图例公布。

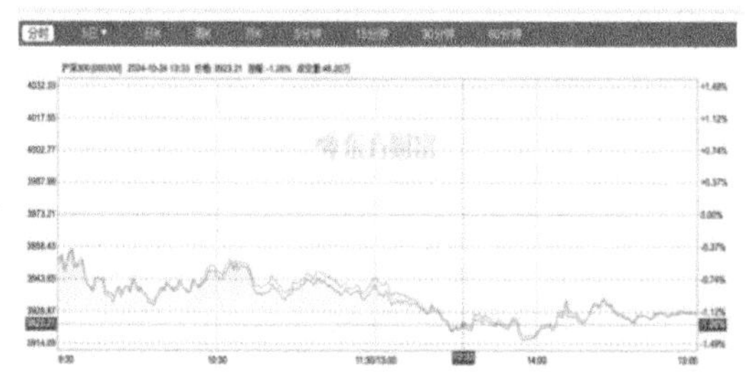

3－1－1　沪深300指数

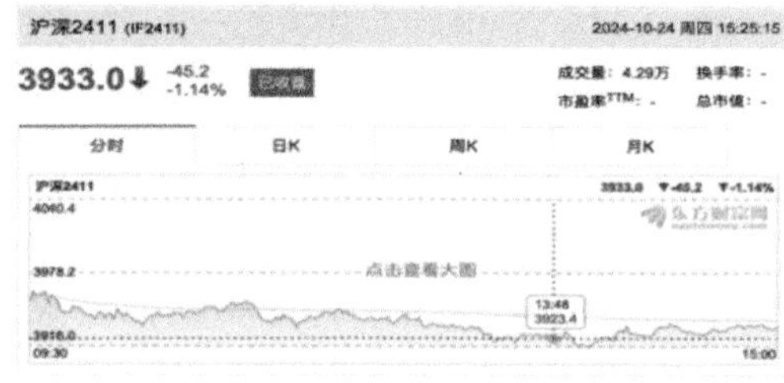

3－1－2　沪深300股指期货

图3－1　沪深300指数和股指期货每日交易行情

（三）技术分析方法和分析指标

众多技术分析工具及指标在期货市场与股票市场中得以广泛应用，无明显区分。如表3－4所示，对2024年8月16日沪深300指数及沪深300股指期货进行的

表3－4　　沪深300指数和股指期货每日交易技术指标

技术指标	沪深300指数		沪深300股指期货	
	价值	操作	价值	操作
RSI（14）	56.225	买入	34.075	卖出
STOCH（9，6）	69.94	买入	16.061	超卖
STOCHRSI（14）	82.472	超买	5.53	超卖
MACD（12，26）	3.29	买入	－36.73	卖出
ADX（14）	34.637	卖出	45.785	卖出
Williams %R	－15.451	超买	－95.06	超卖
CCI（14）	59.6642	买入	－108.5023	卖出
ATR（14）	13.4329	多波动	43.6429	少波动
Highs/Lows（14）	1.9523	买入	－31.543	卖出
Ultimate Oscillator	59.655	买入	35.474	卖出
ROC	1.018	买入	－2.1	卖出
Bull/Bear Power（13）	6.0501	买入	－76.636	卖出

注：查询日期：2024年8月14日。

数据来源：英为行情 https：//cn.investing.com/indices/csi－300－futures－technical。

技术指标分析表明，相同的分析工具能够适用于这两个不同的市场。通过对比表3－4中的操作建议，可以观察到沪深300股指期货所代表的远期价格与沪深300指数所代表的现货价格之间存在对冲关系。在对当日价格进行RSI（14）相对强弱指数的计算时，市场并未显示出超买或超卖的迹象（指数值介于30至70之间），然而，RSI（14）相对强弱指数的值却明确指示了对冲策略应为购入沪深300指数并卖出沪深300股指期货。

通过对股票市场与期货市场应用相同技术分析方法的比较研究，可以构建更为稳固的对冲策略，从而为投资者提供更为合理的交易策略制定参考。

二、不同点

由于股票交易的普及率比较高，不少投资者都有过股票交易的经历，而这两个市场既有共同之处，又有较大的差异。

（一）持仓量和交易限制

在期货市场中，“持仓量”是一个动态变化的指标，它会随着交易的进行而不断波动。相对而言，在股票市场中，股票在首次公开发行后进入二级市场流通，除非一级市场发生重大变动（如增发新股或股份回购等事件），否则二级市场上的流通股数通常保持相对恒定，因此其持仓量不会发生显著变化。在期货交易领域，每一份合约均设有明确的到期日，届时将终止交易并进行合约的摘牌处理；而在股票市场中，只要发行股票的公司本身运营正常且没有退市风险，其股票交易理论上可以无限期持续进行，投资者可以长期持有或交易这些股票。

（二）做空规则

在期货市场中，交易者不仅能够进行买入操作，即做多，还能够进行卖出操作，即便手中无实际货物，此即所谓的双向交易；相对地，在股票市场中，交易者仅能先买入后卖出，即仅限于做多，而无法实现真正的做空，因此股票交易属于单向交易。显然，双向交易相较于单向交易提供了更高的灵活性。在股票市场中，若遭遇熊市，市值大幅缩水，投资者往往难以获得利润，大多数投资者面临不可避免的亏损。而在期货市场中，无论市场处于牛市还是熊市，投资者均有机会实现盈利。

在股票市场术语中，买入方被称为多头，而卖出方则被称为空头。然而，股票市场中的空头与期货市场中的空头在性质上存在差异。在股票市场中，卖方必须持有股票才能进行卖出操作，未持有股票者无法进行卖出。尽管股票市场中存在融券做空交易，其本质是向持有股票的人借入股票并卖出，因此，从根本上讲，卖出者仍需持有股票。这种融券做空交易在一定程度上弥补了股票市场无法直接做空的缺陷，但其操作复杂且成本较高，不如期货市场的双向交易来得直接和便捷。在期货市场中，交易者可以自由选择做多或做空，根据市场趋势灵活调整策略，从而在多变的市场环境中获得更多的盈利机会。这种灵活性使得期货市场在某些方面比股票市场更具吸引力，尤其是在风险管理方面，期货市场的双向交易机制为投资者提供了更为全面的风险对冲工具。

（三）保证金制度

期货交易采用保证金制度，这与股票交易存在明显差异。在股票交易中，投资者若欲购入价值10000元的股票，需全额支付该金额。然而，在期货交易中，情况迥异。即便保证金比例高达10%，交易者仅需支付1000元即可买卖价值10000元的期货合约。这表明，合约价值是保证金的十倍。这种特有的保证金机制显著降低了期货交易者的资金成本。

具体而言，保证金制度使得交易者能够以较少的资金进行较大规模的交易，这种杠杆效应极大地提升了期货市场对投资者的吸引力。通过该机制，交易者得以用有限的资金进行大规模交易，从而可能获得更高的潜在收益。然而，此举也放大了风险，增加了杠杆机制，使得期货合约价值与保证金的倍数发挥了作用。保证金比例越低，资金的利用率也就越高，从而通过保证金的损失，直接影响交易者的资金状况。

因此，尽管保证金制度在资金成本上具有优势，但由于高杠杆引发的交易风险较大，我国期货行业对合格交易者的规定较股票更为严格，并在交易过程中，也增加多个监管环节，比如实行每日结算制度，要求投资者在每个交易日结束时，根据当日的盈亏情况调整保证金账户的余额。实行持仓限额制度，规定交易所根据期货品种的不同特性和市场情况，设定每个投资者在某一期货合约上的最大持仓量。通过限制投资者的持仓量，可以有效防止市场操纵行为，降低市场波动风险，保护中小投资者的利益。引入了大户报告制度，大户报告制度要求投资者在达到一定持仓量时，向交易所报告其持仓情况、资金来源以及交易目的等信息。此外，期货行业监管对投资者教育和风险提示也更为严格，不仅要求投资者在开户前进行风险测评，规定期货公司也只能根据测评结果向投资者推荐合适的期货产品。同时，期货公司还需在交易过程中不断提醒投资者注意风险，提供相关的风险提示信息，帮助投资者树立正确的投资观念，避免盲目跟风和过度投机。通过这些严格的监管措施，我国期货行业在保证金制度的优势下，有效地控制了高杠杆交易带来的风险，保障了市场的稳定运行。

（四）资金利用率

首先，期货交易的手续费相较于股票交易而言显著较低。例如，上海期货交易所的铜期货合约手续费为合约金额的万分之0.5，而中金所的股指期货合约手续费则为合约金额的万分之0.25。尽管期货公司会在交易所基础上增加一定比例的手续费，但其增幅相对较小。在股票交易领域，若交易者能获得万分之三的手续费，已属相当优惠，且还需额外支付双边千分之一的印花税。由此可见，在同等资金规模下，期货交易与股票交易的交易成本相差近十倍。

其次，期货公司通过实施每日无负债结算制度，能够实现更高的资金使用效率。期货交易所产生的盈利可直接用于开设新的交易仓位，无须平仓现有持仓以释放资金；相比之下，在股票交易中，交易所产生的盈利必须通过卖出现有持仓才能将资金释放。

最后，期货交易的资金使用效率还体现在其采用的T+0交易制度上。在股票交易中，当日购入的股票不能在同日卖出，而期货交易则无此限制，这使得资金在当日交易中可以被多次利用。实际上，在期货市场中，确实存在一些专注于短线交易的交易者，他们虽然资金规模不大，但交易量却相当可观。

三、回报率的可比性

（一）计算需要的基础价格指标

市价，就是以涨停价买入，跌停价卖出的当前市场最优价的、排在第一时间成交单子所列明的价格。对价是指在交易过程中，买卖双方为达成交易而互相给予的某种形式的补偿或利益。在期货实际交易中，市价与对价具有区别，区别在于，对价可能会成交不了，但是价格肯定是下单瞬间对手的价格。而市价肯定能成交，但是可能会出现滑点。举例说明，若小王在期货市场上下单铜期货，其下的是市价买入，而小王委托的价格就是当天的涨停价。按照价格优先原则，小王会立即跟当前的最低卖出价成交，依然会成交在4143这个价位上。如果当前的价格变化非常快，在小王下单的一瞬间，4143这116手全部被买完了，那价格就上涨了一个点到了4144。那么小王对手价下的单子就成交不了了，因为小王慢了，则小王出的价格是前一个价格。而当时铜期货的市价，会立即成交在4144的位置，因为小王出的是涨停价买入，会在下单之后的第一时间跟最优价成交。

在股票交易中，市价通常是指在某一特定时刻，市场上买卖双方愿意成交的价格。市价的形成受到供求关系、市场情绪、宏观经济状况、公司基本面等多种因素的影响。对价通常表现为股票的买卖价格，但在某些特殊情况下，对价也可以是其他形式的资产或权益。例如，在并购交易中，收购方支付的对价可能是现金、股票或其他资产，甚至是承担被收购公司的债务。因此，与期货交易类似，在实际交易中，股票交易的市价并不是一个固定不变的数字，而是随着市场交易的进行而不断变化。投资者在下单时，通常会设定买入或卖出的价格，但最终成交价格可能会有所不同。如果投资者设定的价格正好与市场最优价一致，那么他们的单子将会排在第一时间成交。然而，由于市场价格波动频繁，投资者设定的价格往往需要经过调整才能成交。但对价则反映的是买卖双方对股票价值的共识。

当市场对某期货品种的主力合约/某只股票的前景看好时，投资者愿意以更高的价格买入，从而推高市价；相反，当市场对某期货品种的主力合约/某只股票的前景看淡时，投资者则会争相以较低的价格卖出，导致市价下跌。因此，市价在股票市场中是计算两市场收益率的主要价格基础。

（二）计算的共同和差异之处

1. 回报率计算差异

在市价中，期货的回报率计算往往通过（今收盘价－前结算价）/前结算价或者（今结算价－前结算价）/前结算价来进行，而股票回报率计算方法往往更复杂，在沪深300指数的指数回报率计算中，指数回报率＝（今收盘价－前收盘价）/前收盘价，股票的日个股回报率有两种计算方法，一种为考虑现金红利再投资的日个股回报率，另一种为不考虑现金红利的日个股回报率。考虑现金红利再投资的日个股回报率的计算由下面的公式给出：

$$r_{n,t} = \frac{P_{n,t}(1 + F_{n,t} + S_{n,t}) \times C_{n,t} + D_{n,t}}{P_{n,t-1} + C_{n,t} \times S_{n,t} \times K_{n,t}} - 1 \tag{1}$$

其中，$P_{n,t}$ 为股票 n 在 t 日的收盘价，$P_{n,t-1}$ 为股票 n 在 $t-1$ 日的收盘价，$D_{n,t}$ 为股票 n 在 t 日为除权日时的每股现金分红，$F_{n,t}$ 为股票 n 在 t 日为除权日时的每股分红股数，$S_{n,t}$ 为股票 n 在 t 日为除权日时的每股配股数，$K_{n,t}$ 为股票 n 在 t 日为除权日时的每股配股价，$C_{n,t}$ 为股票 n 在 t 日为除权日时的每股拆细数。不考虑现金分红的日个股回报率的计算公式为：

$$r_{n,t} = \frac{P_{n,t}(1 + F_{n,t} + S_{n,t}) \times C_{n,t}}{P_{n,t-1} + C_{n,t} \times S_{n,t} \times K_{n,t}} - 1 \tag{2}$$

由此可看出，在期货回报率的计算中，分母是“前结算价”，而非股票市场常用的“前收盘价”。

2. 期货回报率使用结算价的原因

期货市场中收盘价的产生比较简单，通常以该合约当日最后一笔成交的价格作为收盘价。而结算价是集合竞价形成的成交量加权平均价，是当日多空双方博弈的结果和当日结算的依据。期货回报率，放弃使用更简单易懂、与股票市场常用规则相同的“收盘价”，而采用相对计算复杂且与股票市场计算回报率有差异的“结算价”，这是为什么呢?

总体来说就是为了控制市场风险，减少人为操纵的可能性和影响。

结算价格是在交易日内通过集合竞价方式形成的，而收盘价格则是在当日最后三分钟内通过集合竞价方式确定的。因此，结算价格的形成过程在时间上较收盘价格更为漫长。此外，两者在形成机制上亦存在差异。结算价格是基于所有买卖申报的价格和数量统计后计算出的加权平均值，而收盘价格则是最后三分钟内最后一笔交易的成交价格。由此，两者反映的交易者心态亦有所不同。采用结算价格的目的在于保障期货投资者的权益。

若期货市场采用收盘价格作为结算机制，当某一期货品种在全天稳定运行后，在临近收盘的最后几秒出现价格峰值，如瞬间涨停或跌停，可能导致投资者爆仓，不仅本金全无，还可能欠下期货公司债务。例如，假设某期货品种在做空时下跌3%，随后涨停，收盘时下跌5%，则实际损失为8%。在20倍杠杆作用下，损失将放大至160%。假设投资者A原本有5万元本金，那么其损失将达到8万元，不仅本金全无，还欠期货公司3万元。期货公司此时需用自己的资金垫付客户损失，随后在交易所结算时要求客户追加保证金。若客户无法追加保证金，期货公司无法完全垫付亏损，客户可能在短时间内破产，期货公司也可能因此负债累累，导致交易所无法进行结算，市场陷入混乱。

若采用结算价格，此类问题则可基本避免。例如，假设某期货品种价格在全天稳定运行于1000元左右，但在收盘前几秒突然拉升至涨停价1050元，许多满仓持有空单的账户可能在账面上已经爆仓。然而，最终交易所的结算可能仅按照1001元的结算价格进行，这意味着正常交易的账户几乎不受后期价格剧烈波动的影响，而涨停导致的资金损失仅为5%乘以所用杠杆比例。

（三）期货日回报率程序设计

1. 连续计算日回报率

首先创建了两个向量，daily _ returns _ close 和 daily _ returns _ settlement，它们

的长度与价格向量相同，并将第一个值初始化为 NA。然后使用一个 for 循环从第二个数据点开始计算回报率。这样，程序中就能获得一个包含所有交易日回报率的向量，其中第一个数据点的回报率是 NA。

```
# 假设这是铜期货主力合约的连续几个交易日的收盘价和结算价
daily_close_prices <- c(50000, 50500, 49800, 51000, 50300)
daily_settlement_prices <- c(49000, 50000, 50500, 49800, 51000)
# 初始化回报率向量,长度与价格向量相同,并设置第一个值为 NA
daily_returns_close <- rep(NA, length(daily_close_prices))
daily_returns_settlement <- rep(NA, length(daily_settlement_prices))
# 计算回报率,跳过第一个 NA
for (i in 2:length(daily_close_prices)) {
daily_returns_close[i] <- (daily_close_prices[i] - daily_settlement_prices[i - 1]) / daily_settlement_prices[i - 1]
daily_returns_settlement[i] <- (daily_settlement_prices[i] - daily_settlement_prices[i - 1]) / daily_settlement_prices[i - 1]
}
# 打印日期货回报率
print(paste("日期货回报率 1 (基于收盘价):", daily_returns_close))
print(paste("日期货回报率 2 (基于结算价):", daily_returns_settlement))
```

2. 单独计算日回报率

根据给定的公式计算两种日期货回报率。这里假设我们有两个向量，一个是包含每日收盘价的 daily_close_prices，另一个是包含每日结算价的 daily_settlement_prices。我们将使用这两个向量来分别计算日期货回报率 1 和日期货回报率 2。其中：

日期货回报率 1 = （今收盘价 - 前结算价）/前结算价

日期货回报率 2 = （今结算价 - 前结算价）/前结算价

```
# 假设这是铜期货主力合约的连续几个交易日的收盘价和结算价
daily_close_prices <- c(50000, 50500, 49800, 51000, 50300)
daily_settlement_prices <- c(49000, 50000, 50500, 49800, 51000)
# 计算日期货回报率 1:(今收盘价 - 前结算价) / 前结算价
daily_returns_close <- (daily_close_prices - lag(daily_settlement_prices)) / lag(daily_settlement_prices)
# 计算日期货回报率 2:(今结算价 - 前结算价) / 前结算价
daily_returns_settlement <- (daily_settlement_prices - lag(daily_settlement_prices)) / lag
```

```
(daily_settlement_prices)
  # 打印日期货回报率
  print(paste("日期货回报率1(基于收盘价):", daily_returns_close))
  print(paste("日期货回报率2(基于结算价):", daily_returns_settlement))
```

本章小结

本章深入探讨了期货交易的竞价方式，包括连续竞价制和一节一价制，并解释了价格优先和时间优先原则在撮合交易中的应用，介绍了计算机撮合成交制，强调了其准确性、连续性和高效率的特点。同时，本章还详细讨论了集合竞价制，阐释了最大成交量原则在开盘价形成中的重要性，此外，还分析了期货行情表的构成，解释了成交量、持仓量、今开盘、今收盘等关键指标的含义及其在交易决策中的作用。

本章进一步分析了期货交易中的开仓、持仓和平仓操作，阐释了多头与空头的概念及其市场影响，讨论了换手交易对市场持仓量的影响，并通过实例演示了如何计算多空双方的开仓、平仓以及换手率。此外，本章还介绍了市场总持仓量的变化，解释了单边计量与双边计量的区别，并探讨了持仓量变化对市场关注程度的指示作用。

本章最后比较了期货与股票市场在交易机制、持仓量、做空规则、保证金制度等方面的差异，并强调了期货市场双向交易的灵活性和高资金利用率。此外，本章讨论了回报率的计算方法，解释了期货市场中使用结算价而非收盘价计算回报率的原因，以及这种计算方式对控制市场风险、减少操纵可能性的影响。通过R语言程序示例，本章展示了如何连续计算日回报率，为投资者提供了实际操作的参考。

课后习题

1.（难度级别：低）问题描述：解释什么是连续竞价制度，并简述其在期货市场中的应用。

要求：

（1）描述连续竞价制度的基本原理。

（2）举例说明该制度如何在期货市场中实现交易撮合。

2. （难度级别：低）问题描述：根据给定的期货合约的今开盘价、今收盘价和前结算价，计算日期货回报率1和日期货回报率2。

要求：

（1）使用提供的公式计算两种回报率。

（2）给出一个具体的数值示例。

3. （难度级别：低）问题描述：阐述一节一价制的特点及其如何影响市场的价格发现过程。

要求：

（1）解释一节一价制的运作方式。

（2）讨论这种制度如何确保市场的透明度和公平性。

4. （难度级别：中）问题描述：使用R语言编写一个函数，根据给定的买单和卖单列表（包含价格和数量），按照价格优先和时间优先的原则，确定最终的成交价格和成交量。

要求：

（1）输入参数应包括买单列表、卖单列表。

（2）返回成交价格和成交量。

5. （难度级别：中）问题描述：模拟一个简单的集合竞价过程，并使用R语言编写代码来确定开盘价。

要求：

（1）考虑最大成交量原则。

（2）编写一个函数来模拟撮合过程，并返回开盘价。

6. （难度级别：中）问题描述：编写一个R程序，根据每日的期货合约价格变动，计算并绘制日期货回报率的时间序列图。

要求：

（1）使用合适的R图表类型展示时间序列数据。

（2）分析并解释图表所反映的市场趋势。

7. （难度级别：中）问题描述：使用R语言，根据给定的换手交易数据，计算一定周期内的多头和空头换手率，并分析其对市场持仓量的影响。

要求：

（1）设计一个数据框来存储换手交易数据。

（2）计算多头和空头换手率，并解释其对市场持仓量变化的影响。

8. （难度级别：中）问题描述：对比分析期货市场和股票市场的回报率计算方

法，并使用 R 语言编写函数来分别计算两种市场的日回报率。

要求：

（1）考虑股票市场的现金红利再投资情况。

（2）编写两个函数分别计算期货和股票市场的日回报率，并比较结果。

第四章　套期保值

第一节　套期保值功能特性和原则

一、避险功能

期货交易的历史演进揭示了其尽管仅经历不足两百年的历程，却展现出迅猛的发展态势。期货品种的交易量往往远超现货市场，甚至达到数倍乃至数十倍的规模。期货交易之所以能取得如此显著的发展，与其提供的核心功能密不可分，这一核心功能即为相关现货商提供了一个能够规避价格波动风险的“避风港”。

对于企业而言，原材料价格的大幅上涨会导致成本急剧上升，进而使得企业利润显著下降，甚至出现亏损；同样，产品价格的大幅下跌也会给企业带来困扰。一个成熟的企业，应当追求在稳定中提升业绩，而非依赖于不可预测的市场变化。期货市场的出现，使企业在交易实践中发现：尽管该市场是虚拟的，但由于其与现货市场并行，并且解决了远期合同中的诸多缺陷，实际上能够发挥“避风港”的作用。

避险功能的实现离不开对价格波动风险的管理。在经济学中，风险的定义包含三个要素：（1）不确定性；（2）潜在的损失而无相应的盈利机会；（3）以具体事件的形式存在。在期货市场中，风险主要体现在价格波动的不确定性上，这将导致企业生产成本的波动，并可能引发市场中某些大宗商品现货价格的剧烈波动。为了规避现货价格波动带来的生产成本上升和利润损失，企业需要利用期货市场的套期保值功能进行风险规避。可以说，避险功能是期货交易得以持续发展的根本动力。只要价格波动存在，现货商就会有避险需求，因此期货交易市场将持续存在。价格波动的幅度越大，市场对期货交易的需求相应地就会越多。

二、价格发现功能

企业确有可能在价格波动中意外获利。例如，原材料价格显著下降而产品售价保持稳定，企业因成本减少而实现更高利润；另一种情形是原材料价格相对稳定，但产品因供不应求而价格上涨，从而显著提升企业利润。期货交易通过其价格发现功能，使企业能够合理预测价格走势，并进行套期保值。预测风险与套期保值操作的重要性不相上下。

套期保值的风险主要体现在期货头寸方向与期货价格波动方向不一致。显然，降低此类风险的关键在于提升市场价格预测的准确性。

通常，套期保值者与现货市场紧密相关，对市场有深入了解，这自然是一个优势。然而，某种程度上，对市场的过度熟悉可能会影响他们对未来市场的准确判断。例如，在一轮显著上升趋势发生之前，价格往往会出现极度低迷。企业由于长期处于这种低迷状态，可能会对未来市场持悲观态度。当价格开始回升时，供应商可能认为此时进行套期保值卖出已足够，但后续事实可能证明这一决策过于仓促。许多实例显示，在重大市场行情面前，现货商的预测能力往往不及投机者。因此，在这些情况下，套期保值失败的概率较高。这表明，提升预测能力不仅是投机者的必修课，也是套期保值者必须严肃对待的课题。

在价格预测方面，投机者拥有套期保值者所不具备的某些优势，例如，他们熟悉多种市场分析方法，重视市场指标，强调趋势判断并顺应趋势，不轻易预测市场顶点和底点，并在交易中设置止损目标。这些都是宝贵的投资经验，值得套期保值者学习。套期保值者在制定套期保值策略之前，应当在发挥自身对现货市场了解的优势的同时，借鉴投机者的经验及合理做法，这将有助于提高市场预测能力，制订更为恰当的套期保值方案，从而降低套期保值的风险。

三、套期保值的原则

套期保值旨在规避现货市场的价格波动风险。为达成此目的，套期保值交易必须遵循以下四项基本原则：交易方向必须相对立，所涉及的商品种类需保持一致，交易数量应相等或相近，以及交易月份需相同或相近。这四项原则是套期保值交易不可或缺的组成部分，任何一项的忽视都可能对套期保值的效果产生不利影响。

（一）交易方向相反原则

1. 原则描述

套期保值的主要目的是规避现货市场中价格波动所带来的风险。鉴于期货价格与现货价格之间通常存在正相关性，套期保值的基本原则要求期货市场的交易方向与现货市场相反。例如，若现货市场中持有或预期将持有存货，并且担心未来价格下跌导致损失，为了对冲该风险，应在期货市场采取卖出操作。这种策略体现为现货市场的多头持仓与期货市场的空头持仓。相反地，若现货市场中目前无存货或预期将来需要购入，担心价格上涨，为了对冲该风险，则应在期货市场采取买入操作。这体现为现货市场的空头持仓与期货市场的多头持仓。

若违反了交易方向相反的原则，所进行的期货交易便不能称为套期保值，因为这不仅无法实现对冲价格风险的目标，反而可能增加价格风险，导致在两个市场中要么同时遭受亏损，要么同时获得盈利。例如，对于现货市场中持有或预期将持有存货的交易者，若其同时在期货市场也持有买入头寸，那么在价格上涨的情况下，其将在两个市场均获得盈利；而在价格下跌的情况下，则在两个市场均遭受亏损。

2. 举例说明

为更直观地感受交易方向相反原则在实际套期保值操作中的作用，本节将通过一个简化的模拟程序，展示如何使用 R 语言以黄金期货为例进行连续套期保值。首先生成了模拟的黄金现货价格和期货价格。然后，它计算了每日的现货价格和期货价格变动，并使用线性回归来估计套期保值比率。接下来，程序进入一个循环，每天根据现货价格的变动和套期保值比率来调整期货头寸。最后，程序打印出每天的现货价格、期货价格、现货头寸价值变化和期货头寸。

```
# 载入所需的库
library(quantmod)
library(dplyr)
# 生成模拟数据:黄金现货价格和期货价格
set.seed(123)  # 确保结果可重现
spot_prices <- cumprod(runif(100, 0.99, 1.01), by = 1) * 1000  # 模拟 100 天的现货价格
future_prices <- spot_prices * cumprod(runif(100, 0.995, 1.005), by = 1)  # 模拟期货价格
# 计算每日的现货价格和期货价格变动
spot_returns <- diff(log(spot_prices))
future_returns <- diff(log(future_prices))
# 计算套期保值比率:最小化现货和期货头寸的组合风险
# 这里使用线性回归的方法来估计套期保值比率
hedging_ratio <- lm(future_returns ~ spot_returns)$coefficients[1]
# 初始化持仓
futures_position <- 0
# 模拟套期保值程序
for (i in 2:nrow(spot_prices)) {
```

```
# 计算现货头寸的价值变化
spot_value_change <- spot_prices[i - 1] * spot_returns[i]
# 根据套期保值比率计算期货头寸的变动
futures_position_change <- -hedging_ratio * spot_value_change / future_prices[i - 1]
# 更新期货头寸
futures_position <- futures_position + futures_position_change
# 打印每日的现货价格、期货价格、现货头寸价值变化和期货头寸
print(data.frame(
Day = i,
Spot_Price = spot_prices[i],
Future_Price = future_prices[i],
Spot_Value_Change = spot_value_change,
Futures_Position = round(futures_position, 2)
))
# 调整期货头寸以匹配套期保值比率(实际操作中可能需要考虑交易成本和滑点)
# 这里简化处理,假设可以无成本调整头寸
}
# 最终的持仓情况
final_position <- data.frame(
Spot_Price = spot_prices[nrow(spot_prices)],
Future_Price = future_prices[nrow(future_prices)],
Futures_Position = round(futures_position, 2)
)
print(final_position)
```

（二）商品种类相同原则

1. 原则描述

商品种类相同原则是指，在进行套期保值交易的过程中，必须确保所选用的期货品种与需要对冲风险的现货商品在种类上保持一致。这一原则的核心在于，只有当期货品种与现货商品完全一致时，期货价格与现货价格之间才会表现出较强的正相关关系，从而使得两者在价格走势上能够保持大致相同的趋势。这样一来，套期保值交易才能有效地规避价格波动带来的风险。

具体来说，如果期货市场上没有与现货商品完全相同的品种可供选择，那么应当寻找那些在价格走势上大致相同的同类商品作为替代。例如，对于航空公司而言，由于期货市场上并不存在航空煤油这一特定品种，但考虑到航空煤油、燃料油和汽油都

是石油的同源性产品，它们之间的价格往往表现出高度的正相关性。因此，航空公司可以利用已经开设的原油期货或燃料油期货来对航空煤油进行有效的套期保值操作。通过这种方式，即便期货品种与现货商品不完全一致，也能够在一定程度上实现对冲风险的目的，从而确保企业在面对价格波动时能够保持相对稳定的状态。

2. 举例说明

以航空燃油公司为例，构建航空燃油与原油现货的联动关系以及原油现货与期货价格间的联动关系，然后模拟套期保值交易。首先，生成了模拟的原油现货价格和航空燃油价格，并计算了它们与原油期货价格的相关系数来确定联动关系。其次，程序进入一个循环，每天根据现货价格和期货价格变动来调整期货头寸，并执行套期保值交易。最后，程序打印出每天的套期保值结果和联动关系相关系数。

```
# 载入所需的库
library(quantmod)
library(dplyr)
# 生成模拟数据:原油现货价格和航空燃油价格
set.seed(123)  # 确保结果可重现
crude_oil_prices <- cumprod(runif(100, 0.995, 1.005) * 100, by = 1)  # 模拟原油价格
aviation_fuel_prices <- crude_oil_prices * runif(100, 0.95, 1.05)  # 航空燃油价格与原油价格联动
# 计算每日的现货价格变动
crude_oil_returns <- diff(log(crude_oil_prices))
aviation_fuel_returns <- diff(log(aviation_fuel_prices))
# 计算联动关系:航空燃油价格与原油现货价格的相关性
correlation <- cor(crude_oil_returns, aviation_fuel_returns, use = "complete.obs")
# 原油期货价格模拟(假设与现货价格相近)
future_prices <- crude_oil_prices * 0.98  # 期货价格略低于现货价格
# 计算期货价格与现货价格的联动关系
future_returns <- diff(log(future_prices))
correlation_future <- cor(crude_oil_returns, future_returns, use = "complete.obs")
# 假设航油公司每天消耗的原油量(现货市场)
daily_consumption <- 1000  # 单位桶
# 模拟套期保值交易:航油公司为对冲风险,在期货市场建立多头仓位
# 初始化期货头寸
futures_position <- 0
# 模拟套期保值程序
```

```
for (i in 2:nrow(crude_oil_prices)) {
# 现货市场:航油公司每天按照现货价格购买原油
spot_cost <- aviation_fuel_prices[i] * daily_consumption
# 期货市场:航油公司在期货市场建立多头仓位
# 根据现货与期货的相关性调整期货头寸
hedge_ratio <- correlation_future * (daily_consumption / future_prices[i - 1])
futures_position <- futures_position + hedge_ratio
# 执行套期保值交易:在期货市场卖出等量期货合约
futures_profit_loss <- (future_prices[i - 1] - future_prices[i]) * futures_position
# 计算套期保值效果:现货成本减去期货盈亏
hedge_effect <- spot_cost - futures_profit_loss
# 打印每日的套期保值结果
print(data.frame(
Day = i,
Crude_Oil_Price = crude_oil_prices[i],
Aviation_Fuel_Price = aviation_fuel_prices[i],
Futures_Position = round(futures_position, 2),
Spot_Cost = spot_cost,
Futures_Profit_Loss = futures_profit_loss,
Hedge_Effect = hedge_effect
))
}
# 打印联动关系相关系数
cat("航空燃油与原油现货的相关系数:", correlation, "\n")
cat("原油现货与期货价格的相关系数:", correlation_future, "\n")
```

（三）数量相等或相近原则

1. 原则描述

数量相等或相近原则是指在进行套期保值交易的过程中，交易者在期货市场上买卖的合约数量应当与他们在现货市场上需要对冲的商品数量保持基本一致。这一原则的核心在于确保套期保值交易能够有效地对冲现货市场的风险。既然套期保值交易的主要目的是对冲现货市场中的风险，那么交易者针对在现货市场上持有的风险头寸数量，就应当在期货市场上进行相应的对冲操作，以确保风险能够得到充分的覆盖。

具体来说，如果交易者在现货市场上持有一定数量的商品，那么他们在期货市场上也应当买卖相应数量的期货合约。这样一来，现货市场上的风险头寸就能够通过期货市场的对冲操作得到有效的管理。如果对冲的数量太少，那么现货市场上的部分头寸仍然会面临未被覆盖的风险；相反，如果对冲的数量过多，那么超出部分的期货头寸实际上就变成了投机头寸，这与套期保值的初衷相悖。因此，保持数量相等或相近的原则，是确保套期保值交易能够有效对冲现货风险的关键所在。

2. 举例说明

自 20 世纪 90 年代起，中国已从单一的进口国转变为出口国。随着供需关系的转变，国际主要锌期货市场的价格也随之波动。至 1996 年底，伦敦金属交易所的锌价持续在低位徘徊，价格大约为 1000 美元，在这一时期，发生了一起引人注目的套期保值风险事件——株洲冶炼厂锌锭遭遇挤兑。1996 年底，株洲冶炼厂鉴于锌价可能进一步下跌的担忧，计划在伦敦金属交易所进行卖出套期保值操作，以期为其年产量 25 万吨的锌锭生产规避价格风险。然而，株洲冶炼厂的交易员错误地判断锌价将持续走低，因此在伦敦金属交易所卖出了远超其生产能力的期货合约（大约 40 多万吨）。这一过度的交易行为引起了瑞士一家大型实物贸易商的注意，该贸易商在不引起市场注意的情况下，悄然积累库存，并在伦敦金属交易所大量买入期货合约，从而形成了多头与空头的对峙局面。到 1997 年 1 月，LME 三月期锌价格开始显著上涨。到 5 月，株洲冶炼厂需要进行实物交割时，由于无法在短期内筹集足够的锌锭，并且期货市场的保证金未能及时到位，株洲冶炼厂不得不在价格高点买入平仓，最终导致了 2 亿美元的巨额亏损。从套期保值的角度审视，株洲冶炼厂在市场中大量抛售的初始策略已经背离了套期保值的基本原则和目标。此外，该策略的轻率并未经过集体决策程序——据称负责该交易的交易员即是株洲冶炼厂的高级管理人员以及进出口公司的总经理。个人对市场行情的判断失误、方案的制订不当以及权力缺乏有效监督，导致了株洲冶炼厂在套期保值操作中面临巨大的风险。

使用程序对这一风险事件进行模拟。首先，定义了株洲冶炼厂的年产量、卖出的期货合约数量、卖出价格和市场价格上涨的参数。其次，使用 while 循环模拟每个月的价格上涨和对企业持仓的影响。如果亏损超过了设定的保证金水平（在这个例子中假设为 2 亿美元），则模拟追加保证金不能到位的情况，并在高位买入平仓，在程序中模拟进行以下必要的套期保值步骤：

（1）初始化企业锌锭产量和卖出的期货合约数量。

（2）设定期货的卖出价格和市场价格上涨的模拟。

（3）计算由于价格上涨导致的潜在亏损。

（4）模拟追加保证金的要求和最终的平仓操作。

程序设计如下：

```
# 定义初始参数
annual_production <- 250000  # 年产量,单位:吨
futures_sold <- 400000  # 卖出的期货合约数量,单位:吨
selling_price <- 1000  # 卖出价格,单位:美元/吨
monthly_increase <- 100  # 每月价格上涨,单位:美元/吨
starting_month <- 1  # 起始月份
ending_month <- 5  # 结束月份
current_month <- starting_month
# 初始化亏损和期货持仓
loss <- 0
position <- futures_sold
# 模拟价格上涨和追加保证金
while (current_month <= ending_month) {
# 计算当前月份的期货价格
current_price <- selling_price + (monthly_increase * (current_month - starting_month))
# 计算当前持仓的亏损
loss <- (current_price - selling_price) * position
# 打印当前月份的价格和亏损
cat(paste("月份:", current_month, "当前价格:", current_price, "亏损:", loss, "美元\n"))
# 检查是否需要追加保证金或平仓
if (loss > 200000000) {  # 假设保证金为2亿美元
cat("由于亏损超过保证金,被迫平仓。\n")
# 以当前价格买入平仓
loss <- loss - (monthly_increase * position)  # 假设平仓价格等于当前价格加上价格上涨部分
position <- 0  # 持仓清零
}
current_month <- current_month + 1
}
# 模拟结束,输出最终结果
cat("最终亏损:", loss, "美元\n")
```

（四）月份相同或相近原则

1. 原则描述

月份相同或相近原则是指在进行套期保值交易的过程中，选择期货合约时，应尽量确保所选用的期货合约的交割月份与交易者未来在现货市场上实际进行买入或

卖出操作的时间保持一致或相近。这种做法具有两个主要优点：首先，选用相同或相近时间的期货合约，可以确保期货合约所覆盖的时间段与现货市场中交易者所面临的风险暴露时间相匹配。这样一来，期货合约能够更有效地对冲现货市场中的价格波动风险。其次，随着期货合约交割期的临近，期货价格与现货价格之间的差距往往会逐渐缩小。这种价格趋同现象有助于提高套期保值策略的整体效果，确保交易者能够更准确地锁定未来交易的价格，从而降低市场波动带来的不确定性。因此，遵循月份相同或相近原则，是实现有效套期保值的关键步骤之一。

2. 举例说明

某企业每月需采购使用 2000 吨燃料油。年初时，燃料油现货市场价在每吨 1800 元左右，该企业认可此价格，并决定在期货市场进行买入套期保值。在选择合约月份时，最佳策略为一年内每个月份的合约都买进 200 手（每手 10 吨）。使用该策略，能使得每个合约都在到期前实施平仓，同时在现货市场上进行采购。通过程序进行自动化上述最佳策略，需要构建如下步骤。

（1）初始化每月的现货采购量和期货合约购买量。

（2）假设现货价格和期货价格，并模拟期货价格的变动。

（3）对每个期货合约进行买入和到期前平仓操作，计算套期保值的效果。

首先定义了企业的每月燃料油使用量、期货合约规模和每月购买的期货合约手数。然后，模拟了一年内每个月的现货价格和期货价格变动。在循环中，我们记录了每月期货合约的买入价格，并在每个月末模拟平仓操作，计算套期保值的盈亏。

```
# 载入所需的库
library(dplyr)
# 初始化参数
spot_price <- 1800  # 现货价格,单位:元/吨
futures_contract_size <- 10  # 期货合约规模,单位:吨/手
monthly_use <- 2000  # 每月使用量,单位:吨
futures_contracts_per_month <- 200  # 每月购买的期货合约手数
contract_months <- 12  # 合约月份数量
# 模拟现货市场和期货市场的价格变动
# 假设现货价格和期货价格年初相同,之后每个月变化
spot_prices <- rep(spot_price, contract_months)
future_prices <- spot_price + runif(contract_months, min = -50, max = 50)  # 模拟价格变动
# 初始化期货持仓和盈亏记录
futures_positions <- numeric(contract_months)
```

```
hedging _ results < - data. frame(
Month = 1:contract _ months,
Spot _ Price = spot _ prices,
Futures _ Entry _ Price = numeric(contract _ months),
Futures _ Exit _ Price = numeric(contract _ months),
Futures _ PnL = numeric(contract _ months)  # 期货盈亏
)
# 模拟买入套期保值
for (i in 1:contract _ months) {
# 记录期货合约的买入价格
hedge _ results $Futures _ Entry _ Price[i] < - future _ prices[i]
# 假设在每个月末平仓期货合约
# 模拟一个简单的平仓价格,为当月现货价格加上一个小的随机变动
exit _ price < - spot _ prices[i] + runif(1, min = -20, max =20)
hedge _ results $Futures _ Exit _ Price[i] < - exit _ price
# 计算期货合约的盈亏
hedge _ results $Futures _ PnL[i] < - (exit _ price - hedge _ results $Futures _ Entry _ Price[i]) *
futures _ contract _ size * futures _ contracts _ per _ month
# 打印每月的套期保值结果
print(hedge _ results[i])
}
# 计算整个年度的套期保值效果
total _ pnl < - sum(hedge _ results $Futures _ PnL)
cat("整个年度的套期保值效果(盈亏):", total _ pnl, "元\n")
```

第二节　买入、卖出和交割

一、买入套期保值

（一）定义

套期保值分为买入和卖出两种策略。买入套期保值指的是现货交易者出于对价格上升的担忧，在期货市场购入期货合约，以此来固定其购买成本。例如，某出口商与客户签订了三个月后交货的合同，按照当前市场价格，预期利润相当可观。在准备履行合同时，该出口商面临两种选择：一是立即在市场上购入现货并储存，待

三个月后交付；然而，这种方法需要提前支付货款，并承担仓储费和保险费。二是等到临近交货期时再在市场上购买现货，但这种方法存在较大风险。若三个月后市场价格上涨，那么购买现货进行交割可能会使得原本盈利的交易转为亏损。面对这一困境，一种可行的策略是在期货市场预先购买期货合约。由于期货价格通常与现货价格相近，通过购买期货合约，实际上就将三个月后的采购成本固定下来。

（二）适用对象和范围

1. 一般性描述

买入套期保值主要适用于那些计划在未来某个特定时间段内必须购入某种商品，同时希望在那时仍能以当前认可的价格水平进行购买的个人或企业。这类商品的购买者最担心的问题是，在实际购买现货商品时，市场价格可能会出现上涨的情况。通过采用买入套期保值策略，他们可以锁定当前的价格，从而避免未来市场价格波动带来的风险。这种策略特别适合那些对价格波动敏感、需要确保成本可控的行业，如制造业、农业和其他依赖特定原材料的行业。通过在期货市场上进行相应的买入操作，这些商品购买者可以有效地规避未来价格上涨的风险，确保他们的经营成本和利润不会因为市场价格的波动而受到影响。

2. 举例说明

买入套期保值一般可运用于加工制造、签约后才购进货源的或是无法立即买进现货的部分领域。在加工制造领域，比如铝型材厂为了防止日后购进铝锭原料时价格上涨的情况，用铜企业担心日后电解铜的价格上涨的情况，又如饲料厂担心玉米、豆粕的价格上涨的情况等。这个领域中，原材料成本往往是决定其生产利润的关键因素，因此，许多企业选择通过期货市场进行套期保值操作。通过在期货市场上买入或卖出与现货市场相对应的期货合约，企业可以锁定未来某一时间点的原材料价格。这样一来，即便市场价格出现波动，企业也能确保其生产成本保持在一个相对稳定的水平。例如，铝型材厂可以在期货市场上买入铝锭的期货合约，从而锁定未来购进铝锭的价格。如果未来铝锭价格上涨，期货市场的盈利可以抵消现货市场的损失，反之则相反。同样，用铜企业可以通过卖出电解铜的期货合约来规避价格上涨的风险，饲料厂则可以通过买入玉米和豆粕的期货合约来确保原料成本的稳定。

在上述领域的实际生产操作中，企业还可通过签订长期供货合同来规避风险，具体而言，企业通过签订长期供货合同来降低原材料价格波动的风险。通过与供应商签订长期合同，企业可以确保在未来一段时间内以固定价格获得稳定的原材料供应。这种做法不仅可以减少价格波动带来的风险，还可以加强与供应商的合作关系，确保原材料的稳定供应。然而这种长期合同又会带来额外的套期保值需求，即供货方已经跟需求方签订好现货供货合同，将来交货，但供货方此时尚未购进货源，担心日后购进货源时价格上涨。假设某进出口企业在5月底与外国商人签订了合同，约定于8月底向该外商供应3000吨高品质小麦，单价为2200元每吨。当时，5月底小麦的现货市场价格为2120元每吨，据此计算，企业预期每吨小麦将获得80元的利润。然而，由于资金或库存管理上的考量，企业在与外商签订合同时尚未采购小麦。企业担心若在8月初的现货市场上购买小麦，价格可能会上涨，从而导致利润减少甚至出现亏损。

此外，需求方认为目前现货市场的价格很合适，但由于目前资金不足或者仓库已满等原因，不能立即买进现货。由于担心日后购进时价格上涨，稳妥的办法是买入对应期货合约进行套期保值。具体而言，首先，定义需求方的现货购买计划和期货合约的参数。其次，模拟了期货市场价格的变动，并在每月底执行买入套期保值策略。再次，模拟需求方在套期保值期限结束时平仓期货合约，并在现货市场购入所需数量的现货。最后，计算并打印出整个套期保值策略的效果。

```
# 载入所需的库
library(quantmod)
# 初始化参数
current_spot_price <- 1000  # 当前现货价格,单位:元/吨
futures_contract_size <- 10  # 期货合约规模,单位:吨/手
desired_quantity <- 1000  # 需求方计划购买的现货数量,单位:吨
months_to_hedge <- 3  # 套期保值期限,单位:月
hedge_ratio <- desired_quantity / (futures_contract_size * months_to_hedge)  # 每月需购买的期货合约手数
# 模拟期货市场价格变动
set.seed(123)  # 确保结果可重现
futures_prices <- cumprod(runif(months_to_hedge * 20, 0.995, 1.005), by = 1) * current_spot_price  # 模拟20个交易日的价格变动
# 初始化期货持仓和盈亏记录
futures_positions <- numeric(months_to_hedge * 20)
futures_pnl <- numeric(months_to_hedge * 20)
# 模拟买入套期保值
entry_price <- futures_prices[1]  # 买入期货合约的初始价格
```

```
for (i in 1:(months_to_hedge * 20)) {
if (i %% 20 == 1) {
# 每月底买入期货合约
futures_positions[i] <- hedge_ratio * futures_contract_size
futures_pnl[i] <- 0
} else {
futures_positions[i] <- futures_positions[i - 1]
futures_pnl[i] <- futures_pnl[i - 1] + (futures_positions[i] * (futures_prices[i] - futures_prices[i - 1]))
}
# 打印每日的期货持仓和盈亏
print(data.frame(
Date = seq(as.Date("2024-01-01"), by = "day", length.out = months_to_hedge * 20)[i],
Futures_Price = futures_prices[i],
Position = futures_positions[i],
PNL = futures_pnl[i]
))
}
# 模拟需求方资金或仓库可用,平仓期货并购买现货
exit_price <- futures_prices[months_to_hedge * 20]  # 卖出期货合约的价格
total_pnl <- sum(futures_pnl)  # 计算总盈亏
spot_purchase_cost <- current_spot_price * desired_quantity  # 现货购买成本
# 计算套期保值效果
hedging_effect <- total_pnl + spot_purchase_cost - (entry_price * desired_quantity)
# 打印最终结果
cat("套期保值总盈亏:", total_pnl, "元\n")
cat("现货购买成本:", spot_purchase_cost, "元\n")
cat("套期保值效果:", hedging_effect, "元\n")
```

（三）优点和代价

1. 优点

买入套期保值能够规避价格上涨所带来的风险，同时具有提高企业资金的使用效率、促使早日签订现货合同等优点。

第一，通过实施买入套期保值策略，企业能够有效地规避因市场价格上涨所带来的潜在风险。以铝型材厂为例，在面对铝材价格上涨的情况下，该厂通过在期货

市场上进行买入套期保值操作，成功地利用期货市场的盈利来弥补现货市场上因价格上涨而多支付的成本。这样一来，铝型材厂成功地回避了价格上涨所带来的风险，确保了企业的经营稳定和利润保障。买入套期保值作为一种有效的风险管理工具，能够帮助企业锁定成本，减少市场波动对生产经营的影响，从而在不确定的市场环境中保持稳健发展。

第二，通过实施买入套期保值策略，企业可以显著提升其资金的使用效率。由于期货市场采用保证金交易机制，企业仅需投入少量资金即可控制大量货物的交易，从而加快资金的周转速度。以之前提到的铝型材厂为例，假设交易所规定的交易保证金比例为5%，那么该厂仅需投入13200吨铝型材乘以每吨600元，再乘以5%的保证金比例，总计396000元。即便再加上5%的资金作为应对市场风险的保障，剩余的90%资金在两个月内可以实现快速周转。这样一来，企业不仅减少了资金占用的成本，还节省了仓储费用、保险费用以及潜在的损耗费，从而进一步提高了资金的使用效率和企业的经济效益。

第三，采用买入套期保值策略能够使企业更早地确定现货合同。以铝锭价格上扬为例，供应商通常不愿意在3月初以当时的现货价格承诺5月的供货，而是倾向于签订浮动价格合同，即最终成交价格将依据到期时现货市场的实际价格来确定。若买方实施了买入套期保值，便可以安心地签订浮动价格供货合同。即便市场价格真的上涨，买方也可利用期货市场的盈利来抵消现货市场中额外支付的成本。

2. 代价

然而，实施买入套期保值策略也必须承担一定的成本。一旦采纳了这种策略，企业就无法从价格下跌中获得任何好处。换句话说，在避免不利价格风险的同时，企业也放弃了价格可能下跌带来的潜在利益。例如，在前述案例中，如果铝锭价格出现下跌，该工厂的买入套期保值操作将面临亏损的局面。尽管现货市场的较低采购成本可以在一定程度上抵消期货市场的损失，但相较于那些未采取套期保值措施的企业，其原材料的进货成本实际上会更高，这是因为套期保值操作需要支付一定的交易费用和保证金，同时也会失去价格下跌时的低成本采购机会。因此，企业在决定是否采用买入套期保值策略时，需要权衡利弊，仔细考虑其对成本和潜在收益的影响。

（四）举例说明

广东某铝型材厂的主要原料是铝锭，某年3月铝锭的现货价格为12900元/吨，该厂计划在两个月后购进600吨铝锭。由于担心届时价格上涨而提升成本，该厂决定进行买入套期保值。3 月初以 13200 元/吨的价格买入 600 吨 5 月到期的铝锭期货合约。5 月初，铝锭现货价已上涨至 15000 元/吨，而此时期货价格也涨至 15200 元/吨。于是，该铝型厂以 15000 元/吨的价格在现货市场上购进了 600 吨铝锭，同时在期货市场上以 15200 元/吨的价格卖出平仓，其最终的盈亏平衡表的计算方式，见如下程序：

```
# 定义初始参数
spot_price_march <- 12900  # 3 月铝锭现货价格
futures_price_march <- 13200  # 3 月期货价格(5 月到期)
contract_size <- 600  # 合约规模,单位:吨
futures_contract_multiplier <- 10  # 期货合约乘数,单位:吨/手
number_of_contracts <- contract_size / futures_contract_multiplier  # 需要的期货合约手数
# 5 月初现货和期货价格
spot_price_may <- 15000  # 5 月铝锭现货价格
futures_price_may <- 15200  # 5 月期货价格
# 计算期货合约的盈亏
futures_profit_per_ton <- futures_price_may - futures_price_march
total_futures_profit <- futures_profit_per_ton * contract_size
# 计算现货市场的购进成本
spot_cost_march <- spot_price_march * contract_size
spot_cost_may <- spot_price_may * contract_size
# 计算套期保值后的总成本
hedged_total_cost <- spot_cost_may - total_futures_profit
# 打印盈亏平衡表
cat("买入套期保值盈亏平衡表\n")
cat("--------------------------------\n")
cat("现货市场购进成本(3 月价格):", spot_cost_march, "元\n")
cat("现货市场购进成本(5 月价格):", spot_cost_may, "元\n")
cat("期货市场盈亏:", total_futures_profit, "元\n")
cat("套期保值后总成本:", hedged_total_cost, "元\n")
cat("与 3 月现货价格相比节省成本:", spot_cost_may - hedged_total_cost, "元\n")
```

假如 5 月初铝锭的价格不涨反跌，现货、期货都下跌了 500 元/吨，则最终的盈亏平衡表为：

```
# 定义价格参数
spot_price_march <- 13000  # 3 月初的现货价格
```

```
futures_price_march <- 13200  #3 月初的期货价格
additional_cost_per_ton_may <- 2000  #5 月比 3 月多支付的成本每吨
spot_price_may <- spot_price_march + additional_cost_per_ton_may  #5 月的现货价格
futures_price_may <- futures_price_march + additional_cost_per_ton_may  #5 月的期货价格
# 定义购进吨数和合约乘数
contract_size <- 600  # 购进的吨数
futures_contract_multiplier <- 5  # 每手期货合约的吨数
# 计算现货市场的成本
total_spot_cost_march <- spot_price_march * contract_size
total_spot_cost_may <- spot_price_may * contract_size
# 计算期货市场的盈亏
futures_profit_per_ton <- (futures_price_may - futures_price_march) * futures_contract_multiplier
total_futures_profit <- futures_profit_per_ton * contract_size
# 计算最终的盈亏平衡
final_cost_per_ton <- (total_spot_cost_may - total_futures_profit) / contract_size
# 打印盈亏平衡表
cat("最终盈亏平衡表\n")
cat(" ------------------ \n")
cat("3 月初现货价格:", spot_price_march, "元/吨\n")
cat("5 月现货价格:", spot_price_may, "元/吨\n")
cat("5 月现货价格比 3 月初上涨:", additional_cost_per_ton_may, "元/吨\n")
cat("3 月初期货价格:", futures_price_march, "元/吨\n")
cat("5 月期货价格:", futures_price_may, "元/吨\n")
cat("期货盈利:", total_futures_profit, "元\n")
cat("现货总成本(3 月):", total_spot_cost_march, "元\n")
cat("现货总成本(5 月):", total_spot_cost_may, "元\n")
cat("最终每吨成本:", final_cost_per_ton, "元/吨\n")
```

总而言之，该厂所做的买入套期保值，实际上起到的作用就是将进价成本锁定在 3 月初认可的价格上。

二、卖出套期保值

（一）定义

卖出套期保值是一种风险管理策略，现货商通过在期货市场上进行卖出操作，以期锁定未来卖出产品的价格，从而规避价格下跌带来的风险。具体来说，当现货商（如一个大型农场主）在种植农作物的过程中，会仔细计算其种植成本，并根据当前的市场价格来预测未来的利润。然而，未来产品的售价是充满不确定性的，如果市场价格在收获季节下跌，那么农场主将不可避免地遭受损失。为了避免这种情况，农场主可以选择在期货市场上卖出相应数量的期货合约。由于此时的期货价格通常与现货价格相近，通过这种卖出操作，农场主实际上提前锁定了未来产品的销售价格。这样一来，即使未来市场价格下跌，农场主也能通过期货市场的盈利来弥补现货市场的损失，从而有效地规避了价格波动的风险。

（二）适用对象和范围

1. 一般性描述

与买入套期保值不同，卖出套期保值的适用对象通常是一些准备在未来某一特定时间内在现货市场上出售实物商品的生产经营者。这些生产经营者为了确保在未来将实物商品售出时能够获得一个相对稳定且合适的价格，他们最大的担忧就是当未来需要在现货市场上卖出现货商品时，市场价格可能会出现下跌。为了避免这种情况的发生，从而保护其日后售出实物商品的收益，这些生产经营者应当采取卖出套期保值的方式来进行风险规避。通过这种方式，他们可以在期货市场上预先卖出相应数量的期货合约，以锁定未来售出商品时的价格。这样一来，即使未来现货市场价格出现下跌，他们仍然可以按照预先锁定的价格出售商品，从而确保收益不会受到市场价格波动的影响。因此，卖出套期保值对于那些希望在未来某一时间点售出实物商品的生产经营者来说，是一种有效的风险管理工具。

2. 举例说明

具体而言，卖出套期保值策略主要适用于那些直接生产商品期货实物的生产企业，如农场和工厂等。这些企业由于手中持有尚未销售的库存产品，或者即将生产或收获某种商品期货实物，会担心在日后出售这些产品时市场价格下跌。举个具体的例子，假设有一家玉米农场，该农场计划在 8 月收获 300 吨玉米。为了确保销售渠道，该农场在 5 月已经与当地的 AAA 玉米储运商签订了供货合同。然而，在 5 月，由于市场上玉米现货供应相对较少，价格相对较高。然而，该农场预计当年将迎来玉米的大丰收，因此预计在 8 月玉米现货价格将大幅下降，可能降至 5 月价格的 70% 。为了防止在 8 月出售玉米时价格下跌，该农场在 5 月预先卖出了 8 月交割的 300 吨玉米的 3 个月玉米期货合约。通过这种方式，该农场成功地锁定了未来售出玉米时的价格，从而避免了因市场价格波动带来的潜在损失。这种卖期保值策略不仅适用于玉米农场，还适用于其他直接生产商品期货实物的生产企业，帮助他们在面对市场波动时保持价格稳定，确保企业收益。

接下来，AAA 玉米储运商在 8 月获得了这个农场 300 吨的玉米，并有 300 吨玉米库存现货尚未出售。AAA 玉米储运商 7 月与 BBB 玉米加工制造企业签订了以 7 月玉米现货价格为特定价格的合同，但 AAA 玉米储运商担心在 8 月玉米价格下跌后，BBB 玉米加工制造企业可能会因为价格下跌而反悔，从而使得其买进的 300 吨玉米无法转售出去，则其会在 7 月预先卖出 8 月交割的 300 吨玉米的 1 个月玉米期货合约，成功地锁定了未来售出玉米时的价格，从而避免了因市场价格波动带来的无法转售的风险。

当 8 月 BBB 玉米加工制造企业依照合同购进了 AAA 玉米储运商 300 吨的玉米后，BBB 玉米加工制造企业需要在 6 个月内对玉米进行深加工，并于第二年的 1 月向市场提供玉米深加工的部分产品，在这期间，若玉米市场价格因进口的同品种玉米价格大跳水而迅速下跌，则其以玉米为原材料的深加工产品将会被迫在市场上降价销售，从而严重影响 BBB 玉米加工制造企业的利润。因而 BBB 玉米加工制造企业可能在 8 月预先卖出了第二年 1 月后交割的 300 吨玉米的多个玉米期货合约，锁定因库存原料价格下跌可能导致的利润损失。在上述例子中，基于玉米的深加工产品的原材料供应、转售和生产，产生多个卖出套期保值交易操作。

第一是玉米农场的卖出套期保值：

```
# 载入所需的库
library(dplyr)
# 初始化参数
current_spot_price <- 1000  # 5 月的现货价格,单位:元/吨
expected_spot_price_august <- current_spot_price * 0.7  # 8 月预期的现货价格
contract_size <- 300  # 合约规模,单位:吨
futures_contract_multiplier <- 100  # 期货合约乘数,单位:吨/手
number_of_contracts <- contract_size / futures_contract_multiplier  # 需要的期货合约手数
# 5 月卖出期货合约
futures_price_may <- current_spot_price  # 5 月期货价格假设与现货价格相同
futures_profit_per_ton <- 0
# 8 月现货和期货价格变动
spot_price_august <- expected_spot_price_august  # 8 月现货价格
futures_price_august <- spot_price_august  # 8 月期货价格假设与现货价格相同
# 计算期货合约的盈亏
```

```
futures _ profit _ per _ ton < - (futures _ price _ may - futures _ price _ august) * futures _ contract _ multiplier
total _ futures _ profit < - futures _ profit _ per _ ton * number _ of _ contracts
# 计算现货市场的售出成本
spot _ sale _ cost _ may < - current _ spot _ price * contract _ size
spot _ sale _ cost _ august < - spot _ price _ august * contract _ size
# 计算套期保值后的总成本
hedged _ total _ cost < - spot _ sale _ cost _ august - total _ futures _ profit
# 打印套期保值结果
cat("卖出套期保值结果\n")
cat(" ------------------ \n")
cat("5 月现货价格:", current _ spot _ price, "元/吨\n")
cat("8 月预期现货价格:", expected _ spot _ price _ august, "元/吨\n")
cat("8 月实际现货价格:", spot _ price _ august, "元/吨\n")
cat("5 月期货价格:", futures _ price _ may, "元/吨\n")
cat("8 月期货价格:", futures _ price _ august, "元/吨\n")
cat("期货合约盈利:", total _ futures _ profit, "元\n")
cat("5 月现货售出成本:", spot _ sale _ cost _ may, "元\n")
cat("8 月现货售出成本:", spot _ sale _ cost _ august, "元\n")
cat("套期保值后总成本:", hedged _ total _ cost, "元\n")
```

第二是 AAA 玉米储运商:

```
# 载入所需的库
library(dplyr)
# 初始化参数
# 假设 7 月现货价格为每吨 1000 元
spot _ price _ july < - 1000
# 假设 8 月现货价格下跌到 7 月的 90%
spot _ price _ august < - spot _ price _ july * 0.9
# 玉米数量
corn _ quantity < - 300
# 期货合约乘数,假设每手为 10 吨
futures _ contract _ multiplier < - 10
# 计算需要的期货合约手数
number _ of _ contracts < - corn _ quantity / futures _ contract _ multiplier
# 7 月卖出期货合约
```

```
# 假设7月期货价格与现货价格相同
futures_price_july <- spot_price_july
# 8月现货价格下跌
# 假设8月期货价格与现货价格相同
futures_price_august <- spot_price_august
# 计算期货合约的盈亏
futures_profit_per_ton <- (futures_price_july - futures_price_august)
total_futures_profit <- futures_profit_per_ton * corn_quantity
# 打印套期保值结果
cat("AAA 玉米储运商卖出套期保值结果\n")
cat(" ------------------- \n")
cat("7 月现货价格:", spot_price_july, "元/吨\n")
cat("8 月现货价格:", spot_price_august, "元/吨\n")
cat("7 月期货合约卖出价格:", futures_price_july, "元/吨\n")
cat("8 月期货合约买入平仓价格:", futures_price_august, "元/吨\n")
cat("期货合约每吨盈利:", futures_profit_per_ton, "元/吨\n")
cat("总期货合约盈利:", total_futures_profit, "元\n")
```

第三是 BBB 玉米加工制造企业:

```
# 载入所需的库
library(dplyr)
# 初始化参数
# 8 月现货价格
spot_price_august <- 1000  # 单位:元/吨
# 第二年 1 月预期现货价格下跌
expected_spot_price_january <- spot_price_august * 0.8
# 玉米数量
corn_quantity <- 300  # 单位:吨
# 期货合约乘数,假设每手为 10 吨
futures_contract_multiplier <- 10
# 计算需要的期货合约手数
number_of_contracts <- corn_quantity / futures_contract_multiplier
# 8 月卖出期货合约
# 假设 8 月期货价格与现货价格相同
futures_price_august <- spot_price_august
# 第二年 1 月现货价格下跌
```

```
# 假设第二年 1 月期货价格与现货价格相同
futures_price_january <- expected_spot_price_january
# 计算期货合约的盈亏
futures_profit_per_ton <- (futures_price_august - futures_price_january) * futures_contract_multiplier
total_futures_profit <- futures_profit_per_ton * number_of_contracts
# 打印套期保值结果
cat("BBB 玉米加工制造企业卖出套期保值结果\n")
cat("------------------\n")
cat("8 月现货价格:", spot_price_august, "元/吨\n")
cat("第二年 1 月预期现货价格:", expected_spot_price_january, "元/吨\n")
cat("8 月期货合约卖出价格:", futures_price_august, "元/吨\n")
cat("第二年 1 月期货合约买入平仓价格:", futures_price_january, "元/吨\n")
cat("期货合约每吨盈利:", futures_profit_per_ton, "元/吨\n")
cat("总期货合约盈利:", total_futures_profit, "元\n")
```

（三）优点和代价

1. 优点

第一，通过实施卖出套期保值策略，投资者可以有效地规避未来现货市场价格下跌所带来的潜在风险。具体来说，卖出套期保值是指在期货市场上进行反向操作，以锁定未来某一时间点的卖出价格，从而减少价格波动对投资组合的负面影响。例如，在股指期货的卖出交易中，某私募基金通过卖出套期保值部分合约，能成功规避股市可能出现的下跌风险对其封闭式基金的投资者造成的损失。这一策略在商品期货市场中同样适用，其核心原理是通过期货合约来对冲现货市场的价格波动，确保投资者能够在不利市场条件下保持相对稳定的收益。

第二，通过实施卖出套期保值策略，部分生产经营企业能够更好地按照原先的经营计划进行操作。这些企业可以通过强化管理、认真组织货源，顺利落实并完成销售计划。例如，在加工型企业的生产经营过程中，原材料和产品都面临着市场价格风险。当原材料价格高企时，公司可以通过提前卖出高价产品来锁定正常的加工利润。这样一来，企业不仅能够避免因市场价格波动带来的潜在损失，还能够确保在原材料价格高企的情况下，通过卖出套期保值策略来稳定自身的经营状况。通过这种方式，企业可以更好地应对市场波动，确保生产经营的稳定性和可持续性。

第三，通过执行卖出套期保值策略，与买入套期保值策略相似，部分生产经营企业能够更早且更顺畅地签订现货合同。企业由于进行了卖出保值操作，便无须忧虑对方要求以未来交货时的现货价格作为实际成交价格。这是因为，在价格呈现下跌趋势的市场中，企业通过卖出保值，能够利用期货市场的盈利来补偿现货价格下跌所导致的损失。相反地，若市场价格上涨，企业则有机会在现货市场上以更高的价格出售，即便期货市场上出现亏损，该企业依然能够顺利地完成其销售计划。

2. 代价

与采用买入套期保值策略相似，卖出套期保值策略同样伴随着一定的成本，这种成本主要体现在保值者放弃了未来市场价格上涨时可能获得的更高利润。具体来说，在前述案例中，如果指数并未如预期般下跌而是上涨，那么未采取期货保值操作的私募基金就可以享受到股市上扬带来的收益。然而，一旦实施了卖出套期保值，保值者便无法获得股市上涨的潜在收益。这种潜在收益的丧失，实际上就是卖出套期保值策略的成本所在。尽管如此，卖出套期保值仍然是一种有效的风险管理工具，可以帮助投资者在面临价格下跌风险时，锁定当前的利润或减少潜在的损失。因此，在决定是否采用卖出套期保值策略时，投资者需要权衡其成本与潜在收益，以作出明智的决策。

（四）举例说明

2024 年 4 月 29 日，沪深 300 指数经过多日小幅上涨至 3635 点左右，某私募基金持有一股票组合，市值为 5000 万元。由于不看好后市，担心股市下跌导致股票组合价值损失，于是卖出了 68 手 IF2405 合约，成交价 3634 点。

3 个月后的 2024 年 7 月 29 日，沪深 300 指数跌至 3384 点，与 2024 年 4 月 29 日相比，下跌了 251 点，跌幅达到 7.41%。而 IF2405 合约则跌至 3397 点左右，该私募将原先卖出的 68 手 IF1405 合约平仓，平仓价格为 3402 点。由于该私募的股票组合与沪深 300 指数代表的股票有所不同，市值损失了 400 万元，但在股指期货上赚了（3634 − 3402）×300 ×68 = 4732800 元。

具体程序设计如下：

```
# 定义初始参数
# 股票组合市值
portfolio_value <- 50000000  # 单位:元
# 股指期货合约乘数
contract_multiplier <- 300  # 单位:元/点
# 卖出的股指期货合约手数
futures_contracts_sold <- 68
# 2024 年 4 月 29 日沪深 300 指数和 IF2405 合约价格
```

```
index _ price _ april _ 2024 < - 3635
futures _ price _ april _ 2024 < - 3634
# 2024 年 7 月 29 日沪深 300 指数和 IF2405 合约价格
index _ price _ july _ 2024 < - 3384
futures _ price _ july _ 2024 < - 3397
# 计算股票组合市值损失
portfolio _ loss < - portfolio _ value * 0. 0741 # 跌幅 7. 41%
# 计算股指期货合约盈亏
futures _ profit _ per _ contract < - (futures _ price _ april _ 2024 - futures _ price _ july _ 2024) * contract _ multiplier
total _ futures _ profit < - futures _ profit _ per _ contract * futures _ contracts _ sold
# 打印套期保值结果
cat("套期保值结果\n")
cat(" -------------------- \n")
cat("股票组合市值:", portfolio _ value, "元\n")
cat("股票组合市值损失:", portfolio _ loss, "元\n")
cat("2024 年 4 月 29 日沪深 300 指数:", index _ price _ april _ 2024, "点\n")
cat("2024 年 4 月 29 日 IF2405 合约价格:", futures _ price _ april _ 2024, "点\n")
cat("2024 年 7 月 29 日沪深 300 指数:", index _ price _ july _ 2024, "点\n")
cat("2024 年 7 月 29 日 IF2405 合约平仓价格:", futures _ price _ july _ 2024, "点\n")
cat("股指期货合约每手盈利:", futures _ profit _ per _ contract, "元\n")
cat("总股指期货合约盈利:", total _ futures _ profit, "元\n")
```

从该例子可以看出，虽然该私募的股票组合市值因为股票下跌而减少了 400 万元，但通过卖出股指期货合约进行的卖出套期保值策略，该私募在期货市场上赚回了 473. 28 多万元，这笔盈利完全覆盖了股票组合上的损失，从而规避了股票价格下跌所带来的风险。

三、交割

（一）交割与是否套期保值无关

在期货市场这个充满波动和不确定性的领域中，每一个上市的合约都有一个明确的终止日期。这意味着，一旦合约的最后交易日到来并结束，所有持有该合约头寸的交易者都必须按照规定履行交割程序。在商品期货交易的实践中，通常采用的是实物交割的方式，即交易者需要交付或接收实际的货物来完成交易。值得注意的是，交割行为本身与交易者是否属于套期保值者并无直接的关联。

套期保值者参与期货市场的根本目的是利用期货价格与现货价格之间的同步变动关系，来规避现货市场价格在持有期货合约期间可能出现的波动风险。他们通过在期货市场上建立与现货市场相反的头寸，从而锁定未来买卖商品的价格，达到风险对冲的效果。在大多数情况下，套期保值者在实现对冲目标后，会选择平仓来结束套期保值操作，而不是进入实物交割阶段。因此，我们不能仅因为他们没有进入交割阶段就否定他们作为套期保值者的身份。实际上，套期保值者的主要目的是通过期货市场来规避现货市场的价格风险，而不是真正参与实物交割。他们的操作更多地体现在对冲风险上，而非实际的商品交易。

（二）交割风险

由于套期保值者在最后需要选择交割，理论上，期货价格在到期时应与现货价格趋于一致，即基差应接近零，表现出收敛性。然而，在实际操作中，这可能会出现一些偏差。例如，在某些特定情况下，由于市场流动性不足、套期保值双方力量悬殊，或存在逼仓现象，期货价格可能最终拒绝与现货价格收敛或接近，导致基差不仅未缩小，反而可能扩大。

在这些情况下，套期保值者可能会发现，选择交割比不交割更能实现套期保值的目的。因而套期保值者需要承担一定的交割风险，尤其是在交割过程中可能出现的物流、仓储和质量检验等方面的问题。此外，套期保值者还需要关注交割品的质量问题。为了避免在交割过程中因质量问题而产生纠纷，套期保值者应确保交割品符合期货合约规定的标准。在某些情况下，套期保值者还可能面临交割地点的选择问题。由于不同地区的交割成本和便利性存在差异，套期保值者需要根据自身实际情况，选择最合适的交割地点。例如，如果交割品体积较大或运输成本较高，套期保值者可能会选择在离生产地较近的交割地点进行交割，以降低交割成本。在实际操作中，套期保值者应密切关注市场动态，灵活应对各种可能出现的情况，以确保交割过程的顺利进行。

第三节　最优套保比率的计算

一、套保比率计算基础

（一）期现联动关系

尽管现货市场与期货市场各自独立运作，但鉴于特定商品的期货价格与现货价格在相同的市场环境下，会受到相同的经济因素影响和制约，通常情况下，这两个市场的价格变动趋势应当保持一致。套期保值之所以能有效规避价格风险，其原理与期货和现货价格之间所呈现的两个基本特征紧密相关。这两个特征包括：同种商品的期货价格和现货价格的走势基本保持一致；随着期货合约到期日的临近，期货价格与现货价格趋向于一致，即表现出收敛性。

（二）期现价格收敛

1. 一般性描述

在商品期货交易中，通常规定合约到期时必须进行实物交割。在交割时，若期货价格与现货价格存在差异，例如期货价格高于现货价格，套利者会采取买入低价现货并卖出高价期货的策略，通过在期货市场上以高价出售低价购入的现货，无风险地实现盈利。相反，若期货价格低于现货价格，需要该商品的现货商则会在期货市场上以低价买入，或者用于自用，或者在现货市场以高价卖出。从理论上讲，这种套利交易最终将促使期货价格与现货价格趋于一致。在金融期货交易中，存在采用现金交割方式的（如股指期货），其交割价格的确定以现货价格为基准，这实际上强制期货价格与现货价格收敛。正是这些交割制度的存在，确保了现货市场与期货市场价格在期货合约到期日临近时，趋向于一致。

2. 举例说明

```
# 安装并加载所需的包
install.packages("quantmod")
install.packages("urca")
library(quantmod)
library(urca)
# 收集数据(这里使用模拟数据示例)
# 假设已经有了棉花期货和现货的收盘价数据
getSymbols("CottonFutures", src = "FRED")
getSymbols("CottonSpot", src = "FRED")
futures_prices <- c(100, 102, 101, 105, 103)  # 模拟期货价格
spot_prices <- c(95, 99, 98, 101, 100)  # 模拟现货价格
# 数据预处理
futures_prices <- as.numeric(futures_prices)
spot_prices <- as.numeric(spot_prices)
# 协整检验
coint_result <- cointtest(futures_prices, spot_prices, test = "eg")
```

```
# 打印协整检验结果
print( coint _ result)
# 如果存在协整关系,建立协整模型
if ( coint _ result $p. value  <  0. 05) {
vec _ model  < -  vec( futures _ prices  ~  lag( futures _ prices,  1)  +  lag( spot _ prices,  1) )
print( summary( vec _ model) )
# 计算对冲比率
hedge _ ratio  < -  coef( vec _ model) [ "spot _ prices" ] / coef( vec _ model) [ "futures _ prices" ]
# 构建对冲模型
hedge _ positions  < -  ( spot _ prices  -  hedge _ ratio  *  futures _ prices)
# 套利策略
# 当期货价格高于现货价格时
if ( futures _ prices  >  spot _ prices) {
# 买入现货,卖出期货
}
# 当期货价格低于现货价格时
if ( futures _ prices  <  spot _ prices) {
# 买入期货,卖出现货或自用
}
# 打印对冲比率和对冲位置
print( hedge _ ratio)
print( hedge _ positions)
} else {
print( "不存在协整关系,无法构建对冲模型。" )
}
```

二、套保力度

(一) 如何衡量套保力度

1. 一般性描述

在套期保值的原则中，存在“等量对应”的要求。鉴于期货市场固有的风险以及套期保值可能带来的盈利机会丧失，企业应依据自身的实际状况及风险承受限度，对套保的数量进行适当的调整。这表明套保比率是具有可计算性的。该套保比率，也称作保值力度，是指企业参与保值操作的数量与企业消耗量（对于消费型企业而言）或产量（对于生产型企业而言）之间的百分比关系。保值力度的数值范围介于 0 至 100 之间，其中 0 代表“不进行保值”，而 100 则表示“完全保值”。若保值力度超过 100，则表明存在“过度保值”的情形。由于过度保值的部分相当于投机行为，因此，从事套期保值的企业必须避免出现“过度保值”的问题。

2. 举例说明

套保力度的计算公式如下：

套保力度 =（期货交易数量 ÷ 生产经营商品数量）× 100%

其中，期货交易数量是指企业在期货市场上进行套期保值操作的期货合约数量；生产经营商品数量是指企业在实际生产经营过程中所涉及的商品数量。套保力度是衡量企业套期保值效果的重要指标。通过对套保率的计算和分析，企业可以更好地了解其套期保值策略的实施情况，从而调整策略，降低企业经营风险。

首先定义了需要保值的总价值和保值部分的价值。然后，计算保值力度，即将保值部分的价值除以需要保值的总价值，再乘以 100 得到百分比。接着判断保值力度是否超过 100，如果超过，则表明存在过度保值的情形。

```
# 定义初始参数
# 需要保值的总价值
total_value_to_hedge <- 50000000  # 单位:元
# 保值部分的价值
hedged_value <- 4732800  # 单位:元
# 计算保值力度
hedging_intensity <- (hedged_value / total_value_to_hedge) * 100
# 判断是否存在过度保值
if (hedging_intensity > 100) {
over_hedging <- TRUE
message("存在过度保值情形。")
} else {
over_hedging <- FALSE
message("保值力度适当,没有过度保值。")
}
# 打印保值力度
cat("保值力度为:", hedging_intensity, "% \n")
# 打印过度保值判断结果
if (over_hedging) {
cat("注意:保值力度超过 100%,存在投机行为。\n")
} else {
```

```
cat("保值力度在合理范围内。\n")
```

(二) 最优保值力度

1. 一般性描述

一般而言，不同企业保值力度的设定，主要取决于企业决策层。通常情况下，50%的力度可以考虑作为一个经常的立足点，而数量增减与调整可以根据不同的市况进行。比如，对需要销售该品种的企业而言，当后市发展比较乐观或在牛市中，可以考虑压缩到1/3；当后市比较悲观或熊市中，可以考虑增大到80%乃至更多。反之，对需要采购该品种的企业而言，当后市发展比较乐观或在牛市中，可以考虑增加保值力度；当后市比较悲观或熊市中，可以考虑压缩保值力度。总之，既要考虑企业经营的稳定性，又要考虑企业经营的灵活性。对于刚进入期货市场进行套期保值的企业，考虑到经验不足，将保值力度控制在更低一些的水平，也是正常的。

2. 举例说明

以上述棉花期货为例，本节将构建一个目标函数，该函数考虑了交易成本、滑点、资金流动性和合约到期日等因素，并使用梯度下降算法来寻找最优的保值力度，使用梯度下降方法模拟的企业最优保值力度是一个优化问题，其中目标是最小化保值成本和风险。

首先定义了一个目标函数，该函数计算了在给定保值力度下的总成本和风险。然后设置了一些初始参数，包括当前的现货和期货价格、交易成本、滑点、资金流动性和合约到期日风险。其次，使用 gradientDescent 包中的梯度下降函数来寻找最小化目标函数的保值力度。

```
# 安装并加载所需的包
install.packages("gradientDescent")
library(gradientDescent)
# 定义目标函数:最小化保值成本和风险
# 假设有以下成本和风险函数
cost_function <- function(hedging_intensity, current_price, future_price, transaction_costs, slippage, liquidity, maturity) {
  # 保值力度的数值范围介于0至100之间
  penalty <- (hedging_intensity - 50)^2  # 以50为基准,偏差的平方作为惩罚项
  # 交易成本
  transaction_cost <- transaction_costs * hedging_intensity / 100
  # 滑点成本
  slippage_cost <- slippage * (future_price - current_price) * hedging_intensity / 100
```

```
# 资金流动性成本
liquidity _ cost < - liquidity * (1 - hedging _ intensity / 100)
# 合约到期日风险
maturity _ risk < - maturity * (1 - hedging _ intensity / 100)^2
# 总成本和风险
total _ cost < - penalty + transaction _ cost + slippage _ cost + liquidity _ cost + maturity _ risk
return( total _ cost)
}
# 初始参数
current _ price < - 100  # 当前现货价格
future _ price < - 105  # 当前期货价格
transaction _ costs < - 0.01  # 交易成本比例
slippage < - 0.02  # 滑点比例
liquidity < - 0.05  # 资金流动性成本比例
maturity < - 0.03  # 合约到期日风险比例
# 初始保值力度
initial _ hedging _ intensity < - 50
# 梯度下降参数
learning _ rate < - 0.01
iterations < - 1000
decrease _ threshold < - 1e - 6  # 收敛阈值
# 梯度下降算法
optimal _ hedging _ intensity < - gradientDescent(
initial _ value = initial _ hedging _ intensity,
iterations = iterations,
learning _ rate = learning _ rate,
cost _ function = cost _ function,
gradient _ function = function( x) {
# 计算成本函数的梯度
cost < - cost _ function( x, current _ price, future _ price, transaction _ costs, slippage, liquidity, maturity)
gradient < - -2 * (x - 50)  # 仅考虑惩罚项的梯度,实际情况需要计算总梯度
return( gradient)
},
decrease _ threshold = decrease _ threshold
```

```
)
# 打印最优保值力度
cat("最优保值力度为:", optimal_hedging_intensity, "%\n")
```

三、最优套保比率

（一）如何衡量套保比率

套期保值比率（Hedge Ratio）是指为了规避固定收益债券现货市场风险，套期保值者在建立交易头寸时所确定的期货合约的总价值与所保值的现货合同总价值之间的比率。确定合适的套期保值比率是减少交叉套期保值风险，达到最佳套期保值效果的关键。举例来说，某原油生产商拥有价值100万元的原油库存，该生产商在期货交易所卖空了价值60万元原油期货用来减小库存的价格风险，那么套期保值比率就为60万元/100万元=0.6。

套期保值比率是用于套期保值的期货合约头寸与被套期保值的资产头寸的比例。具体公式为：

$$H = \frac{VAR_u - VAR_d}{VAR_u} \tag{1}$$

其中，u 和 d 分别为套保前后组合日度收益率。

（二）最优套保比率

1. 一般性描述

假设套保者的目的是使期现套保组合的价值变化最小，也就是价格风险波动最小化，如果用方差来衡量风险的话，就可以采用期现套保组合的最小方差策略来确定最优套期保值比率（Optimal HR，OHR）。最优套保比率的标准为进行套保后投资组合日度收益的方差的减小程度，即期现货投资组合收益率方差最小所得到的套保比率，就是风险最小化套保比率。对最优套期保值比率的研究有助于挖掘期现货的波动特征。其中常见的确定合约的方法有基点价值法、各种修正基点价值法。

根据期货的定价公式可知，期货的基点价值约等于最便宜可交割现货的基点价值/转换因子，所以基点价值法公式为：

$$H = \frac{\text{现货组合基点价值}}{\text{期货合约基点价值}} \tag{2}$$

修正基点价值法主要是基于不同的假设进行的。如使用OLS法进行基点价值修正，假设不同期限的期货和现货收益率的波动率有区别，变化幅度不同，为了改进对期限不一的套保的效果，可以在基点价值法的基础上引入 β 系数进行调整，调整的套保比率等于基点价值法简单套保比率乘以 β。β 为现货组合的 R_{pt} 和期货合约的 R_{Ft} 进行 OLS 回归的系数，具体公式为：

$$R_{pt} = \alpha + \beta R_{Ft} + \varepsilon_t \quad (3)$$

或者使用误差修正模型（ECM 模型），控制现货价格和期货价格之间存在的协整关系之后，再对套保比率计算，具体公式为：

$$\Delta \ln R_{pt} = lagged(\Delta \ln R_{pt}, \Delta R_{Ft}) + \lambda \mu_{t-1} + \varepsilon_t \quad (4)$$

其中，μ_{t-1} 是非均衡误差项或者说是长期均衡偏差项，λ 是短期调节参数，滞后阶数可以由 AIC、BIC 法则来确定。

2. 举例说明

以沪深 300 股指期货举例，使用如下四种方式计算套保比率：

（1）OLS 模型：使用 lm 函数建立现货和期货价格之间的线性关系模型。

（2）ECM 模型：如果存在协整关系，使用 urca 包中的 vec 函数建立误差校正模型。

（3）GARCH 模型：使用 rugarch 包建立 GARCH 模型来分析时间序列的波动性。

（4）ECM – GARCH 模型：结合 ECM 和 GARCH 模型，使用 rugarch 包中的函数来建立考虑波动性的套期保值模型。

以下是 R 程序设计：

```
# 安装并加载所需的包
install.packages(c("quantmod", "urca", "rugarch"))
library(quantmod)
library(urca)
library(rugarch)
# 收集数据
getSymbols("000300.SH", src = "yahoo")  # 沪深 300 指数现货数据
futures_data <- getSymbols("IF0000.SS", src = "yahoo")  # 沪深 300 股指期货数据
# 假设我们已经有了现货和期货的数据
spot_data <- Cl(spot_data)  # 现货收盘价
futures_data <- Cl(futures_data)  # 期货收盘价
# 数据预处理
# 这里需要确保现货和期货数据同步,例如,去除期货合约换月的日期等
# 协整检验
coint_result <- cointtest(spot_data, futures_data, type = "engle-granger")
```

```
# 如果存在协整关系,进行 OLS 回归
if (coint_result$p.value < 0.05) {
ols_model <- lm(futures_data ~ spot_data)
# 打印 OLS 模型结果
summary(ols_model)
# 计算套期保值比率
hedge_ratio_ols <- coef(ols_model)["spot_data"]
# ECM 模型
vec_model <- vec(futures_data ~ lag(futures_data, 1) + lag(spot_data, 1))
# 打印 VEC 模型结果
summary(vec_model)
# 计算 ECM 套期保值比率
hedge_ratio_ecm <- coef(vec_model)[2]  # 这里假设系数是第二个参数
# GARCH 模型
garch_fit <- ugarchfit( ~ garch(1, 1), data = diff(log(futures_data)))
# 打印 GARCH 模型结果
summary(garch_fit)
# 计算 ECM - GARCH 套期保值比率
# 这里需要结合 ECM 和 GARCH 模型,可能需要自定义函数或使用其他方法
# 由于 ECM - GARCH 模型较为复杂,这里不提供具体实现
}
# 打印结果
list(
Hedge_Ratio_OLS = hedge_ratio_ols,
Hedge_Ratio_ECM = hedge_ratio_ecm
# Hedge_Ratio_ECM_GARCH 需要自定义计算
)
```

本章小结

本章深入探讨了套期保值在期货交易中的核心功能，包括避险和价格发现。避险功能通过期货市场的套期保值操作，帮助企业规避现货市场价格波动带来的风险，而价格发现功能则通过期货价格的变动，为企业提供市场趋势的预测。同时，本章强调了套期保值的四项基本原则：交易方向相反、商品种类相同、数量相等或

相近、交易月份相同或相近，这些原则是确保套期保值效果的关键。

本章介绍了多种套期保值策略，包括买入套期保值和卖出套期保值，并讨论了它们适用的不同场景和潜在的风险与成本。通过具体案例，如棉花期货和沪深 300 股指期货，本章展示了如何使用 R 语言进行套期保值比率的计算和模拟。此外，本章还探讨了最优套期保值比率的确定方法，包括 OLS、ECM、GARCH 等模型的应用，以及如何使用梯度下降算法寻找最优保值力度。

本章最后讨论了套期保值在实际操作中可能遇到的挑战，如交割风险和保值力度的确定，强调了在实施套期保值策略时，企业需要根据自身的风险承受能力和市场状况，灵活调整保值力度，并避免过度保值。同时，本章指出了套期保值者在期货合约到期时可能面临的交割问题，并提出了相应的风险管理措施。通过本章的学习，读者应能够理解套期保值的重要性，掌握其基本原则和策略，并学会在 R 语言中实现套期保值的计算和模拟。

课后习题

1. （难度级别：低）问题描述：解释套期保值中的“交易方向相反原则”，并给出一个简单的实例来说明这一原则。

要求：

（1）简述“交易方向相反原则”的含义。

（2）举例说明如何在现货市场和期货市场进行相反方向的交易来实现套期保值。

2. （难度级别：低）问题描述：如果一个农场主担心未来玉米价格上涨，他应该采取买入套期保值还是卖出套期保值？解释你的选择。

要求：

（1）解释买入套期保值和卖出套期保值的区别。

（2）根据农场主的情况，选择适当的套期保值策略并说明理由。

3. （难度级别：低）问题描述：简述套期保值中“商品种类相同原则”的重要性，并举例说明如何选择合适的期货合约进行套期保值。

要求：

（1）讨论“商品种类相同原则”在套期保值中的作用。

（2）举例说明如何选择与现货商品相匹配的期货合约。

4. （难度级别：中）问题描述：使用 R 语言，根据给定的现货价格和期货价格数据，编写一个函数来计算并输出套期保值比率。

要求：

（1）编写一个 R 函数，接受现货价格和期货价格作为输入参数。

（2）计算并返回套期保值比率。

5.（难度级别：中）问题描述：假设你是一家制造企业的财务经理，需要对公司的原材料采购成本进行套期保值。请描述你将如何使用 R 语言来模拟并优化套期保值策略。

要求：

（1）描述套期保值策略的选择过程。

（2）说明如何使用 R 语言进行模拟和优化。

6.（难度级别：中）问题描述：讨论在实施套期保值策略时，如何衡量和控制过度保值的风险。

要求：

（1）解释过度保值的概念及其风险。

（2）提出衡量和控制过度保值风险的方法。

7.（难度级别：中）问题描述：使用 R 语言，模拟一个企业在不同市场情况下的最优套期保值策略，并分析其对企业财务状况的影响。

要求：

（1）编写一个 R 程序，模拟不同市场情况下的套期保值策略。

（2）分析并讨论这些策略对企业财务状况的潜在影响。

8.（难度级别：中）问题描述：研究并解释在套期保值中，为什么说“交割风险”和“保值力度”是企业需要特别关注的两个方面。

要求：

（1）讨论“交割风险”在套期保值中的含义及其对企业的影响。

（2）解释“保值力度”的概念，以及如何确定合适的保值力度。

第五章　套利交易

第一节　套利风险管理

一、什么是套利

（一）套利的定义

套利交易是一种市场策略，涉及市场参与者利用两个相同或高度相关的资产之间暂时出现的价格差异进行同时买入和卖出的操作。这种操作通常涉及在不同的市场或不同的金融工具之间寻找并利用价格差异，以期在价格差异缩小或消失时实现利润。进行套利的资产必须相同或具有高度相关性，因为这类资产在价格变动上表现出相似性，它们之间的价格差异不仅能够被识别和理解，而且在市场实际运行中，这些差异通常围绕一个平均值波动。

套利者通过这种策略，能够在不同市场或金融工具之间发现并利用这些暂时性的价格差异，从而在价格差异缩小或消失时通过执行相反的交易来实现利润。这种策略的成功依赖于市场参与者对价格差异的敏锐观察和快速反应，以及对市场运行机制的深刻理解。

（二）套利的分类

从时间维度来分析，套利行为通常涉及两个相同或具有高度相关性的资产，这些资产在同一交易所内同一品种的不同交割月份的期货合约之间存在价格差异。这种类型的套利活动通常被称为跨期套利（Calendar Spread）或跨时间套利（Time Spread）。具体来说，跨期套利是指投资者利用同一品种在不同交割月份的期货合约之间的价格差异进行交易，以期在合约到期时获得无风险利润。

从空间维度来观察，套利活动可以分为三种主要类型：期现套利、跨市套利和跨品种套利。期现套利是指投资者同时在期货市场和现货市场上进行交易，利用两个市场之间的价格差异来获取利润，这种套利方式通常涉及将期货合约与相应的现货资产进行对冲，以实现无风险利润。跨市套利则是指投资者在不同的交易所之间进行套利活动，利用不同市场之间的价差来获取利润，这种价差通常是由于市场分割、信息不对称或交易成本差异等因素造成的。跨品种套利则是指投资者利用不同但相互关联的商品之间的价格差异进行交易，这种套利活动既可以在同一市场内进行，也可以在不同市场之间进行。跨品种套利的关键在于识别和利用不同商品之间的关联性，从而在价格波动中寻找套利机会。

（三）套利的关注点

1. 更关注相对价差

在套利交易过程中，交易者主要关注的是相同或相关资产间的价格差异，而非资产的绝对价格水平。他们倾向于购入那些被评估为“低估”的资产或合约，并同时出售等额的被评估为“高估”的资产或合约。不论这些资产或合约的价格在后续市场中是急剧上升还是下降，交易者总是在一端遭受损失而在另一端获得收益。若收益超过损失，表明相对价差的变化对交易者有利，从而能够实现套利利润；反之，若损失超过收益，说明相对价差的变化对交易者不利，导致套利亏损。在极端情况下，价格变动可能导致原本“低估”的资产价格进一步下跌，而原本“高估”的资产价格却上升，这将使得亏损进一步扩大。

2. 价位观更关注“利”

从结构上分析，期现套利与套期保值在操作模式上存在诸多相似之处。例如，两者均涉及在两个市场中进行操作，均采取相反方向的交易策略，均保持交易数量的等量，并且均要求交易时间上的同步性。然而，在价格取向方面，套利交易更侧重于“盈利”，这与套期保值的目的存在本质上的差异。套利交易仅在发现潜在利润时才会被执行，而套期保值的核心目的在于“保值”，即通过期货交易来规避风险，具有其内在的必要性。以卖期保值为例，其出发点是当前无现货，但未来将拥有现货，出于对未来价格下跌的担忧而选择卖出期货。即便当前期货价格低于现货价格，卖期保值者仍会进行期货交易以实现保值目的。相对地，期现套利者在完成一次交易后，将同时持有现货和期货头寸，从而锁定了两者之间的价差。对于期现套利者而言，在期货价格低于现货价格的情况下买入现货并卖出期货是完全不可取的。

二、套利的作用

套利交易是一种风险较低的投机行为，其核心关注点在于价格差异的变动。该交易方式对期货市场的平稳运作发挥着积极且重要的影响。

（一）价格发现

套利交易在价格发现机制的有效运作中扮演着至关重要的角色。尽管从本质上讲，相同或相关资产的价格趋势应该是一致的，但由于地理位置、时间差异或其他各种复杂因素的影响，这些资产之间仍然可能存在一些独立的变动因素。这些因素会导致非正常的价差出现，进而使得资产价格之间的关系出现混乱或扭曲。套利者对这种价差变化非常敏感，一旦他们察觉到异常的价格差异，便会迅速采取行动，介入进行套利活动。

当价差扩大时，这往往会激发套利者更高的积极性，吸引更多参与者加入这场“套利盛宴”。这种行为在客观上有助于推动各种价格关系回归正常，即对市场价格进行矫正。套利者通过买入被低估的资产和卖出被高估的资产，逐步消除这些非正常的价差，从而使价格关系恢复正常。这对于市场形成更为公正和合理的价格体系具有显著的积极影响。

通过套利交易，市场参与者能够更好地发现和利用价格信息，提高市场的整体效率。套利活动不仅有助于消除价格扭曲，还能促进市场流动性的提升，使得其他投资者能够更容易地进行交易。此外，套利交易的存在还能够增强市场的稳定性，减少由于价格失真所导致的市场波动。因此，套利交易在维护市场健康运行方面发挥着不可或缺的作用。

（二）增加流动性

套利活动在金融市场中扮演着至关重要的角色，尤其是在提升市场流动性方面。通过利用不同市场或不同金融工具之间的价格差异，套利者能够为市场注入新的活力，从而促进期货市场的交易量显著增长。这种增长不仅增强了期货交易的活跃性，还发挥了市场“润滑剂”和“稳定器”的功能。套利活动的存在有助于消除或减轻市场中的垄断势力，确保交易者能够顺畅地进出市场，同时也为套期保值操作的顺利进行提供了有力支持。

市场流动性的提升具有多方面的积极影响。首先，它加速了价格的均值回归过程，使得资产的真实价值能够更有效地反映在市场价格中。其次，市场流动性的提升减少了交易者之间的信息不对称，从而降低了交易成本。信息不对称的减少使得市场参与者能够更加公平地获取信息，进而作出更为明智的投资决策。此外，交易成本的降低进一步提升了市场的整体效率，使得资源配置更加合理，市场运行更加顺畅。

在这些方面，套利活动均发挥了不可忽视的正面作用。通过不断寻找和利用市场中的价格差异，套利者不仅为自己创造了利润，也为整个市场带来了更多的流动性和稳定性。这种良性循环有助于构建一个更加健康和高效的金融市场环境。

三、交易优惠和交易指令

（一）交易优惠

1. 基本概念

鉴于套利交易在价格发现和提升市场流动性方面发挥着关键作用，并且对于市场效率的增进具有积极影响，全球多数交易所均对套利交易采取了优惠政策。这些优惠政策主要表现在征收较低的保证金、较低的交易费用，以及专门设立套利交易专用通道等方面。

在交易优惠方面，主要体现为较低的保证金和交易手续费的征收。例如，上海期货交易所针对期货对锁和期货跨期套利，实行盘中及盘后单边保证金的自动收取政策。不论是否发出套利指令，套期保值和锁定指令均可享受单边保证金的减免，但此优惠仅限于跨期套利。中国金融期货交易所的套利交易与单向保证金制度规定，投资者持有两份不同方向的持仓时，只需支付其中一方的保证金。

郑州商品交易所和大连商品交易所则为提前向期货公司申报的套利组合指令提供优惠。郑州商品交易所规定，期货对锁在盘中和盘后自动收取单边保证金，并对期货跨期套利给予即期套利的优惠。大连商品交易所则允许在盘中向交易所提交组合申请，盘中自动收取单边保证金，并在结算时，交易所会自动将客户的持仓进行组合，按照单边保证金进行结算。

2. 举例说明

举例说明，在单边买卖一张合约需要2000美元保证金的情况下，进行同品种跨月套利交易的一对买卖保证金可能只要500美元。这样，就大大节约了套利者的资金成本，使得交易者在同等资金条件下可以做更多的套利交易。同样地，在手续费收取上，交易所对套利交易者也有较大的优惠。

利用程序首先定义了不同情况下的保证金金额。其次，计算了在不选择套利指令和选择套利指令时的总保证金。再次，计算了进行同品种跨月套利交易时的总保证金以及两种情况下的资金节省额。最后，计算了选择套利指令相对于不选择套利指令时资金成本的优惠力度，并打印出所有结果。

```
# 定义基础参数
base_margin <- 4000  # 双边买卖时的保证金
arbitrage_margin <- 2000  # 选择套利指令时的单边买卖保证金
```

```
pair_arbitrage_margin <- 500  # 同品种跨月套利交易的保证金
# 假设交易者进行 n 次套利交易
n <- 10  # 套利交易对的数量
# 计算不选择套利指令时的总保证金
total_margin_without_arbitrage <- base_margin * n
# 计算选择套利指令时的总保证金
total_margin_with_arbitrage <- arbitrage_margin * n
# 如果是同品种跨月套利交易
total_margin_pair_arbitrage <- pair_arbitrage_margin * n
# 计算资金成本的节省
savings_from_arbitrage <- total_margin_without_arbitrage - total_margin_with_arbitrage
# 计算同品种跨月套利交易的资金成本节省
savings_from_pair_arbitrage <- total_margin_with_arbitrage - total_margin_pair_arbitrage
# 计算优惠力度(节省的资金占不选择套利指令时总资金的百分比)
savings_percentage <- (savings_from_arbitrage / total_margin_without_arbitrage) * 100
# 打印结果
cat("不选择套利指令时的总保证金:", total_margin_without_arbitrage, "元\n")
cat("选择套利指令时的总保证金:", total_margin_with_arbitrage, "元\n")
cat("同品种跨月套利交易的总保证金:", total_margin_pair_arbitrage, "元\n")
cat("选择套利指令节省的资金:", savings_from_arbitrage, "元\n")
cat("同品种跨月套利交易节省的资金:", savings_from_pair_arbitrage, "元\n")
cat("套利指令下资金成本的优惠力度:", savings_percentage, "%\n")
```

(二) 交易指令

1. 基本概念

在前述交易优惠条款中，存在一个核心概念——交易指令，此术语特指同时进行买入与卖出两种期货合约的指令。一旦一个指令得到执行，另一个指令随即也会被执行。即在申报套利指令时，同样要输入买卖数量和价格，不过这里的数量并非单个合约，而是成对的合约；价格也并非单个合约的价格，而是前一合约与后一合约的价格差。

此类指令涵盖跨商品套利指令、跨期套利指令以及跨市场套利指令等多种形式。在下达套利指令时，套利者可以选择不明确指定具体的买卖价格，而是以一个预设的价差来设定指令。这是因为套利者关注的并非单一期货合约的价格，而是两个相关合约之间价差的变动，这一变动增减才是决定套利交易成败的关键。此类指令可能涉及买入一个期货合约同时卖出另一个期货合约，且所涉及的合约既可以是同种商品，也可以是不同商品；交易既可以在同一市场内完成，也可以在不同市场之间进行。

2. 举例说明

国内期货市场中，郑州商品交易所和大连商品交易所都推出了自己的套利交易指令。例如，大连商品交易所规定套利交易的保证金只收两个保证金中较高的一个，交易手续费也有优惠。其交易系统用“SP”表示跨期套利交易，若指令买进“SP a2409&a2501”即代表买进“a2409”合约同时卖出“a2501”合约，买卖数量相等；若卖出“SP a2409&a2501”即代表卖出“a2409”合约同时买进“a2501”合约，买卖数量相等。交易系统用“SPC”表示跨品种套利交易，若指令买进“SPC y2409&p2409”即代表买进“y2409”合约同时卖出“p2409”合约，买卖数量相等；若卖出“SPC y2409&p2409”即代表卖出“y2409”合约同时买进“p2409”合约，买卖数量相等。

若交易者申报指令为“买进 2 手 SP a2409&a2501，限价 -500 元”，意味着前一合约价必须低于后一合约价 500 元时才能成交。下列最终成交回报都符合要求：前一合约买进成交 2 手，成交价 4481 元，后一合约卖出成交 2 手，成交价 4981 元，差价为 -500 元；前一合约买进成交 2 手，成交价 4480 元，后一合约卖出成交 2 手，成交价 4981 元，差价为 -501 元；前一合约买进成交 2 手，成交价 4481 元，后一合约卖出成交 2 手，成交价 4982 元，差价为 -501 元。

利用程序首先定义了一个名为 simulate _ arbitrage _ trade 的函数，它接受买入价格列表、卖出价格列表和差价限制作为参数。函数通过两层循环遍历所有可能的成交价格组合，并检查每个组合的差价是否满足要求。如果满足要求，该成交对会被添加到结果列表中。最后，函数返回所有满足条件的成交对。

```
# 定义一个函数来模拟套利指令的成交过程
simulate _ arbitrage _ trade < - function( buy _ price1 , sell _ price2 , spread _ limit) {
# 初始化一个向量来存储满足条件的成交对
eligible _ trades < - list( )
# 遍历所有可能的成交价格组合
for (i in buy _ price1) {
for (j in sell _ price2) {
# 计算差价
spread < - j - i
# 检查差价是否满足要求
if (spread > =spread _ limit) {
```

```
# 如果满足要求,将成交对添加到列表中
eligible_trades[[paste(i, j, sep = "_")]] <- list(
Buy_Price1 = i,
Sell_Price2 = j,
Spread = spread
)
}
}
}
# 返回所有满足条件的成交对
return(eligible_trades)
}
# 定义买入和卖出的成交价格范围
buy_prices <- c(4481, 4480)  # 前一合约的买入成交价
sell_prices <- c(4981, 4982)  # 后一合约的卖出成交价
spread_limit <- -500  # 差价限制
# 调用函数模拟套利指令的成交过程
arbitrage_trades <- simulate_arbitrage_trade(buy_prices, sell_prices, spread_limit)
# 打印所有满足条件的成交对
for (trade in arbitrage_trades) {
print(paste("买入成交价:", trade$Buy_Price1, "元, 卖出成交价:", trade$Sell_Price2, "元, 差价:", trade$Spread, "元"))
}
```

第二节　期现套利

一、正向套利

（一）基本概念

在期货市场和现货市场同时进行套利操作，这种行为被称作期现套利。当期货价格被市场高估时，套利者通常会采取一种策略，即买入现货并同时卖出期货，这种策略通常被称为正向套利。例如，假设一个交易者发现三个月后的大豆期货价格显著高于当前现货市场上的大豆价格，他可能会决定购入现货大豆，并相应地在市场上卖出大豆期货。随着时间的推移，如果期货价格和现货价格之间的差异逐渐缩

小，该交易者可以选择将现货大豆出售，并购回期货大豆以平仓，从而实现套利收益。然而，如果价格差异并未如预期那样缩小，交易者可能会选择进行实物交割，以确保套利利润的实现。这种期现套利策略不仅有助于市场效率的提高，还能在一定程度上促进价格的稳定。

（二）举例说明

例如，沪深300指数为3600点，相距30天到期的沪深300股指期货合约价为3640点，高出现货指数40点。套利者经过计算确定套利成本只需要10个指数点（包括买卖股票的手续费、印花税、买卖期货指数的手续费及资金占用产生的利息成本），于是卖出股指期货合约，同时买进与股指期货规模相等的一篮子股票，由于股指期货采用现金交割，最后的期货指数与现货指数一定相同，在期货指数与现货指数相同的情况下两边一起平仓，就赚到了40点，扣除成本10点，还净赚30点，相对于3600点的指数水平，获利率可以超过1%。

基于上述案例，我们设置一个正向套利的自动化程序，首先定义了一组模拟的现货价格和期货价格，其次计算两者之间的价差，找出期货价格高于现货价格的点，即存在正向套利机会的地方。最后，模拟买入现货和卖出期货的交易，并计算扣除交易成本后的套利利润。

```
# 载入所需的库
library(dplyr)
# 假设数据:现货价格和期货价格
spot_prices <- c(100, 102, 105, 108, 110)  # 现货价格
future_prices <- c(101, 103, 107, 109, 112)  # 期货价格
# 计算现货价格和期货价格之间的价差
price_differences <- future_prices - spot_prices
# 找出可以进行正向套利的机会(期货价格高于现货价格的情况)
arbitrage_opportunities <- which(price_differences > 0)
# 模拟正向套利交易
# 买入现货,卖出期货
spot_buy_prices <- spot_prices[arbitrage_opportunities]
future_sell_prices <- future_prices[arbitrage_opportunities]
# 计算套利利润
# 假设交易成本为交易金额的1%
trading_cost_rate <- 0.01
arbitrage_profits <- (future_sell_prices - spot_buy_prices) * (1 - trading_cost_rate)
```

```
# 打印正向套利机会和利润
cat("正向套利机会:\n")
print(data.frame(Spot_Buy_Price = spot_buy_prices, Future_Sell_Price = future_sell_prices))
cat("\n 正向套利利润(已考虑交易成本):\n")
print(arbitrage_profits)
```

二、反向套利

（一）基本概念

在期货市场上，当期货价格被低估，低于现货价格时，投资者可以采取一种与市场趋势相反的期现套利策略。具体来说，这种策略涉及卖出现货并同时买入期货，这种做法被称为反向套利。在这种情况下，市场被称为“反向市场”，因为期货价格低于现货价格。反向套利的核心在于建立现货空头头寸和期货多头头寸的策略，即在期现套利中做空基差。

然而，实施反向套利策略会面临一些显著的限制，尤其是现货市场缺乏做空机制。在实际操作中，通常是有现货库存的企业会考虑执行反向期现套利，以减少库存成本。通过在现货市场卖出存货，企业不仅能够获得短期融资，还能节省仓储费用。当期货价格相对于现货价格的升水过低，甚至出现贴水时，企业可以考虑进行反向套利以降低其库存成本。本质上，这种反向套利策略的基础是持有成本，而该成本会因企业的具体情况而有所不同。持有成本包括仓储费用、保险费用、资金成本等，这些都会影响企业是否选择进行反向套利的决策。因此，企业在决定是否采取反向套利策略时，需要综合考虑各种因素，以确保策略的有效性和可行性。

（二）举例说明

反向套利和正向套利一样也包括 5 个关键步骤。

（1）套利开始时，在创新类券商处融券，具体为沪深 300 成分股，期限与期货合约的到期期限相同，融券的到期期限最长不超过 6 个月。

（2）以当前价格，按照各自权重将融入的沪深 300 成份股卖出，所得收入可以投资国债等以获得利息收入。

（3）按照当前期货价格，买入等份但不等值期货合约。

（4）套利结束或期货到期时，收回国债等的投资，获得资金，按照当时价格，买入沪深 300 成分股。

（5）偿还融入的沪深 300 成分股。

程序中首先定义了沪深300成份股的价格和权重，以及期货价格。然后，计算了现货组合的价值，并模拟了融券卖出股票、投资国债获得利息收入、买入期货合约的过程。最后，在套利结束或期货到期时，计算了收回国债投资的资金、买入股票偿还融券的成本和套利利润。

```
# 载入所需的库
library(dplyr)
# 假设数据:沪深 300 成分股价格和权重,以及期货价格
stock_prices <- c(100, 105, 110, 95, 85) * 1000  # 假设 5 只股票价格,单位:元
weights <- c(0.1, 0.15, 0.2, 0.25, 0.3)  # 各自权重
future_price <- 98000  # 期货价格,单位:元
# 计算现货组合价值
spot_portfolio_value <- sum(stock_prices * weights)
# 融券卖出沪深 300 成分股
short_sold_revenue <- spot_portfolio_value
# 投资国债等获得利息收入,假设年化利率为 3%
annual_interest_rate <- 0.03
interest_income <- short_sold_revenue * annual_interest_rate
# 买入等份但不等值期货合约
# 计算可以买入的期货合约份数
futures_contracts <- short_sold_revenue / future_price
# 套利结束或期货到期时的操作
# 假设到期时现货价格不变
maturity_future_price <- future_price
# 收回国债投资,获得资金
total_funds <- short_sold_revenue * (1 + annual_interest_rate)
# 买入沪深 300 成分股,偿还融券
repurchase_stock_cost <- spot_portfolio_value
# 计算套利利润
arbitrage_profit <- total_funds - repurchase_stock_cost - future_price * futures_contracts +
maturity_future_price * futures_contracts
# 打印套利结果
cat("融券卖出沪深 300 成分股所得收入:", short_sold_revenue, "元\n")
cat("投资国债等获得的利息收入:", interest_income, "元\n")
cat("买入的期货合约份数:", futures_contracts, "\n")
cat("套利结束时的总资金:", total_funds, "元\n")
```

```
cat("偿还融券购买沪深300成分股的成本:", repurchase_stock_cost, "元\n")
cat("套利利润:", arbitrage_profit, "元\n")
```

三、无套利区间

（一）基本概念

期现套利的先决条件是期货价格必须显著高于或低于现货价格。在期货价格显著高于现货价格的情况下，可以实施正向套利。此时，现货价格加上一定幅度后的价格被定义为上边界，只有当期货价格超过此上边界时，正向套利才成为可能。具体来说，现货价格加上交易成本、仓储费用以及其他相关费用后的价格构成了这个上边界。相应地，在期货价格显著低于现货价格的情况下，可以进行反向套利。此时，现货价格减去一定幅度后的价格被定义为下边界，只有当期货价格低于此下边界时，反向套利才具备实施条件。具体来说，现货价格减去交易成本、仓储费用以及其他相关费用后的价格构成了这个下边界。若期货价格位于上下边界之间，则无法执行期现套利。因此，这一价格区间被称为无套利区间。在这个区间内，由于期货价格与现货价格之间的差异不足以覆盖交易成本和其他相关费用，进行期现套利将无法获得利润，甚至可能导致亏损。因此，投资者在进行期现套利时，必须仔细计算并比较期货价格与现货价格之间的差异，以确保套利行为能够带来预期的收益。

（二）举例说明

假设沪深300指数为3600点，股指期货合约尚余一个月到期，若执行正向期现套利，计算结果显示成本为10个点，而执行反向期现套利的成本为20个点。据此，该期货合约的正向套利上限为3610点，反向套利的下限为3580点。因此，无套利区间为（3580，3610）。这表明，当期货指数处于该区间内时，进行期货套利是不可行的。

通过以下步骤构建无套利区间的程序：

（1）定义沪深300指数的当前点数。

（2）定义期货合约到期时间。

（3）根据正向和反向期现套利的成本，计算无套利区间的上下界。

（4）输出无套利区间的结果。

程序设计中首先定义了沪深300指数的当前点数，以及正向和反向套利的成本。其次，计算了无套利区间的上限和下限。最后，输出了无套利区间的范围，并根据当前的期货指数点数判断是否存在套利机会。

```
# 定义沪深300指数当前点数
current_index <- 3600
# 定义正向套利成本
cost_long <- 10
# 定义反向套利成本
cost_short <- 20
# 计算无套利区间的上下界
upper_bound <- current_index + cost_long  # 正向套利上限
lower_bound <- current_index + cost_short  # 反向套利下限
# 打印无套利区间
cat("无套利区间为:", "(", lower_bound, ",", upper_bound, ")\n")
# 判断期货指数是否处于无套利区间内
future_index <- current_index + 10  # 假设当前期货指数为3600点加上10点
if (future_index >=lower_bound && future_index <=upper_bound) {
cat("当前期货指数", future_index, "处于无套利区间内,进行套利不可行。\n")
} else {
cat("当前期货指数", future_index, "不处于无套利区间内,可能存在套利机会。\n")
}
```

第三节　跨市套利

一、什么是跨市套利

（一）定义

跨市场套利也称作跨市场价差交易，涉及在某一交易所买入（或卖出）特定交割月份的某商品合约，同时在另一交易所卖出（或买入）相同交割月份的同种商品合约，目的是在未来市场条件有利时，在两个交易所分别平仓所持合约以实现利润。这种策略的核心在于利用不同交易所之间的价格差异，通过买入低价合约和卖出高价合约，从而在价格回归正常时获利。跨市场套利不仅需要对市场有深入的了解，还需要具备快速反应和精准计算的能力，以确保在复杂多变的市场环境中获得成功。

在期货市场中，众多交易所提供相同或类似商品的期货合约进行交易。例如，美国存在多家交易所同时交易小麦期货；芝加哥期货交易所与大连商品交易所均开展大豆期货交易；伦敦金属交易所、上海期货交易所及纽约商业交易所均进行铜、铝等有色金属的期货交易。这些交易所之间的竞争和合作，为投资者提供了多样化的选择和机会。

（二）基本原理

跨市套利与跨期套利在本质上都遵循着相似的核心原理。通常情况下，同一商品在不同交易所的期货价格之间存在相对稳定的关联性。这种现象的成因在于期货合约到期后必须进行实物交割。若两个交易所中同一商品的期货价格差异显著，套利者会采取行动，从价格较低的交易所购入期货合约，并在价格较高的交易所卖出相应合约。待合约到期时，通过实物交割的方式，将低价购入的商品用于高价卖出，以此实现盈利。在实际操作过程中，套利者并不必持有合约直至交割日，而是在价差出现有利变动时即可选择平仓，从而实现利润。

具体来说，跨市套利是指在不同地理位置的交易所之间进行的套利活动。由于同一商品在不同交易所的价格可能会因为地域、供需关系等因素而有所不同，套利者会利用这种价格差异进行操作。例如，如果伦敦金属交易所的铜期货价格低于纽约商品交易所的铜期货价格，套利者会买入伦敦金属交易所的铜期货合约，并同时在纽约商品交易所卖出相同数量的铜期货合约。通过这种方式，套利者锁定了一定的利润空间，因为无论未来价格如何变动，只要价差存在，他们都可以通过实物交割的方式实现盈利。

跨期套利则是指在同一交易所内不同到期月份的期货合约之间进行的套利活动。由于不同到期月份的期货合约价格会受到市场对未来供需预期的影响，套利者会利用这种价格差异进行操作。例如，如果某商品的近期期货合约价格低于远期期货合约价格，套利者会买入近期期货合约，并同时卖出相同数量的远期期货合约。通过这种方式，套利者同样锁定了一定的利润空间，因为未来价格变动时，他们可以通过平仓或实物交割的方式实现盈利。

（三）交易条件

为了实现跨市套利，一个基本的前提条件是两个不同的交易市场必须提供相同种类的商品进行交易。考虑到目前国内四家主要的期货交易所——上海期货交易所、大连商品交易所、郑州商品交易所和中国金融期货交易所——所提供的商品种类在很大程度上存在差异，这使得跨市套利的实施变得相当具有挑战性。然而，如果我们从国际视角进行比较，可以发现可进行跨市套利的商品种类依然相当丰富。

例如，上海期货交易所与伦敦金属交易所之间存在多个相同种类的商品交易，这为投资者提供了跨市套利的机会。具体来说，上海期货交易所和伦敦金属交易所都提供铜、铝、锌等金属品种的期货交易，这些商品在全球范围内具有高度的流动性和价格联动性。通过比较和分析这两个市场上的价格差异，投资者可以利用这种价格差异进行套利交易，从而获得利润。

同样地，大连商品交易所与芝加哥期货交易所之间的大豆品种交易也显示出高度的相关性。大连商品交易所和芝加哥期货交易所都提供大豆期货交易，而大豆作为一种重要的农产品，在全球范围内具有广泛的需求和交易量。由于这两个市场的大豆价格受到相似的供需因素影响，因此它们之间也存在跨市套利的机会。投资者可以通过比较两个市场上的大豆价格，寻找价格差异较大的时刻进行买入或卖出操作，从而实现套利收益。

二、注意事项

（一）运输费用

鉴于交易所地理位置的差异，运输成本在不同地区间存在显著差异，这导致了跨市场交易中同一品种商品在不同市场间存在套利机会的价格差异。在跨市场套利活动中，运输成本是造成价格差异的主要因素。在执行跨市场套利策略时，必须深入理解影响同一商品在不同交易所价格差异的关键因素，以便判断两个交易所之间的价格差异是否处于合理区间。通常情况下，距离生产地较近的交易所其期货价格倾向于较低，而远离生产地的交易所期货价格则相对较高，两者之间的期货价格差异主要由两地之间的运输费用所决定。

（二）交割品级

尽管不同交易所可能会挂牌交易同一种商品的期货合约，但这些交易所对于交割商品的品质和等级要求可能存在显著的差异。这种差异在一定程度上会导致同一品种的商品在不同交易所之间出现价格上的波动和差异。此外，各个交易所对于替代品的升贴水标准也存在较大的不同。因此，投资者在进行跨市场套利操作时，必须对各个交易所之间在交割品级方面的差异有深入的了解和认识。这样，投资者才能更好地评估和管理跨市场套利交易中的风险，并确保在不同交易所之间进行有效的价格比较和套利机会的捕捉。

（三）汇率成本

在进行涉及不同国家交易所的套利活动时，交易单位、汇率、相关税费以及交易成本的影响不容忽视。这些因素在不同国家的交易所之间往往存在显著的差异，从而导致成本上的巨大差异。例如，各个交易所对于商品的交易单位规定各不相同。以 CBOT 小麦合约为例，其交易单位是 5000 蒲式耳每张合约，而在中国郑州商品交易所，小麦合约的交易单位则是 10 吨每张合约。在进行套利操作时，必须掌握这些不同交易所之间的换算关系，以确保买卖合约所代表的数量是相近的，从而避免因数量差异导致的套利风险。

此外，跨国界的套利活动还会涉及汇率问题。汇率的波动会直接影响到期货价格以及最终的盈亏金额。因此，套利者必须对汇率变动趋势有深入的了解，并采取相应的措施来规避汇率风险。例如，如果套利者在进行跨市套利时，涉及的是以美元计价的商品和以人民币计价的商品，那么汇率的波动将直接影响到套利的最终收益。套利者可以通过期货合约、期权合约或其他金融工具来对冲汇率风险，从而确保套利活动的稳定收益。

在涉及不同国家交易所的跨市套利时，除了汇率问题，还需要特别注意关税及交易成本费用等方面的变化。这些因素会直接影响到跨市套利的效果。例如，不同国家之间的关税政策差异可能会导致进口或出口商品的成本增加，从而影响套利的可行性。此外，交易成本费用，如手续费、仓储费、运输费等，也会在不同国家之间存在差异。套利者需要对这些成本进行详细的计算和比较，以确保套利活动能够在成本可控的情况下进行，从而实现预期的利润。

三、举例说明

（一）程序设计描述

通过构建一个简化的模型，本研究分别对美国原油期货、中国燃料油期货、布伦特原油期货以及欧佩克原油期货进行了跨市场套利分析。首先，建立了这些期货品种之间的价格网络关系，并绘制了网络关系图，以揭示价格溢出效应中的净接受方与净溢出方。接着基于这些溢出关系，本书进一步构建了跨市场套利策略，并计算出了套利的最优比率。然而，实际构建跨市场套利策略和确定最优比率的过程，需要依赖更为复杂的统计模型和深入的市场分析。在实际应用中，价格溢出效应的分析可能需要借助向量自回归（VAR）模型、误差修正模型（ECM）或其他先进的计量经济学方法。本模拟研究主要旨在教学和阐释目的，并非用于实际交易。

（二）分步骤演示

1. 数据收集

首先，我们需要收集美国原油期货、中国燃料油期货、布伦特原油期货和欧佩克原油期货的历史价格数据。

```
# 假设已经收集到的数据
us_oil_prices <- c(50, 52, 51, 53, 55)  # 美国原油价格
china_fuel_oil_prices <- c(65, 67, 66, 68, 70)  # 中国燃料油价格
brent_oil_prices <- c(55, 57, 56, 58, 60)  # 布伦特原油价格
opec_oil_prices <- c(48, 50, 49, 51, 53)  # 欧佩克原油价格
```

2. 价格溢出效应的计算

使用 DY 模型（Diebold - Yuan Model）来计算价格溢出效应。DY 模型是一种衡量资产价格之间溢出效应的统计方法。

```
# 安装并加载所需的包
install.packages("quantmod")
library(quantmod)
# 计算价格收益率
us_oil_returns <- diff(log(us_oil_prices))
china_fuel_oil_returns <- diff(log(china_fuel_oil_prices))
brent_oil_returns <- diff(log(brent_oil_prices))
opec_oil_returns <- diff(log(opec_oil_prices))
# 构建 DY 价格网络关系
# 这里简化处理,仅展示如何计算 DY 比率,实际中需要更复杂的模型估计
dy_matrix <- matrix(nrow = 4, ncol = 4)
dy_matrix[1, 2:4] <- us_oil_returns * China_fuel_oil_returns
dy_matrix[2, 1:4] <- china_fuel_oil_returns * c(us_oil_returns, brent_oil_returns, opec_oil_returns)
# 以此类推,填充矩阵
```

3. 网络关系图的绘制

使用 igraph 包来绘制价格溢出的网络关系图。

```
# 安装并加载所需的包
install.packages("igraph")
library(igraph)
# 创建图对象
dy_graph <- graph.adjacency(dy_matrix, mode = "undirected")
# 绘制网络关系图
plot(dy_graph, vertex.size = 5, vertex.color = "lightblue", vertex.frame.color = "gray")
```

4. 构建跨市套利策略和确定最优比率

根据 DY 价格网络关系，构建跨市套利策略，并计算最优套利比率。

```
# 简化示例:计算两个市场之间的套利比率
# 假设我们选择美国原油和中国燃料油进行套利
us_china_hedge_ratio <- cor(us_oil_returns, china_fuel_oil_returns)
# 输出套利的最优比率
cat("美国原油与中国燃料油的最优套利比率:", us_china_hedge_ratio, "\n")
```

（三）其他模型

在期货市场分析中，除了 DY 模型（Diebold – Yuan Model）之外，还有多种模型可以用来分析价格溢出效应，并可能使用到跨市套利中，如：

1. VAR 模型（Vector Autoregression Model）

VAR 模型是一种多变量时间序列模型，可以用来分析多个资产价格之间的动态关系和相互影响，它能够捕捉到价格之间的即时和滞后影响。

2. BEKK 模型（Baba, Engle, Kraft, and Kroner Model）

BEKK 模型是一种多元 GARCH 模型，用于分析多个资产的波动性和相关性。

3. CC 模型（Cointegrated VAR Model）

当变量之间存在协整关系时，CC 模型可以用来分析长期均衡和短期动态。

4. MS – VAR 模型（Markov – Switching Vector Autoregression Model）

MS – VAR 模型允许变量的参数在不同的市场状态或状态之间切换，这有助于捕捉市场在不同状态下的行为变化。

5. TVP – VAR 模型（Time – Varying Parameter VAR Model）

TVP – VAR 模型允许 VAR 模型的参数随时间变化，这有助于分析市场条件变化对价格动态的影响。

在实际应用中，投资者需要根据跨市套利的数据特性、市场条件、计算复杂性来选择合适的模型。

第四节　跨品种套利

一、什么是跨品种套利

（一）定义

跨品种套利也称作商品间价差交易，涉及在两种具有相关性但不相同的商品期货合约之间进行套利活动。具体而言，该策略包括同时买入一种商品期货合约并卖出另一种相关联的商品期货合约，随后在未来的某一时间点对这两种期货合约进行对冲并平仓的操作。

（二）交易条件

跨品种套利的核心理念在于，尽管两个品种之间可能存在某些差异，但它们必须具备一些关键的共同影响因素，或者在实际应用中具有较高的替代性。这种替代性或共同影响因素的存在，使得一个品种的价格变动往往会对其他品种产生连锁反应，从而为套利者提供了机会。

例如，燃料油、汽油、航空油等油品，尽管它们的用途各不相同，有的用于交通运输，有的用于工业生产，但它们都有一个共同的来源——石油。因此，这些油品的价格往往会受到石油价格波动的影响。当石油价格上涨时，这些油品的价格也往往会随之上涨；反之则相反。再如，玉米与小麦，这两种农产品不仅都属于粮食作物的范畴，而且在实际应用中，它们都可以被用于食品加工和饲料生产。这意味着，如果玉米的价格上涨，生产者可能会转而使用小麦作为替代品，从而导致小麦的需求增加，价格上升；反之则相反。

此外，在不同的商品交易所中，也存在一些具有替代关系的品种。例如，在大连商品交易所上市的豆油和棕榈油，与在郑州商品交易所上市的菜籽油之间，也存在一定程度的替代关系。由于这些油品在应用上具有相似性，生产者和消费者可以根据价格变动灵活选择使用哪一种油品，从而使得这些品种的价格之间存在相互影响。这种相互影响为套利者提供了跨品种套利的机会，他们可以通过买入价格较低的品种，同时卖出价格较高的品种，从而在价格回归正常时获利。

二、商品产品套利

（一）定义

在跨品种套利领域，存在一类具有特殊性质的商品，例如，豆油、豆粕与大豆，以及燃料油、汽油、航空油与石油，这些商品的特殊性体现在前者的加工制成品与后者的原材料关系上。可以合理推断，原材料与其加工产品之间应存在紧密的价格关联性。基于这种原材料与制成品之间的价格差异进行的套利交易，被称为商品产品套利（Commodity Product Spread）。显然，商品产品套利也属于跨品种套利的范畴。

（二）交易条件

商品与产品之间的价格关系应当确保大多数加工商能够获得合理的加工利

润，若加工商无法实现正常利润甚至遭受亏损，他们将不可避免地减少生产甚至退出市场。这一现象将导致两个方面的影响：一方面，原材料的需求将减少，进而引发价格下降；另一方面，制成品的供应量减少将导致价格上涨。这两种效应最终将促使加工商恢复正常的加工利润。相反，若加工利润过高，一方面，原材料的需求将增加，导致价格上涨；另一方面，制成品供应量的大幅增加将导致价格下降。因此，从长远来看，商品与产品之间的正常价差应当与正常的加工利润相匹配。

若原材料与产成品的期货价格关系发生变动，导致按照毛利润公式计算出的利润超出正常范围，交易者可以采取卖出产成品期货合约并同时买入原材料期货合约的策略进行套利。对于加工商而言，通过参与此类套利活动，可以使其在现货市场中因原材料价格上涨或制成品价格下跌而遭受的损失得到补偿。

三、举例说明

（一）能源系列产品

1. 一般性描述

跨商品套利必须具备以下条件：一是两种商品之间应具有关联性与相互替代性；二是交易受同一因素制约；三是买进或卖出的期货合约通常应在相同的交割月份。在原油系列产品的套利交易中，通过同时购入原油期货合约并出售相应月份的燃料油或汽油期货合约，实现的套利策略被称为原油提炼套利（Crack Spread）。当原材料与产成品的期货价格所反映的毛利润低于正常利润水平，甚至出现负值时，交易者可采取买入产成品期货合约并同时出售原材料期货合约的策略以实现套利。对于加工商而言，此类套利活动有助于抵消现货市场中价格倒挂所造成的损失。例如，在原油系列产品的套利中，通过出售原油期货合约并同时购入相应月份的燃料油或汽油期货合约，可以执行反向原油提炼套利（Reverse Crack Spread）。

2. 程序设计

使用我国动力煤和原油之间进行商品产品套利，并构建买入某一交割月份某种商品的期货合约，同时卖出另一相同交割月份、相互关联的商品期货合约，以期在有利时机同时将这两种合约对冲平仓获利的方式，设计一个商品产品套利的程序。首先生成了模拟的动力煤和原油价格数据，并计算了它们的价格变动率。然后，寻找原油收益率高于动力煤收益率的套利机会，并计算套利收益。接着，选择一个交割月份进行套利，买入动力煤期货合约并卖出原油期货合约。模拟持有期间的价格变动，并计算持有期间的收益。最后，对冲平仓并计算。

```
# 载入所需的库
library(dplyr)
library(quantmod)
# 假设数据:动力煤和原油的历史价格
# 这里使用模拟数据作为示例
set.seed(123)
coal_prices <- cumprod(runif(100, 0.995, 1.005) * 500, by = 1)  # 动力煤价格
oil_prices <- coal_prices * 1.5 * cumprod(runif(100, 0.995, 1.005), by = 1)  # 原油价格
# 计算价格变动率
coal_returns <- diff(log(coal_prices))
oil_returns <- diff(log(oil_prices))
# 寻找套利机会:当原油的收益率高于动力煤的收益率时
arbitrage_opportunities <- which(oil_returns > coal_returns)
# 计算套利收益:原油收益率与动力煤收益率之差
arbitrage_profits <- oil_returns - coal_returns
# 选择一个交割月份进行套利,这里简化为选择第一个套利机会
arbitrage_month <- arbitrage_opportunities[1]
# 买入动力煤期货合约,卖出原油期货合约
# 假设合约乘数为1(即价格变动1单位,合约价值变动1单位)
# 假设初始投资额为10000元
initial_investment <- 10000
coal_contract_value <- coal_prices[arbitrage_month]  # 动力煤合约价值
oil_contract_value <- oil_prices[arbitrage_month]  # 原油合约价值
# 计算买入和卖出的合约数量
coal_contracts <- initial_investment / coal_contract_value
oil_contracts <- initial_investment / oil_contract_value
# 模拟持有期间的价格变动
holding_period <- 30  # 持有期为30个交易日
# 持有期间的收益
coal_profit <- sum(coal_returns[(arbitrage_month + 1):(arbitrage_month + holding_period)]) * coal_contracts
oil_profit <- sum(oil_returns[(arbitrage_month + 1):(arbitrage_month + holding_period)]) * oil_contracts
# 对冲平仓
```

```
# 假设平仓时的价格变动与持有期间的平均价格变动相同
coal_exit_price <- coal_prices[arbitrage_month + holding_period]
oil_exit_price <- oil_prices[arbitrage_month + holding_period]
coal_exit_profit <- (coal_exit_price - coal_prices[arbitrage_month]) * coal_contracts
oil_exit_profit <- (oil_exit_price - oil_prices[arbitrage_month]) * oil_contracts
# 计算总收益
total_profit <- coal_profit + oil_profit + coal_exit_profit + oil_exit_profit
# 打印套利结果
cat("套利总收益:", total_profit, "元\n")
```

（二）农产品

1. 一般性描述

在大豆系列产品的套利交易中，投资者通常会采取一种被称为大豆提油套利（Crush Spread）的策略。具体来说，这种策略涉及同时购入大豆期货合约，并出售相应月份的豆油和豆粕期货合约。通过这种操作，投资者可以在大豆、豆油和豆粕这三种产品的价格关系中寻找套利机会。相对地，另一种策略是反向大豆提油套利（Reverse Crush Spread），在这种策略中，投资者会出售大豆期货合约，同时购入相应月份的豆油和豆粕期货合约。这两种策略都是基于大豆及其衍生产品的价格关系进行的，旨在利用市场中的价格差异来获取利润。通过这种套利交易，投资者可以在大豆、豆油和豆粕的市场中寻找潜在的盈利机会，从而在价格波动中获利。

2. 程序设计

首先定义了大豆、豆油和豆粕的期货价格，并计算了提油套利的单位利润。然后，模拟了购入大豆期货合约的同时出售相应月份的豆油和豆粕期货合约的套利交易过程，并计算了每日的套利利润。

```
# 载入所需的库
library(dplyr)
# 假设数据:大豆、豆油和豆粕的期货价格
# 这些数据应从实际市场数据中获取
soybean_prices <- c(1000, 1005, 1010, 1008, 1015)  # 大豆价格,单位:元/吨
soybean_oil_prices <- c(7000, 7100, 7050, 7150, 7200)  # 豆油价格,单位:元/吨
soybean_meal_prices <- c(3000, 3050, 3030, 3080, 3100)  # 豆粕价格,单位:元/吨
# 计算提油套利的单位利润
# 假设 1 吨大豆可以压榨出 0.18 吨豆油和 0.8 吨豆粕
```

```
oil _ yield < - 0. 18
meal _ yield < - 0. 8
soybean _ oil _ profit < - oil _ yield * (soybean _ oil _ prices - (soybean _ prices / (oil _ yield *
10))) # 豆油的单位利润
soybean _ meal _ profit < - meal _ yield * (soybean _ meal _ prices - (soybean _ prices / (meal _
yield * 10))) # 豆粕的单位利润
# 计算总提油套利利润
crush _ spread _ profit < - sum(soybean _ oil _ profit + soybean _ meal _ profit)
# 打印提油套利结果
cat("大豆提油套利总利润:", crush _ spread _ profit, "元\n")
# 模拟套利交易过程
for (i in 2:length(soybean _ prices)) {
# 购入大豆期货合约
buy _ soybean _ contract < - 1 # 假设购买 1 手大豆合约
# 出售豆油和豆粕期货合约
sell _ oil _ contract < - buy _ soybean _ contract * oil _ yield
sell _ meal _ contract < - buy _ soybean _ contract * meal _ yield
# 计算套利利润
profit < - (soybean _ prices[i] - soybean _ prices[i - 1]) * buy _ soybean _ contract +
(soybean _ oil _ prices[i] - soybean _ oil _ prices[i - 1]) * sell _ oil _ contract +
(soybean _ meal _ prices[i] - soybean _ meal _ prices[i - 1]) * sell _ meal _ contract
# 打印每日套利结果
print(data. frame(
Day = i,
Soybean _ Price = soybean _ prices[i],
Soybean _ Oil _ Price = soybean _ oil _ prices[i],
Soybean _ Meal _ Price = soybean _ meal _ prices[i],
Profit = profit
))
}
```

本章小结

本章主要介绍了套利交易的概念、类型、风险管理以及在期货市场中的作用和影响。以下是三段式的本章小结。

套利交易是一种利用市场价格差异来获取利润的市场策略，它涉及在不同市场或金融工具之间同时买入和卖出相同或高度相关的资产。本章详细讨论了套利的不同类型，包括跨期套利、期现套利、跨市套利和跨品种套利，每种类型的套利都有其特定的交易条件和市场机会。

套利者更关注资产间的相对价差而非绝对价格水平，其核心在于利用这些价差来实现利润。套利交易对期货市场具有积极作用，包括促进价格发现、增加市场流动性和提升市场效率。此外，套利活动有助于减少市场波动和价格失真，维护市场的健康运行。

为了鼓励套利交易，提高市场效率，许多交易所为套利交易提供了优惠政策，如降低保证金和交易费用。本章还介绍了交易指令的概念，包括如何通过交易指令来执行套利交易，以及如何利用程序化的方式来模拟和执行套利策略，从而提高交易的效率和精确度。

通过本章的学习，读者应该能够理解套利交易的基本原理、策略和在期货市场中的重要性，以及如何利用交易指令和程序化方法来优化套利交易过程。

课后习题

1. 定义解释题：简述套利交易的定义，并给出至少两个套利交易的例子。

2. 分类识别题：区分并解释跨期套利、期现套利、跨市套利和跨品种套利四种不同的套利类型。

3. 概念比较题：比较套利交易和套期保值在目的和操作上的主要区别。

4. 计算分析题：假设你是一名套利者，发现某商品在两个不同市场的现货价格分别为 100 元和 120 元，同时这两个市场的期货价格也分别为 110 元和 130 元。计算是否存在套利机会，并解释你的计算过程。

5. 策略评估题：分析正向套利和反向套利的适用条件，并讨论在市场价格波动时，套利者应如何调整其策略。

6. 风险管理题：讨论在进行跨市套利时，套利者应考虑哪些风险因素，并提出至少两种风险管理策略。

7. 综合应用题：给定一组大豆和豆油的期货价格数据，使用这些数据计算大豆提油套利（Crush Spread）的潜在利润，并讨论在实际操作中可能遇到的挑战。

8. 模型构建题：描述如何使用 VAR 模型来分析不同商品期货价格之间的动态关系，并说明 VAR 模型在跨品种套利中的应用。

9. 案例分析题：提供一个实际的跨市场套利案例，分析其成功的关键因素，并讨论如果市场条件发生变化，套利者应如何调整其策略。

10. 程序编写题：编写一个简单的程序或算法，用于模拟执行期现套利交易，包括计算套利机会、执行交易和计算最终利润。

第六章　投机交易

第一节　投机交易和投机者风险

一、期货投机的风险

（一）说明书中的风险提示

相较于具有风险的股市，期货交易风险是更巨大的。在《期货交易风险说明书》明文规定，交易者在开设期货交易账户之前，都必须签名确认已经阅读过《期货交易风险说明书》（以下简称《说明书》）。

《说明书》开头最重要的一句话：进行期货交易风险相当大，可能发生巨额损失，损失的总额可能超过您存放在期货经纪公司的全部初始保证金以及追加保证金。因此，您必须认真考虑自己的经济能力是否适合进行期货交易。

此外，《说明书》中还提到：在某些市场情况下，您可能会难以或无法将持有的未平仓合约平仓。例如，这种情况可能在市场达到涨跌停板时出现。出现这类情况，您的所有保证金有可能无法弥补全部损失，您必须承担由此导致的全部损失。

（二）实际风险的表现

从事期货交易，既有可能实现盈利，也有可能遭受亏损，甚至在某些情况下亏损极为严重。虽然这些均为交易领域的基本常识，但为何仍需特别指出？原因在于，对于那些刚刚涉足市场的交易新手而言，他们往往怀揣着赚取丰厚利润的美好愿景，对盈利的预期普遍较高。然而，由于缺乏实际操作经验和亏损的教训，他们对风险的认识往往不够清晰。

在追求利润的驱动下，对风险的警觉性可能会逐渐减弱，可以这么说，那些在期货交易领域取得成功的人士，都经历过从谨慎到疏忽，最终在遭受重大损失后重新回归谨慎的过程。此外，由于期货交易具有时间限制，有很多案例表明，交易者基本看对了大行情，但在过程中因为小小的反向走势被震出局，不仅没赚钱，反而亏了钱。之所以抵抗不住小小的震荡，一个重要原因就是过高的保证金杠杆率导致较大的亏损将其逼退了，如本教材的第四章中介绍的株洲冶炼厂锌锭被挤兑事件。

二、与股市风险的比较

（一）横向风险

股票投资的风险主要体现在其价格下跌的可能性上。当股票价格上扬时，除了那些采用融券方式做空的投资者之外，大多数投资者都能获得正向收益。然而，一旦股票价格下跌，投资者不仅会损失预期的收益，还可能遭受本金的亏损。此外，股票市场中常见的一种现象是投资者未能在股价上涨时及时卖出，这种错失卖出机会的情况在投资者群体中引起了广泛的共鸣。尽管如此，处于这种情形的投资者实际上并未遭受亏损，仅仅是错失了额外的收益。

期货市场则呈现出不同的风险特征。期货交易中存在着多头和空头两种立场，且这两种立场是相互对等的。在期货价格上升时，多头投资者获利，而空头投资者则遭受损失；反之，在期货价格下跌时，空头投资者获利，多头投资者则遭受损失。因此，期货交易本质上是一种零和博弈，即一方的盈利必然伴随着另一方的亏损。这种特性导致期货市场无法实现所有参与者在某次价格大幅上涨时共同获利的局面，从而使得期货市场的风险相较于股票市场更为显著。

（二）纵向风险

在股票市场中，套牢是一种常见的风险现象，它指的是投资者在股价处于高位时购入股票，随后股价持续下跌，导致投资者无法以预期价格卖出，从而遭受潜在的损失。例如，当投资者预期股价将上升而买入股票，但买入后股价却持续走低，此时虽然没有立即出现账面价值的实际损失，但预期的利润已经丧失。这表明股票交易并非具有紧迫性，只要公司不退市，股票可以持续持有。这也是许多投资者在面临股票套牢时选择不卖出的原因之一。

相比之下，期货交易具有明确的到期日，一旦期货合约到期，亏损的交易者必须接受亏损并退出市场。在股价下跌后，投资者可能会选择长期持有股票，尽管这并非最佳的交易策略。然而，股票的分红机制可以在一定程度上缓解损失，特别是对于那些市盈率较低、基本面良好的公司，长期持有可能会带来比银行存款利率更高的现金分红。因此，即便股价下跌，从投资的角度来看，投资者可能并未遭受亏损。

三、风险事件解析

（一）错误的交易员和人性

1995 年 2 月 26 日，拥有 233 年悠久历史、在全球范围内管理超过 270 亿英镑资产的巴林银行正式宣告破产。这一事件尤其令人震惊的是，导致该银行崩溃的竟是年仅 28 岁的尼克·里森。

尼克·里森利用巴林银行用于纠正交易过程中疏忽错误的特定账户——账号“88888”，从 1993 年下半年起，连续两年不断扩展“自营交易”，以掩盖新加坡公司内部的某些操作失误所造成的实际亏损。由于许多操作失误并非由里森本人造成，他通过该账户隐瞒了亏损，从而保护了相关员工的职位，这使得内部人士在一段时间内并未向上级举报。随着里森警觉性的逐渐降低，他变得越发大胆，并试图凭借一己之力清空该错误账户的亏损余额。自 1994 年起，他开始向总部谎称该账户属于“大客户”，并不断进行跨式期权空头交易，买入日经指数期货合约和卖出债券期货。最终，1995 年 2 月 23 日，亏损额达到了 86000 万英镑（这一数额已是巴林银行全部资本及储备金的 1.2 倍），导致巴林银行于 26 日宣布破产。

在此次事件中，造成巴林银行倒闭的罪魁祸首是里森代表巴林银行进行的期货投机交易，这其中有两个重要推手：

（1）里森的赌徒性格；

（2）巴林银行管理层对风险的无知、无畏。

据报道，里森在其著作《我是怎样搞垮巴林银行的》中详细叙述，在巴林银行的最后四个星期里，总部不断向其提供资金支持，总额高达 8.5 亿美元。在此之前，巴林银行内部已有多次对里森财务操作的质疑，这暗示在最后阶段，巴林银行的管理层可能已经知情。然而，由于对风险的漠视和轻率，管理层似乎将希望寄托于里森的投机行为，期待他能扭转乾坤，实现逆境中的胜利。从这一视角分析，巴林银行的倒闭实属必然，其对下属无节制的期货投机交易的放任，已经受到人性中贪婪和赌博心理的驱使，最终导致了巨大的经济损失。

（二）错误的产品和动机

2020 年 4 月 21 日凌晨 2 时 30 分，美国西德克萨斯中质原油（WTI）5 月期货合约以 -37.63 美元/桶的价格收盘，这是原油期货市场自成立以来首次出现负数结算价。这一现象导致中国银行的原油宝产品发生大规模亏损，损失金额高达数百亿元人民币。原油宝产品作为一项投资平台，允许投资者根据个人判断对油价的涨跌进行投资，且由于该产品要求投资者支付全额保证金，从而消除了期货交易的杠杆效应，理论上降低了投资风险。然而，由于原油宝的交易成本较低，且平台对投资者的筛选规则较为宽松，吸引了大量投资者参与，导致多空头寸无法完全平衡。例如，若多头投资者合计买入 1 万桶原油，而空头投资者仅卖出 2000 桶，原油宝平台便面临 8000 桶原油的多头头寸风险。在这种情况下，中国银行作为平台运营者，需从美国交易所购入相应的 8000 桶原油以对冲风险。

随着原油宝投资者数量的激增，头寸风险迅速累积，但未引起中国银行的足够重视。2020 年 3 月至 4 月，受多重市场因素影响，美国原油价格急剧下跌，低迷的油价激发了国内投资者的投机热情，大量投资者涌入原油宝平台寻求抄底机会，导致中国银行的多头头寸急剧增加。为对冲这一风险，中国银行在芝加哥商品交易所建立了庞大的多头头寸。然而，芝加哥商品交易所修改了负油价的规定，取消了多头亏损上限，导致原油宝产品发生穿仓事件。随着事件的持续发酵，中国银行在多方面的压力下，最终提出了一项协议，承担负油价的损失，并承诺退还多扣的保证金以及本金的 20%。2020 年 12 月，中国银行及其分支机构因“原油宝”事件被原银保监会罚款 5050 万元，并采取了相应的监管措施。

原油宝事件在网络上引起了广泛讨论，一些人将其归咎于阴谋论，但从客观角度分析，原油宝穿仓的主要原因在于对期货市场投机交易风险的严重低估。在本教材第四章、第五章所分析的期货市场中，进行套期保值和套利交易的通常是产业客户，即那些真正从事石油贸易的实体，如石油化工厂的经营者，他们参与期货交易主要是为了确保原油供应。产业客户通常会持有期货合约直至到期，并进行实物交割。在原油宝事件中，如果所有投资者均为产业客户，则不会出现大规模损失，因为产业客户具备交割能力。然而，原油宝吸引了大量纯粹的期货投机者，他们与中国银行的原油宝平台一样，缺乏处理原油的能力，并且由于巨大的投机利益驱动，未能及时退出合约并移仓至下一个月的合约，最终导致了巨大的损失。

第二节　建仓时机和建仓策略

一、建仓时机

（一）基本面分析

1. 一般性描述

基本面分析者通常会深入研究公司的财务报表、行业地位、管理团队、市场前景以及宏观经济状况等多个方面。他们相信，通过这些信息可以判断出一家公司的内在价值，从而在市场低估时买入，等待市场逐渐认识到其真实价值，推动股价上涨。基本面分析者往往对公司的长期发展充满信心，因此他们的持仓时间相对较长，甚至可能持有数年。

2. 举例说明

用 R 语言构建一个通过基本面分析来设置建仓时间的程序，以玉米期货为例，程序需要通过综合分析玉米进口规模、进口国玉米期货价格波动率、汇率、银行间债券市场利率、政治不稳定性、猪粮比、本国玉米现货价格、本国玉米期货收益率，使用 OLS 构建一个基本面模型，预测价格有较大上涨空间则买进期货合约，预测价格有较大下跌空间时卖出期货合约，如果预测价格涨跌空间不大，则通常不会进行交易。

```
# 安装和加载所需的包
install. packages( " quantmod" )
install. packages( " dplyr" )
install. packages( " tidyquant" )
library( quantmod)
library( dplyr)
library( tidyquant)
# 假设我们已经收集了以下数据：
# 1. 玉米进口规模（import _ volume）
# 2. 进口国玉米期货价格波动率（volatility _ foreign）
# 3. 汇率（exchange _ rate）
# 4. 银行间债券市场利率（interest _ rate）
# 5. 政治不稳定性指数（political _ instability）
# 6. 猪粮比（pig _ grain _ ratio）
# 7. 本国玉米现货价格（spot _ price）
# 8. 本国玉米期货收益率（future _ return）
# 这里使用模拟数据作为示例
set. seed(123)
data < - data. frame(
date = seq( as. Date( "2024 - 01 - 01" ) , by = " month" , length. out = 12) ,
import _ volume = runif( 12 , 1000 , 5000) ,
volatility _ foreign = runif( 12 , 0. 1 , 0. 3) ,
exchange _ rate = runif( 12 , 6. 5 , 7. 5) ,
```

```
interest_rate = runif(12, 0.01, 0.05),
political_instability = runif(12, 0, 1),
pig_grain_ratio = runif(12, 1, 10),
spot_price = cumprod(1 + runif(12, -0.02, 0.02)),
future_return = runif(12, -0.1, 0.1)
)
# 将数据集分为训练集和测试集
train_data <- data[1:8, ]
test_data <- data[9:12, ]
# 使用训练数据构建 OLS 模型
model <- lm(spot_price ~ ., data = train_data)
# 预测测试数据集的现货价格
predictions <- predict(model, newdata = test_data)
# 根据预测结果和实际价格比较,决定交易策略
for (i in 1:nrow(test_data)) {
if (predictions[i] > test_data$spot_price[i]) {
action <- "Buy"
} else if (predictions[i] < test_data$spot_price[i]) {
action <- "Sell"
} else {
action <- "Hold"
}
print(paste("Date:", test_data$date[i], "Action:", action))
}
```

（二）技术面分析

1. 一般性描述

技术面分析者则更关注市场行为本身，他们通过分析价格走势图、成交量、各种技术指标等来预测未来价格走势。技术面分析者认为，市场行为已经包含了所有基本面信息，因此无须过多关注公司的基本面。他们通过识别图表中的各种模式和信号，如头肩顶、双底、趋势线、移动平均线等，来决定何时入场和离场。技术面分析者通常会设置严格的止损和止盈点，以控制风险和锁定利润。

2. 举例说明

上述例子，通过分析价格走势图、成交量、MACD（12，26）、RSI（14）、

ATR（14）、Ultimate Oscillator、ROC、Bull/Bear Power（13）来预测未来价格走势。

```
# 安装和加载所需的包
install.packages("quantmod")
install.packages("TTR")
library(quantmod)
library(TTR)
# 获取玉米期货的价格数据
# 这里以 CBOT 的玉米期货为例,使用符号@ C
getSymbols("C", src = "FRED", auto.assign = TRUE)
# 计算技术指标
# 计算 MACD
macd <- MACD(Cl(C))
# 计算 RSI
rsi <- RSI(Cl(C), n = 14)
# 计算 ATR
atr <- ATR(HLC(C), n = 14)
# 计算 Ultimate Oscillator
uo <- UltimateOscillator(Cl(C), len1 = 7, len2 = 14, len3 = 28)
# 计算 ROC
roc <- ROC(Cl(C), n = 13)
# 计算 Bull/Bear Power
bbp <- BullBear(C)
# 绘制价格走势图和技术指标
chartSeries(C, name = "Corn Futures Price and Indicators", theme = chartTheme("white"), width =
1200, height = 800, plotX = TRUE)
addTA(macd$macd, on = 4)
addTA(macd$signal, on = 4)
addTA(rsi, on = 4)
addTA(atr, on = 4)
addTA(uo, on = 4)
addTA(roc, on = 4)
addTA(bbp$bear, on = 4, col = "red", type = "l")
addTA(bbp$bull, on = 4, col = "green", type = "l")
# 基于技术指标的交易信号
# 这里只是一个简单的示例,实际交易策略会更复杂
```

```
# 假设我们使用 RSI 和 MACD 的交叉作为交易信号
for (i in 2:length(rsi)) {
if (rsi[i] > 70 && rsi[i-1] < 70) {
# RSI 超买,可能的卖出信号
print(paste("Potential Sell Signal on", index(C)[i]))
}
if (rsi[i] < 30 && rsi[i-1] > 30) {
# RSI 超卖,可能的买入信号
print(paste("Potential Buy Signal on", index(C)[i]))
}
if (macd$macd[i] > macd$signal[i] && macd$macd[i-1] <= macd$signal[i-1]) {
# MACD 金叉,买入信号
print(paste("MACD Buy Signal on", index(C)[i]))
}
if (macd$macd[i] < macd$signal[i] && macd$macd[i-1] >= macd$signal[i-1]) {
# MACD 死叉,卖出信号
print(paste("MACD Sell Signal on", index(C)[i]))
}
}
```

（三）不同策略的局限性

无论是基本面分析者还是技术面分析者，他们的终极目标均是在市场中实现盈利。然而，每种分析方法均具有其独特的优势与局限性。基本面分析和技术面分析工具的运用，旨在对市场进行预测。当预测价格存在显著上涨潜力时，会选择买入期货合约；反之，若预测价格存在显著下跌风险，则会选择卖出期货合约。在预测价格波动幅度有限的情况下，通常不会采取交易行动。当然，对于那些专注于短期交易的交易者来说，这可能是一个例外。鉴于期货价格的快速波动，入市时机的选择至关重要。即便对市场趋势的分析准确无误，若过早入市，在趋势尚未明朗化时便已进行买卖，仍可能在市场波动中遭受损失。因此，一些资深交易者倾向于利用技术分析方法，在市场趋势明确呈现上升态势时才买入期货合约，在市场趋势明确呈现下降态势时才卖出期货合约。在市场趋势不明显或无法判断市场发展趋势时，他们不会急于建立仓位。

二、建仓策略

（一）平均买低和平均卖高策略

1. 一般性描述

期货交易中的平均买低和平均卖高策略（Dollar - Cost Averaging，DCA）是一种风险管理技术，通过分阶段买入或卖出合约，降低或提高平均成本或售价，从而在市场波动中实现盈利或减少亏损。具体而言，交易者在初始建仓之后，若市场走势与预期相悖，部分交易者倾向于采纳平均成本法，即通过逐步买入或卖出以降低或提高平均成交价格。

在实施平均买低和平均卖高策略时，交易者需要通过基本面和技术面分析，对市场总体趋势进行持续的判断。当预期市场将呈现上升趋势时，尽管短期内价格可能出现下跌，但应坚持认为价格最终将回升。反之，在预期市场将呈现下降趋势时，价格的短期上涨应被视为暂时现象，最终价格仍应下跌。否则，若市场趋势判断失误，采取平均成本法反而可能导致损失的增加。

2. 举例说明

平均买低策略的目标是在价格下跌时逐步买入，以降低持有成本。一般适用于投资者认为资产长期看涨，但短期内可能波动或下跌的情况，在实施方式中，往往需要通过如下步骤进行。

（1）确定投资资产和投资金额。

（2）在初次建仓后，如果市场价格下跌，按照预定计划继续买入相同或更多数量的合约。

（3）随着价格下跌，相同金额的购买力增加，可以买到更多合约。

（4）当市场回暖时，以较高价位卖出合约，实现盈利。

假设我们有一个简单的玉米期货价格数据集，并模拟使用平均买低策略进行投资。

```
# 假设的玉米期货价格数据
corn_prices <- c(100, 95, 90, 85, 95, 100, 105, 110)
# 初始投资金额
initial_investment <- 1000
# 每次购买的金额
purchase_amount <- 100
# 计算每次购买的合约数量
```

```
purchases <- sapply(corn_prices, function(p) floor(purchase_amount / p))
# 计算总投资数量
total_purchased <- cumsum(purchases)
# 计算平均买入成本
average_cost <- initial_investment / total_purchased[length(purchases)]
# 打印结果
cat("Average Cost:", average_cost, "\n")
# 假设市场回暖到的价格
recovery_price <- 120
# 计算盈利
profit <- (recovery_price - average_cost) * total_purchased[length(purchases)]
# 打印盈利
cat("Profit at recovery price:", profit, "\n")
```

平均卖高策略的目标是在价格上涨时逐步卖出，以提高平均卖出价格。一般适用在投资者认为资产短期内可能继续上涨，但长期看跌或需要锁定利润的情况，实施方式和步骤同平均买低策略。

（1）确定投资资产和初始卖出数量。

（2）在初次卖出后，如果市场价格继续上涨，按照预定计划继续卖出合约。

（3）随着价格上涨，卖出的合约可以以更高价格成交，提高平均卖出价格。

（4）当市场回落时，以较低价位买入合约，实现盈利。

模拟一个简单的平均卖高策略，其中我们假设初始持有一定数量的合约，并在价格上涨时逐步卖出。每次卖出的数量逐渐增加，从而在价格上涨时卖出更多的合约。

```
# 安装和加载所需的包
install.packages("quantmod")
library(quantmod)
# 假设获取的玉米期货价格数据
# 这里我们使用模拟数据来表示价格随时间上涨的情况
set.seed(123)
corn_prices <- cumprod(runif(50, 0.99, 1.01), by = 1) * 100
# 初始条件
initial_position <- 100  # 初始持有的合约数量
sell_increment <- 5      # 每次价格上涨时卖出的合约数量增加
average_sell_price <- 0  # 初始化平均卖出价格
```

```
# 模拟平均卖高策略
for (i in seq_along(corn_prices)) {
if (i > 1 && corn_prices[i] > corn_prices[i - 1]) {
# 如果价格上涨,卖出一部分合约
sell_quantity <- initial_position * (1 + sell_increment * (i - 1))
average_sell_price <- (average_sell_price * (initial_position - sell_quantity) + corn_prices[i]) / (initial_position - sell_quantity)
initial_position <- initial_position - sell_quantity
print(paste("Date:", i, "Price:", corn_prices[i], "Sold:", sell_quantity, "Average Sell Price:", average_sell_price))
} else if (i == 1 || corn_prices[i] <= corn_prices[i - 1]) {
# 如果价格不上涨,保持持有
print(paste("Date:", i, "Price:", corn_prices[i], "Hold Position:", initial_position))
}
}
# 检查最终的平均卖出价格
final_avg_sell_price <- average_sell_price
print(paste("Final Average Sell Price:", final_avg_sell_price))
```

（二）金字塔式交易策略

1. 一般性描述

金字塔式交易法是期货市场上行情看涨时，投机交易通常使用的一种交易方法。当期货价格上涨时，交易者使用保证金账户中的新增资产净值购买更多的期货，而不必增加现金投资。如果建仓后市场行情与预料相同并已经使投机者获利，可以增加持仓，增仓应遵循以下两个原则：

（1）只有在现有持仓已经盈利的情况下，才能增仓。

（2）持仓的增加应渐次递减。

2. 举例说明

某投机交易的交易者预测 8 月玉米期货合约价格将上升，故买入 5 手（10 吨/手），成交价格为 2264 元/吨，此后合约价格迅速上升到 2400 元/吨，首次买入的 5 手合约已经为他带来虚盈 10×5×（2400－2264）＝6800 元。为了进一步利用该价位的有利变动，该投机交易的交易者再次买入 4 手 8 月合约，持仓总数增加到 9 手，9 手合约的平均买入价为（2264×50＋2400×40）/90＝2324 元/吨。当市场价格再次上升到 2430 元/吨时，又买入 3 手合约，持仓总计 12 手，所持仓的平均价格为2350元/吨。当市价上升到2440元/吨再买入2手，所持有合约总数为14手，平均买入价为2363元/吨。当市价上升到2450元/吨再买入1手，所持有合约总数为15手，平均买入价为2369元/吨，如表6－1所示。

表6－1　　金字塔建仓交易策略

价格（元/吨）			持仓数（手）			均价（元/吨）
2450			1			2369
2440			1	1		2363
2430		1	1	1		2350
2400	1	1	1	1		2324
2264	1	1	1	1	1	2264

通过这种不断下降的持仓数进行建仓，能使得买入合约时持仓的平均价虽然有所上升，但升幅远小于合约市场价格的升幅，市场价格回落时，持仓不至于受到严重威胁，投机者可以有充足的时间卖出合约并取得相当的利润。

构建程序计算：

```
# 初始买入
initial_buy_price <- 2264  # 初始买入价格
initial_contracts <- 5      # 初始买入手数
total_contracts <- initial_contracts  # 当前总持仓手数
# 记录每次买入的价格和手数
buy_prices <- c()
buy_quantities <- c()
# 初始买入记录
buy_prices <- c(buy_prices, initial_buy_price)
buy_quantities <- c(buy_quantities, initial_contracts)
# 累计盈亏
profit_loss <- (2400 - initial_buy_price) * initial_contracts * 10
# 显示初始买入信息
cat("Initial Buy: Price", initial_buy_price, ", Quantity", initial_contracts, ", Profit/Loss:", profit_loss, "\n")
# 后续买入操作
prices <- c(2400, 2430, 2440, 2450)  # 后续价格上升的记录
quantities <- c(4, 3, 2, 1)  # 后续每次买入的手数
```

```
# 执行金字塔建仓策略
for (i in 1:length(prices)) {
current_price <- prices[i]
current_quantity <- quantities[i]
# 记录买入操作
buy_prices <- c(buy_prices, current_price)
buy_quantities <- c(buy_quantities, current_quantity)
# 更新总持仓手数
total_contracts <- total_contracts + current_quantity
# 计算平均买入价
total_cost <- sum(buy_prices * buy_quantities)
average_buy_price <- total_cost / total_contracts
# 打印每次买入后的信息
cat("Buy at Price", current_price, ", Quantity", current_quantity, ", Total Contracts", total_contracts, ", Average Buy Price:", average_buy_price, "\n")
}
# 假设市场价格开始回落,执行卖出操作
sell_price <- 2435  # 卖出价格
# 计算卖出时的盈利
total_profit <- (sell_price - average_buy_price) * total_contracts * 10
# 打印卖出信息
cat("Sell at Price", sell_price, ", Total Contracts", total_contracts, ", Average Buy Price", average_buy_price, ", Total Profit:", total_profit, "\n")
```

如果市场价格上升到2450元/吨后开始回落，跌到2435元/吨，该价格仍然高于平均价2369元/吨，立即卖出15手合约仍可获利（2435－2369）×15×10＝9900元。

（三）菱形建仓交易策略

1. 一般性描述

金字塔式建仓策略也可依据建仓递增到递减的方式，采用菱形来构建建仓交易策略，具体而言，菱形建仓策略指最初建仓时买卖少量合约，如果市况有利，分次买入或卖出同种合约，每次买入或卖出的合约份数均大于前次买卖的数量。在所持有的持仓达到一定数量后，分次逐步递减买卖合约。持仓的增加情况如表6－2所示。

表 6-2　　　　菱形建仓交易策略

价格（元/吨）		持仓数（手）		均价（元/吨）
2450		1		2369
2440		1	1	2363
2430	1	1	1	2350
2400		1	1	2324
2264		1		2264

菱形建仓策略初始阶段实际上采用的是倒金字塔式的建仓方法，其弊端在于建仓过程中若价格出现回落，利润的回吐速度将极为迅速；然而，其优势在于初始下单量较小，具有试探性质，即便判断失误，损失也相对有限。此外，若价格持续上涨至金字塔结构的上层，其安全性将逐步增强。

2. 举例说明

先以小仓位进行介入，当行情逐步走好，符合预期，再大资金加仓，随着行情进入尾声，再加以小仓。在行情的初期，先以20%资金介入，随着行情如预期走好，再考虑加仓，这个点很重要。只有在行情走势符合预期时才考虑加仓，这个时候你可以考虑用40%的资金进行加仓。随着行情继续往前推进，最后再加20%完成建仓。

```
# 初始参数
total _ capital < - 100000  # 总投资资金
initial _ position _ percentage < - 0.2  # 初始仓位比例
additional _ position _ percentage < - 0.4  # 加仓比例
final _ position _ percentage < - 0.2    # 最后仓位比例
# 初始买入价格和资金
initial _ price < - 2264
initial _ investment < - total _ capital * initial _ position _ percentage
initial _ contracts < - initial _ investment / (initial _ price * 10)  # 假设每手 10 吨
# 记录买入操作
investments < - c(initial _ investment)
contracts < - c(initial _ contracts)
average _ price < - initial _ price
# 假设行情如预期走好,价格上升
price _ increase _ steps < - c(2400, 2430, 2440)  # 价格上升的步骤
```

```
for (i in 1:length(price_increase_steps)) {
if (i==1) {
# 第一次加仓,使用40%资金
current_investment <- total_capital * additional_position_percentage
current_price <- price_increase_steps[i]
current_contracts <- current_investment / (current_price * 10)
investments <- c(investments, current_investment)
contracts <- c(contracts, current_contracts)
} else if (i==2) {
# 最后加仓,使用20%资金
current_investment <- total_capital * final_position_percentage
current_price <- price_increase_steps[i]
current_contracts <- current_investment / (current_price * 10)
investments <- c(investments, current_investment)
contracts <- c(contracts, current_contracts)
}
# 更新平均买入价格
total_investment <- sum(investments)
total_contracts <- sum(contracts)
average_price <- total_investment / (total_contracts * 10)
cat("Price Step", price_increase_steps[i], "Investment:", current_investment,
"Contracts:", current_contracts, "Average Price:", average_price, "\n")
}
# 假设行情进入尾声,价格达到最后买入的价格
final_price <- 2450
# 计算最终的平均买入价格
final_average_price <- average_price
# 市场价格开始回落,执行卖出操作
sell_price <- 2435  # 卖出价格
# 计算卖出时的盈利
total_profit <- (sell_price - final_average_price) * total_contracts * 10
# 打印卖出信息
cat("Sell at Price:", sell_price, "Total Contracts:", total_contracts,
"Final Average Price:", final_average_price, "Total Profit:", total_profit, "\n")
```

第三节　资金管理

一、为什么要资金管理

（一）定义

资金管理涉及资金配置的策略问题，这包括投资组合的构建、多样化策略的规划、在不同市场中资金的分配比例、止损策略的设计、收益与风险的权衡，以及在经历成功或挫折后应采取的相应措施，还有选择稳健保守或积极进取的交易策略等。资金账户的规模、投资组合的构成以及每笔交易中的资金配置等因素，均会对最终的交易成果产生影响。

（二）作用

在期货市场领域，波动性与不确定性始终是核心议题。即便是最为机敏的交易者亦难以规避失误，然而关键在于失误时如何控制损失，在正确判断时如何最大化收益。因此，资金管理成为交易者必须掌握的技艺。

通过资金管理，交易者被引导在参与市场之前，对市场的历史、现状进行全面审视，并评估未来市场变动的可能性，以判断是否适宜入市，以及入市的方向，从而避免无目的的市场参与。同时，资金管理促使交易者考虑入市时的头寸规模及资金占用比例，以避免承担过度风险。此外，它还迫使交易者预先考虑应对未来市场各种可能情况的策略，以避免在市场变动时应对不当。这些优势无疑有助于提升交易者的理性投资意识和交易技能。因此，对于期货市场的初学者而言，资金管理的实践尤为重要。

二、如何资金管理

（一）仓位控制

1. 一般性描述

合理的仓位控制是资金管理的核心。杰出的交易者懂得在每一次交易中只投入一定比例的资金，以避免因单次交易的失误而导致整体资金的大幅缩水。他们通常会根据自己的风险承受能力设定一个最大仓位比例，并严格遵守。例如，他们可能会选择只用总资金的2% ~5%来进行一次交易，这样即使交易失败，损失也在可控范围内。

在交易过程中，建仓之后紧接着便是平仓的考量。乍看之下，平仓似乎与建仓无甚区别，不过是选择适当的时机进行反向操作。然而，众多交易者的实践经验证明，平仓的决策难度显著高于建仓。因此，有智者总结道："开仓仅是入门，平仓方显真功。"

在进行开仓决策时，交易者尚未持有仓位，因此不存在盈亏问题，心理压力相对较小，对市场趋势的分析判断能够保持一定的客观性。然而，一旦持有仓位，交易者在判断市场时的客观性便会受到削弱。市场波动导致盈亏不断变化，这种变化对交易者心理造成显著影响，激发了诸多不良情绪。例如，当持仓盈利时，尽管分析认为价格趋势将持续，但对行情反转导致盈利减少的担忧可能促使交易者急于平仓；反之，即使分析判断价格将反转，贪婪心理也可能驱使交易者延迟平仓，以期获得更大收益。在持仓亏损的情况下，尽管分析认为价格将进一步恶化亏损，但不愿承认失败的心理可能导致交易者拒绝止损；或者，尽管分析认为价格波动仅为暂时性，恐惧心理也可能迫使交易者急于平仓。

在上述种种情形中，交易者在平仓时仍进行了市场分析和判断，尽管这些判断未必总是准确，但至少反映了交易者在一定程度上的客观思维。然而，在恐惧和贪婪情绪的干扰下，这种客观思维往往受到抑制。交易者的情绪越强烈，其对市场判断的客观性就越低。随着时间的推移，交易者将意识到，情绪化的平仓决策方式往往导致小赢大亏，最终结果是亏损多于盈利。

2. 举例说明

以玉米期货为例，构建符合 FIFO 平仓顺序的平仓策略：首先定义一系列的建仓记录，包括每手合约的建仓价格和手数。然后，模拟了市场价格和要平仓的手数。程序按照 FIFO 原则，计算平仓的利润，并更新剩余的持仓信息。

```
# 假设的建仓记录,每条记录包括建仓价格和手数
positions <- data.frame(
purchase_price = c(2300, 2320, 2350, 2370),  # 建仓价格
quantity = c(10, 8, 6, 4)  # 建仓手数
)
# 初始持仓信息
total_quantity <- sum(positions$quantity)
print(paste("Total Quantity:", total_quantity))
# 市场价格和要平仓的手数
market_price <- 2360  # 假设当前市场价格
quantity_to_close <- 5  # 假设我们要平仓的手数
```

```
# 平仓顺序：先进先出
positions_to_close <- positions[1:which( cumsum(positions$quantity) > quantity_to_close ), ]
# 计算平仓后的利润
profit <- (market_price - positions_to_close$purchase_price) * positions_to_close$quantity
print(paste("Profit from closing positions:", profit))
# 更新持仓信息
positions <- positions[-(1:nrow(positions_to_close)), ]
# 打印平仓后剩余的持仓信息
print("Remaining positions after closing:")
print(positions)
# 如果全部平仓
if (quantity_to_close == total_quantity) {
print("All positions have been closed.")
} else {
print(paste("Some positions remain open. Total remaining quantity:", sum(positions$quantity)))
}
```

（二）止损和止盈的设置

1. 一般性描述

止损与止盈的设定是资金管理的关键环节。盈利时的平仓价格可称为止盈价，而亏损时的平仓价格则为止损价。止损点的设定旨在避免交易者在市场逆境中遭受过重的损失，而止盈点的设定则意在市场顺境时锁定收益。卓越的交易者会依据市场状况及个人交易策略，合理设定止损与止盈点，以确保在市场波动中维持稳定的心态。

止盈价或止损价的确定应当在建仓之初就有所规划，即便此规划并非不可更改，可根据后续市场走势进行适当调整。然而，建仓时是否已对止盈价或止损价有所考虑是衡量交易者成熟与否的关键指标。

对于持仓时间较长的趋势交易者而言，控制损失与扩大利润是至关重要的原则。此原则要求交易者一旦亏损达到预定限额，应立即采取措施平仓离场，避免因过度投机而造成更大损失。在市场走势有利时，交易者不应急于获利了结，而应尽可能延长持仓时间，以充分获取市场变动带来的利润。即便是经验丰富的交易者，也无法保证每次投资都能盈利。损失本身并不可怕，可怕的是未能及时止损，导致损失扩大。

止损指令是执行控制损失与扩大利润原则的有效工具。恰当运用止损单，可以为投资者提供必要的保护。然而，止损价的设定若不合理，不仅无法发挥预期的保护作用，反而可能引起不必要的麻烦。例如，止损价若设定过于接近当前价格，轻微的价格波动就可能导致亏损平仓；反之，若止损价设定过远，可能无法提供应有的保护，一旦触发止损，往往意味着已经承受了较大的损失。

2. 举例说明

在期货交易中，设置止损和止盈价位是风险管理的重要手段。止损价位可以帮助限制亏损，而止盈价位则可以帮助锁定利润。本届使用程序模拟如何根据建仓价位设置止损和止盈价位的过程。

首先定义了建仓价位和最大亏损承受能力。然后，根据这些参数计算了止损价位。程序模拟了市场价格的变动，并检查了是否触发了止损。同样，程序也模拟了止盈价位的设置。这里假设市场价格一度达到了最高点，然后根据最大愿意承受的浮动利润损失来设置止盈价位。程序再次检查市场价格变动，以确定是否触发了止盈。

```
# 假设的建仓价位和亏损承受能力
entry_price <- 2180  # 建仓价位
max_loss_per_ton <- c(20, 30)  # 最大愿意承受的亏损(元/吨)
# 设置止损价位
stop_loss_prices <- entry_price + max_loss_per_ton
# 假设的市场价格变动
market_prices <- c(2150, 2170, 2180, 2190, 2200, 2210, 2220)
# 检查市场价格是否触发止损
for (i in seq_along(market_prices)) {
for (j in seq_along(stop_loss_prices)) {
if (market_prices[i] >= stop_loss_prices[j]) {
print(paste("Stop loss triggered at", stop_loss_prices[j],
"with a loss of", max_loss_per_ton[j], "per ton."))
}
}
}
# 假设的止盈价位设置
max_profit_loss <- c(10, 20)  # 最大愿意承受的浮动利润损失(元/吨)
# 从最高点回撤到止盈价位
highest_price <- max(market_prices)  # 假设市场价格一度达到最高点
stop_profit_prices <- highest_price - max_profit_loss
```

```
# 检查市场价格是否触发止盈
for (i in seq_along(market_prices)) {
for (j in seq_along(stop_profit_prices)) {
if (market_prices[i] <= stop_profit_prices[j] && market_prices[i] > stop_loss_prices[j]) {
print(paste("Stop profit triggered at", stop_profit_prices[j],
"with a profit of", highest_price - stop_profit_prices[j], "per ton."))
}
}
}
```

（三）定期进行资金管理调整

1. 一般性描述

定期审视并调整资金管理策略是至关重要的。投资者应依据自身的交易历史和市场动态，持续改进资金管理和策略，以适应市场的不断变化。这种不懈的自我完善和策略调整是投资者在期货市场中长期生存和取得成功的关键因素。

在期货交易中，一些交易者过分关注价格的微小差异，买入时力求更低的价格，卖出时则追求更高的价格。这种行为往往因小失大，导致错失良机。实际上，期价的高低是相对的，当前看似低廉的价格，在市场下跌时可能变得昂贵；反之，当前看似高昂的价格，在市场上涨时可能变得非常便宜。期货交易的成败并不取决于当前价格高低，而是取决于未来的市场走势。当前价格只是起点，而未来的趋势才是决定性的因素。

对于那些重视趋势而非价格的交易者而言，一旦趋势显现，他们不会过分纠结于价格的微小差异。相反，那些只关注价格而忽视趋势的交易者，往往只看到眼前的价格，而忽略了趋势的存在。过分关注价格的危险在于，它可能导致交易者在逆市中越陷越深。在上升趋势中，若坚持等待更低的价格才买入，可能只有在市场回跌时才有机会，而这种回跌若伴随趋势反转，那么所谓的便宜货可能变成负担。同样，在下跌趋势中，若坚持等待更高的价格才卖出，可能只有在市场回升时才有机会，而这种回升若伴随趋势反转，那么高价卖出也可能导致亏损。

然而，不纠结于价格并不意味着盲目跟风。盲目跟风是指在市场剧烈波动时，出于担心错失交易机会而以市价追涨或杀跌，结果往往是在不合理的高位买入或在不合理的低位卖出，一旦市场出现小幅波动，就可能因恐慌而急忙平仓。

2. 举例说明

构建一个基于收益率趋势的持仓持续交易策略，并在 R 语言中实现，涉及以下步骤：

（1）收集玉米期货的历史价格数据。

（2）计算收益率并分析其趋势。

（3）根据趋势确定持仓方向（买入或卖出）。

（4）设置预测价格，并确定跌破预测价格5%时的平仓点。

（5）实施策略并记录交易信号。

```
# 安装和加载所需的包
install.packages("quantmod")
library(quantmod)
# 获取玉米期货价格数据,这里以 CBOT 的玉米期货为例
getSymbols("C", src = "FRED", auto.assign = TRUE)
# 计算收益率
returns <- ROC(Ad(get("C")), k = 1)
# 以简单移动平均(SMA)来识别趋势
sma_length <- 50  # 移动平均窗口大小
sma <- SMA(Ad(get("C")), n = sma_length)
# 生成交易信号
signals <- ifelse(returns > sma, 1, -1)  # 1 表示买入信号, -1 表示卖出信号
# 预测价格,这里简化为使用最后的价格作为预测价格
prediction_price <- tail(Ad(get("C")), 1)
# 跌破预测价格 5% 的平仓点
stop_loss_threshold <- prediction_price * 0.95
# 模拟交易过程
positions <- rep(0, length(signals))  # 初始化持仓
for (i in 2:length(signals)) {
if (signals[i] == 1 && positions[i - 1] == 0) {
# 如果当前是买入信号且上一日无持仓,则买入
positions[i] <- 1
} else if (signals[i] == -1 && positions[i - 1] == 0) {
# 如果当前是卖出信号且上一日无持仓,则卖出
positions[i] <- -1
} else if (positions[i - 1] != 0 && Ad(get("C"))[i] <= stop_loss_threshold) {
# 如果已有持仓且价格跌破平仓点,则平仓
positions[i] <- 0
```

```
}
}
# 绘制价格图和交易信号
chartSeries(Ad(get("C")), name = "Corn Futures Price and Signals")
addTA(sma, on = 1, col = "blue", lty = 2)  # 添加 SMA
addTA(returns, on = 1, col = "red")  # 添加收益率
addSources(signals, on = 1, col = "green", type = "events", event.lines = list(col = "green", lty = "solid", type = "bar"), lwd = 5)  # 添加交易信号
```

本章小结

本章详细探讨了期货投机交易及其风险管理，包括风险的类型、风险事件的解析、建仓时机与策略，以及资金管理的重要性和方法。

本章强调了期货投机交易中的风险远大于股市，交易者在开户前需认真阅读《期货交易风险说明书》，意识到可能遭受的巨额损失。通过案例分析，如巴林银行破产案和原油宝事件，揭示了期货交易中的风险，包括市场异常波动、高杠杆率以及错误的交易策略。这些案例教育交易者必须对风险有清晰的认识，并采取适当的风险管理措施。

本章介绍了建仓时机的选择，包括基本面分析和技术面分析两种主要方法。基本面分析侧重于宏观经济、行业状况和公司财务等长期因素，而技术面分析关注价格走势和交易量等市场行为。此外，本章探讨了不同的建仓策略，如平均买低、平均卖高、金字塔式和菱形建仓策略，旨在帮助交易者根据市场趋势和个人风险偏好制订合适的交易计划。

资金管理是期货交易成功的关键，涉及仓位控制、止损和止盈设置，以及定期的资金管理调整。合理的仓位控制可以限制单次交易的风险，而止损和止盈点的设定有助于锁定利润和限制损失。本章还强调了定期审视和调整资金管理策略的重要性，以适应市场变化和提升交易技能。通过这些方法，交易者可以在保持稳定心态的同时，提高在期货市场中的盈利潜力。

课后习题

1. 定义解释题：解释什么是期货投机交易，并简述其与套期保值的区别。

2. 风险意识题：根据本章内容，讨论为何期货投机交易的风险可能超过投资者的初始保证金。

3. 案例分析题：概述巴林银行破产案中尼克·里森的行为，以及这起事件对期货投机交易风险管理的启示。

4. 策略评估题：比较基本面分析和技术面分析在期货投机交易中的优缺点，并给出一个适合短期交易者的分析策略。

5. 建仓策略模拟题：编写一个 R 语言脚本，模拟一个简单的平均买低策略，假设投资者在玉米期货价格下跌时以固定金额买入合约。

6. 风险管理应用题：设计一个包含止损和止盈规则的资金管理方案，适用于一个预期波动较大的期货合约，并解释其在风险控制中的作用。

7. 交易策略回测题：使用历史数据，对一个基于移动平均交叉的交易策略进行回测，分析其在不同市场条件下的表现。

8. 综合应用题：构建一个 R 语言程序，该程序根据市场趋势和投资者的风险偏好，选择适当的建仓策略（如金字塔式或菱形建仓）进行模拟交易。

9. 市场行为分析题：讨论在期货市场中，为什么过分关注价格的微小差异可能导致错失交易机会，并给出应对策略。

10. 资金管理动态调整题：解释为什么定期审视和调整资金管理策略对期货交易者至关重要，并提出一个动态调整方案的框架。

第七章　基本面分析

第一节　“基本面分析”分析什么

一、供需关系

在期货市场中，期货价格的波动呈现出不稳定的态势。某些期货品种在一段时期内价格翻倍甚至更多，同时可能会存在部分时期价格的剧烈下跌的情况。探究期货价格波动的原因，经济学家指出，供需关系是决定价格（不仅是期货价格）涨跌的关键因素。当市场上的商品供应量超过需求量时，价格往往会下降。供应过剩时，部分商品难以售出，市场对该商品的预期价格会下降，即使存在菜单成本，在商品现货价格并未实际下降时，期货价格也已经开始下跌。一旦期货价格开始下降，由于市场竞争的压力，现货价格也会随之下降，甚至可能引发一轮期货价格下跌。相反，当商品供不应求时，商品预期升高，期货价格则会上升。这一现象的成因同样易于理解。在商品短缺的情况下，为了优先获得商品，部分需求者愿意支付更高的价格，从而在需求者的竞价压力下，期货价格和现货价格皆会逐渐攀升。

所谓“基本面分析”，就是分析供需状况及分析影响供需状况的基本因素，分析的目的是把握供需状况，预测价格变化趋势。从商品供求关系决定价格的角度出发，人们认为明确市场供需状况可预测价格走势。理论上推断正确，但实际操作中未来供需量具有不确定性。除价格外，经济周期、政策、国际市场、投机行为、季节性变化等都会影响供求，自然灾害或政治动荡对供求关系影响更显著。

二、价格波动

商品期货价格的波动往往呈现出周期性的变化，这一现象揭示了市场供需关系的动态性和持续性。当供应量超过需求量时，期货价格自然下降，这实际上反映了未来市场中供过于求的状况。在期货价格下降的过程中，未来供应量逐渐减少，而需求量则逐渐增加。

我们期待最终市场将达到一种供需平衡的稳定状态，并在理论上通过假设来进行期货价格与供需平衡的动态平衡的初始假设。然而，往往由于市场惯性的作用，期货价格下降周期会无法准确预测，在预期价格下降后，期货价格可能继续下降，导致市场不知不觉中转变为供不应求的状况，而在一个周期后，期货价格将不再下跌，开始回升，这标志着市场存在未来供不应求的信号。因而可以说期货价格波动会引发现货商品供应和需求，围绕供需平衡而上下波动，然而，这一过程需要时间，期货价格在供应量增长的过程中将持续上涨，直至再次形成供过于求的局面，从而开启下一个循环周期。

尽管供需平衡的稳定状态被视为一种仿真过程的理想状态，但遗憾的是，这种平衡往往会被其他因素所打破。这些因素众多且复杂，其中一些甚至超出了人类的控制范围，比如在原本已马上达到供需平衡的稳态时，科技的进步使得该商品的生产成本大幅降低，从而增加了市场对该商品供应量的变动，这样一来，原本的供需平衡就被打破，转变为供过于求的局面。再如，某种农产品的供需在过去几年中一直保持均衡，价格稳定。然而，自然灾害的发生可能导致产量急剧下降，从而破坏了原有的供需平衡。相反，如果该年气候条件极为有利，产量大幅增加，同样会打破原有的供需平衡状态。

三、库存和政府储备

在大宗商品的生产过程中，为解决供需不平衡的状态，往往会采用增加或降低库存的方式来进行市场供给的调整，特别是在国家层面，对一些重要商品，无论是生产还是流通，国家都会运用库存这个工具，来调节供需不平衡的状态。国家库存表现为政府储备，政府储备不会因一般的价格变动而轻易投放市场，只有当市场供给出现严重短缺时，才有可能动用。但动用之后，还会在适当的时候补回来。从一国的供求数量来看，期末库存与供求之间的关系式为：

期末库存 = 期初库存 + 当期产量 + 当期进口量 − 当期出口量 − 当期消费

在计算中，期初库存、当期产量以及当期进口量共同构成了当期的可供应总量；而当期出口量和当期消费则构成了当期的需求总量。若当期的可供应总量超过需求总量，期末库存将不可避免地增加；反之，若需求总量超过可供应总量，期末库存则会不可避免地减少。在进出口渠道畅通的情况下，当国内供应无法满足需求时，可通过进口来补充，此时实际进口价格将成为影响国内市场价格的关键因素；相应地，当国内供应超出需求时，可通过出口来调节，此时实际出口价格也将成为影响国内市场价格的关键因素。期末库存的减少表明当期需求超过了供应，但不能直接断定价格必然上涨，因为还需考虑期末库存是否处于正常水平。例如，以一年为周期的农产品，若以月度为观察单位，则在收获季节之后，库存量自然会逐月递减。再如，若某一品种之前库存积压过多，即便当前库存有所下降，但若其量仍然远高于正常水平，价格也难以出现上涨。

四、基本面分析的作用

（一）全局视角

交易者很容易犯的一个错误是将供求状况绝对化，脑中只记得：供大于求，价格必跌；供不应求，价格必涨。表面上看，似乎很合理，其实不然。那么错在哪里呢？错在他们忘了：供大于求也好，供不应求也好，本身是与价格水平有关的。供大于求是指在一定的价格水平上的供大于求，价格下跌后，是不是还是供大于求就不好说了，有可能跌过头后，供大于求反而转化为供不应求了。

比如，有报告称2024—2025年度美国玉米单产有可能达到181蒲式耳/英亩，而2023年只有177.3蒲式耳/英亩，这预示着2024—2025年度我国若从美国进口玉米，能进口的数量将会超过往年。这种美国玉米大幅增产的消息在公布后，美国玉米期货价格将会可预见地有一个小幅的下跌，但若本身2024年因为中国从美国新增进口玉米的比例大幅下降，而使得美国玉米期货价格因贸易量变化已下跌了20%，那么美国玉米大幅增产的消息是否还意味着是利空呢？

一些交易者若只是片面地分析某个因素导致的供需状况，并将供需状况绝对化，则会影响总体对期货价格水平和波动趋势的预判。显然，对相关信息连续跟踪是极其重要的，只有将新信息结合旧信息一起研判，才能更好地理解和把握新信息。

（二）构建基础认知

鉴于基本面分析在预测市场走势方面展现出一定的合理性，并且它对影响期货价格的因素进行了逐一的深入剖析，加之在获取实时数据后，能够提供更新颖的见解和分析成果，这使得基本面分析具备了构建期货市场价格判断的基础认知框架。换言之，基本面分析的核心价值在于其关注市场整体趋势，避免了日常波动的干扰，具有结论的明确性、较高的可靠性以及强大的指导性。对于普通投资者而言，即便他们自身不具备进行基本面分析的能力，掌握相关知识也是极为有益的，因为长期对基本面信息的解读与分析，有助于投资者逐步提升自身的理解力和判断力，从而在期货交易中实现更有效的风险控制。

第二节　基本面中影响价格的主要因素

一、经济周期

（一）一般性描述

认识当前商品和金融市场处于经济周期的哪个阶段，对于期货交易而言至关重要。著名的经济周期的区分往往会存在长短不同的几个周期。以周期的长度分为康德拉季耶夫周期（60 年）、库兹涅茨周期（20 年）、朱格拉周期（10 年）、库存周期（3 年至 4 年）。

以康德拉季耶夫周期（60 年）为例，康德拉季耶夫周期也被称为康波周期，也可以叫做全球资本主义历史周期或者资本主义长波。周期性波动被分为四个主要阶段：繁荣期、衰退期、萧条期和回升期。每个阶段的持续时间大致为：繁荣期约 20 年，衰退期约 5～10 年，萧条期约 10～15 年，回升期约 10～15 年。这种周期性变化主要由科学技术发展的周期决定，科学技术作为生产力发展的动力，推动了经济周期的波动。尽管康波本身是一个统计现象，但来自工业生产价格变化的实证证据证明了康波周期的存在，此外长期利率的变动、世界能源生产和创新、失业和投资也支持了长波假设。

从 18 世纪开始到现在，世界经济已经走过了四个完整的长周期，每一轮都会出现世界工业中心的主体国家，它们会成为资本的积累中心，同时也是危机的始作俑者。

（1）第一个周期是以纺纱机和蒸汽机推动的，这一次周期英国是主导国，工业革命使其占据了世界的中心，随着金融市场大波动和价格暴跌引发的经济危机，第一个康波旋即走向衰退期和萧条期。

（2）第二个周期是以钢铁和运输业的发动的周期。这一次周期德国是主导国，汽车工业开始启动，这一周期的转折点是 1873 年的证券交易危机，引发了 10 年的经济衰退。

（3）第三个周期是以电力、工程的创新为标志的，这一次周期美国是主导国，这一时期电力得到广泛运用，这个镀金时代结束在了 1929 年的股市崩溃，随之而来的“大萧条”，工业革命的红利消耗殆尽，这一轮康波结束。

(4) 第四个周期是以电子计算机、原子能、航天技术等为代表的周期，这一次周期美国仍是主导国，日本也贡献了巨大力量，美元与黄金挂钩，1966 年，美国增长达到最高点。此后布雷顿森林体系的崩溃被视为第四次康波的转折点。

(5) 第五个周期是互联网的周期，一大批传统产业借助信息技术重新改造，技术革命还促进了融资方式、管理和物流方式方面的创新。这一次技术革命和扩散无疑让美国赢得冷战。2008 年国际金融危机成为这次周期的转折，长波进入衰退期。此后的经济增长基本上是债务驱动，国际主流经济学家认为到目前为止本轮周期仍未结束。

在判断历史上的康波周期时可发现，尽管康波周期主要表现在工业生产和科技水平发展上，但周期中衰退、复苏、过热、滞胀的每个阶段，某一些资产类和行业的表现倾向于超过大市，而位于对立位置的资产类及行业的收益会低过大市。比如繁荣阶段，股票表现较佳，衰退阶段，债券表现较佳，而滞胀阶段则可能是大宗商品表现较佳，这说明在期货市场交易过程中，投资者在资产配置研究中需要对未来经济周期将要到达的阶段作出评断，从而从基本面上获得更全局、基础的视角和认知。

(二) 举例说明

使用 R 语言构建一个模型，分析在衰退、复苏、过热、滞胀不同生产周期下，铜期货的价格波动趋势，并根据铜期货滚动 3 个月的价格波动趋势，预测下一个生产周期的时间。根据实际情况进行如下步骤：

(1) 数据准备：首先，我们需要铜期货的历史价格数据。

(2) 特征工程：计算价格变动率、单日最大涨幅、单日最大跌幅等特征。

(3) 经济周期标注：根据经济指标或其他方法标注数据中的衰退、复苏、过热、滞胀期。

(4) 模型训练：使用机器学习模型（如随机森林、梯度提升树等）训练数据。

(5) 预测：根据模型预测下一个周期。

```
#安装和加载所需的包
install.packages("quantmod")
install.packages("tidyquant")
install.packages("caret")
install.packages("randomForest")
library(quantmod)
library(tidyquant)
```

```
library(caret)
library(randomForest)
#假设我们已经有了铜期货的历史价格数据
getSymbols("C",src = "FRED",auto.assign = TRUE)  #以 CBOT 的铜期货为例
#计算价格变动率
price_changes < - Cl(C)/lag(Cl(C)) -1
#计算单日最大涨幅和单日最大跌幅
max_gain < - apply(Cl(C)/lag(Cl(C)),1,max) -1
max_loss < - apply(lag(Cl(C))/Cl(C),1,max) -1
#创建数据框
data < - data.frame(
Date = index(C),
Price = Cl(C),
Price_Change = price_changes,
Max_Gain = max_gain,
Max_Loss = max_loss
)
#假设我们已经根据某种方法标注了经济周期
#这里使用模拟数据作为示例
economic_cycles < - c("衰退","复苏","过热","滞胀")
data $Cycle < - rep(economic_cycles,ceiling(nrow(data)/length(economic_cycles)))
#准备训练数据和测试数据
set.seed(123)
train_index < - sample(1:nrow(data),0.8 * nrow(data))
train_data < - data[train_index,]
test_data < - data[ - train_index,]
#特征选择
features < - setdiff(names(train_data),c("Cycle","Date"))
#训练随机森林模型
rf_model < - randomForest(Cycle ~. ,data = train_data[,features],ntree = 100)
#预测测试集
predictions < - predict(rf_model,newdata = test_data[,features])
#评估模型
confusion_matrix < - table(Predicted = predictions,Actual = test_data $Cycle)
print(confusion_matrix)
```

```
#预测下一个周期
next_cycle_prediction <- predict(rf_model,newdata = tail(test_data[,features],1))
print(next_cycle_prediction)
```

二、经济政策

(一) 一般性描述

政府所制定的经济政策对商品价格产生影响，这种影响可划分为两个层面。首先是政府针对整体经济所实施的宏观政策，其次是针对特定商品所采取的特定政策。

政府针对整体经济所实施的宏观政策，通常具备“反周期政策”的特性。在总需求低于总供给，导致经济萧条和失业率上升的情况下，政府往往会采取扩张性措施以刺激总需求；反之，在总需求超过总供给，引发通货膨胀时，则会采取紧缩性措施以抑制总需求。政府调控经济的主要手段包括财政政策（包括收入政策）、货币政策和汇率政策。由于这些调控政策的实施通常是为了解决现实经济中的问题，它们自然会对经济趋势产生一定的影响。宏观调控政策会改变某些商品原有的供需平衡，进而导致价格变动。

至于特定商品，政府所制定的特定政策对其价格的影响更为直接。例如，2021年10月下旬，国家发展和改革委员会研究决定依法对煤炭价格实施干预措施，结果动力煤价格从全年最高点约2587.5元/吨持续下降至2021年12月22日的约992.5元/吨，降幅达到61.64%。

(二) 举例说明

假设我国自2024年8月1日开始，电解铝相关商品的出口关税从5%下降到0，计算电解铝期货价格在2024年8月1日前后的价格波动，并进行价格预测。示例程序提供了一个基本的框架，首先，生成了一段模拟的电解铝期货价格数据，并将其转换为时间序列对象。其次，使用auto.arima函数自动选择最佳的ARIMA模型参数，并使用该模型进行未来价格的预测。最后，模拟了出口关税下降对价格的潜在影响，并在图表上展示了预测结果。

```
#安装和加载所需的包
install.packages("quantmod")
install.packages("forecast")
library(quantmod)
library(forecast)
```

```
#假设我们已经有了电解铝期货价格的历史数据
#这里使用模拟数据作为示例
set.seed(123)
aluminum_prices <- cumprod(runif(200,0.995,1.005),by=1) * 15000   #模拟价格数据
#将价格数据转换为时间序列对象
aluminum_ts <- ts(aluminum_prices,start=c(2024,1),frequency=12)
#拆分数据为训练集和测试集
train_ts <- window(aluminum_ts,start=c(2024,1),end=c(2024,7))
test_ts <- window(aluminum_ts,start=c(2024,8),end=c(2024,12))
#使用 ARIMA 模型进行拟合
arima_model <- auto.arima(train_ts)
#打印模型摘要
print(summary(arima_model))
#使用模型进行预测
forecasted_values <- forecast(arima_model,h=5)   #预测未来 5 个时间点
#绘制实际值和预测值
plot(aluminum_ts)
lines(forecasted_values$mean,col="red",lty=2)
#打印预测的价格
print(forecasted_values$mean)
#假设出口关税下降对价格的影响是直接的,我们可以模拟一个价格提升
#这里假设价格在政策实施后上涨 5%
price_increase <- 1.05 * forecasted_values$mean
#绘制考虑政策变化后的价格预测
lines(price_increase,col="blue",lty=2)
#打印考虑政策变化后预测的价格
print(price_increase)
```

三、国际市场行情

（一）一般性描述

在自由贸易的背景下，任何国家的国内市场均无法独立于国际市场之外。对于国际市场价格的显著波动，国内市场几乎难以避免其影响。例如，在国际市场上，若因供应过剩导致价格下降，国内即便供需平衡，也难以避免受到波及。国际市场的低价将吸引国内进口商增加进口量，从而导致国内市场的供需失衡，唯有当价格

降至进口商无利可图时，进口活动才会停止。反之，若国际市场价格上扬，国内市场的低价也难以持续，因为此时出口商将变得活跃。

当然，国内市场价格受国际市场影响的程度，与国家的开放程度密切相关。开放程度越高，国内市场价格受国际市场影响的程度越大，两者之间的价格联系也越紧密。

（二）举例说明

以我国铜生产和贸易为例，由于我国铜市场开放较早且开放程度较高，因此上海期货交易所的铜期货价格与伦敦金属交易所的铜期货价格之间存在非常紧密的联系，故可对两市场3个月铜期货的主力合约进行套利交易，具体程序设计如下。

```
#安装和加载所需的包
install.packages("quantmod")
install.packages("TTR")
install.packages("urca")
library(quantmod)
library(TTR)
library(urca)
#假设我们已经有了上海期货交易所和伦敦金属交易所的铜期货价格数据
#这里使用模拟数据作为示例
set.seed(123)
shfe_copper_prices <- cumprod(runif(61,0.995,1.005),by = 1) * 50000   #上海期货价格,单位:元
lme_copper_prices <- cumprod(runif(61,0.995,1.005),by = 1) * 6000   #伦敦期货价格,单位:美元
#将两个市场的价格转换为一个数据框
prices <- data.frame(
Date = seq(as.Date("2024-01-01"),by = "day",length.out = 61),
SHFE_Copper = shfe_copper_prices,
LME_Copper = lme_copper_prices
)
#计算相关系数
correlation <- cor(prices$SHFE_Copper,prices$LME_Copper)
#打印相关系数
cat("Correlation Coefficient:",correlation,"\n")
#进行 Granger 因果关系检验
```

```
#注意:这里仅展示如何使用urca包进行Granger检验,实际应用中可能需要更复杂的数据处理
granger_result <- urca(test = ~LME_Copper ~ SHFE_Copper, data = prices, lags = 1)
#打印Granger检验结果
print(granger_result)
#使用VAR模型进行分析
#注意:这里仅展示如何使用VAR模型,实际应用中可能需要更详细的模型配置和诊断
var_model <- VAR(prices[, -1])  #排除日期列
#打印VAR模型摘要
summary(var_model)
#进行脉冲响应分析,以获得套利策略
irf_result <- irf(var_model, n.ahead = 1, orthogonalized = TRUE, boot = TRUE)
#打印脉冲响应结果
print(irf_result)
#根据VAR模型结果构建套利策略
#这里需要更深入地分析来确定具体的套利规则,以下仅为示例
if(irf_result$orthResponse[1,,1] > 0){
#如果上海期货价格对伦敦期货价格的响应为正,则可能考虑买入上海期货,卖出伦敦期货
}else{
#反之亦然
}
```

四、汇率和利率变动

（一）一般性描述

汇率是指本国货币与外国货币之间的兑换比率。当汇率发生变动，原有的货币兑换比率将被改变，进而影响商品进出口的价格。汇率的波动对期货市场具有显著的影响，当汇率大幅波动时，投资者需对期货市场的交易策略及风险管理作出相应的调整。

一方面，汇率的上升或下降会直接影响期货合约的价格，进而影响投资者的盈亏状况。汇率上升时，进口商品的成本增加，导致期货价格上升；反之，汇率下降则会降低进口商品的成本，影响期货价格。汇率的变动还会对外汇市场的需求和供给产生影响，从而影响期货市场的交易活动和价格水平。

另一方面，汇率波动会增加和减少企业套期保值的实施。通常情况下，一国的特定商品，其国内市场的供需平衡对进出口的依赖性越强，对汇率波动的敏感性越

高。因此，从事此类商品期货交易的交易者，必须密切关注汇率变动的动态。汇率期货与国际贸易紧密相关，汇率的波动会直接影响国际贸易的竞争力和定价策略。企业为了降低因汇率变动可能带来的生产利润损失，通常会参与期货交易以降低外汇风险，确保生产和贸易过程中汇率相关风险的稳定性。同时，期货交易还能为企业提供套利机会，从而增强企业的盈利能力。

此外，利率的调整是政府实施宏观调控的一种手段。它对商品价格的影响具有双重性，一方面，宏观调控导致的经济形势变化会对商品价格产生间接影响；另一方面，利率的变动会改变商品供需双方的资金成本。尽管如此，利率对商品价格的影响是间接的，因此其影响力不及汇率变动因素显著。

（二）举例说明

2024 年 8 月 2 日，人民币美元汇率下降，上海期货交易所日间盘黄金期货主力合约震荡收高，成交放大，持仓增加。主力 2410 合约收报 574.04 元，涨 0.86% 或 4.92 元；成交量为 263385 手；持仓为 180477 手，持仓增加 2299 手，下个交易日（8 月 5 日）黄金成交量激增（见图 7－1）。

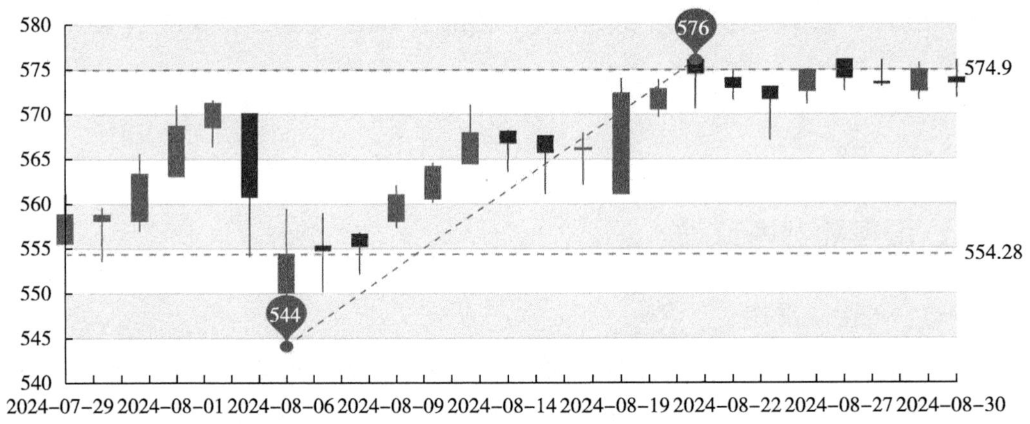

图 7－1　上交所黄金期货行情走势

通过上述汇率变动导致黄金上涨的基本面，构建一个套期保值策略，首先模拟了黄金期货价格数据，并设置了 2024 年 8 月 2 日的黄金期货价格、成交量、持仓量以及新增商品出口合同的假设值。接着，定义了一个 hedge _ strategy 函数，该函数接受期货价格、汇率、成交量、持仓量和新增合同总价作为参数，并计算需要对冲的黄金期货数量。然后，模拟了汇率下降对黄金价格的影响，并在 8 月 5 日执行了抛售和购进黄金期货的操作。最后，调用了 hedge _ strategy 函数来应用套期保值策略。

```
#安装和加载所需的包
install.packages("quantmod")
library(quantmod)
#假设我们已经有了上海期货交易所黄金期货主力合约的历史数据
#这里使用模拟数据作为示例
set.seed(123)
gold_future_prices <- cumprod(runif(10,0.995,1.005),by = 1) * 570  #模拟价格数据
#模拟2024年8月2日的数据
aug_2nd_price <- 574.04  #主力合约价格
aug_2nd_volume <- 263385  #成交量
aug_2nd_open_interest <- 180477  #持仓量
new_export_contracts <- 2299 * 50  #假设新增商品出口合同总价的50%
#模拟汇率变动
usd_cny_exchange_rate <- 6.7  #假设的人民币美元汇率
#模拟2024年8月5日的数据
aug_5th_volume <- aug_2nd_volume * 2  #假设成交量激增
#套期保值策略函数
hedge_strategy <- function(future_price,exchange_rate,volume,open_interest,new_contracts){
#计算需要对冲的黄金期货数量
hedge_quantity <- new_contracts * 50/future_price
#模拟汇率下降对黄金价格的影响
price_impact <- future_price * (1 + (1 - exchange_rate/usd_cny_exchange_rate))
#抛售黄金期货
sell_gold <- function(){
#使用当日结算价抛售
print(paste("Selling",hedge_quantity,"gold futures at",price_impact))
}
#购进黄金期货
buy_gold <- function(){
#使用第二个交易日结算价购进
next_day_price <- price_impact * runif(1,0.995,1.005)  #假设价格波动
print(paste("Buying",hedge_quantity,"gold futures at",next_day_price))
}
#执行策略
sell_gold()
```

```
buy _ gold( )
}
#应用套期保值策略
hedge _ strategy( aug _ 2nd _ price,usd _ cny _ exchange _ rate,aug _ 5th _ volume,aug _ 2nd _ open _ interest,new _ export _ contracts)
```

五、自然因素

（一）一般性描述

包括地震、洪涝、干旱、严寒、虫灾、台风等多个方面的自然条件因素将严重影响农产品价格，从而也构成了农产品期货价格波动的主要影响因素。

农产品、金属、能源等的期货价格皆会受气候条件、地理变化和自然灾害等自然因素的影响。以农产品为例，当自然条件不利时，农作物的产量就会受到影响，从而使供给趋紧，刺激期货价格上涨；反之，如气候适宜，又会使农作物增产，市场供给得到增加，促使期货价格下跌。此外，如我国 2024 年 7 月持续的暴雨，对螺纹钢等黑色系品种的供给端影响显著，导致期货市场变化，但对农产品影响相对有限。这说明当生产、运输和仓储因灾难天气而造成较大损失时，价格就会上涨，这也形成了一定气候因素的重大变化对黑色金属期货的影响。

（二）举例说明

首先，模拟了螺纹钢期货价格数据，并设置了持续暴雨预警的日期和第二个交易日。其次，定义了一个 hedge _ strategy 函数，该函数接受价格数据、预警日期、第二个交易日和新增合同总价作为参数，并计算需要对冲的螺纹钢期货数量。再次，执行了在预警日购进和在第二个交易日抛售的操作，并计算了对冲收益。最后，调用了 hedge _ strategy 函数来应用套期保值策略。

```
#安装和加载所需的包
install. packages( " quantmod" )
library( quantmod)
#假设我们已经有了螺纹钢期货的历史价格数据
#这里使用模拟数据作为示例
set. seed(123)
rebar _ prices < - cumprod( runif(30,0. 995,1. 005) ,by =1) * 3500   #模拟价格数据
#模拟持续暴雨预警的日期
storm _ warning _ date < - as. Date( c( "2024 - 08 - 02" ) )   #假设 8 月 2 日公布预警
```

```
#模拟第二个交易日
next_trading_day <- storm_warning_date + 1   #假设下一个交易日是 8 月 3 日
#模拟当月新增商品出口合同总价
new_export_contracts_value <- 1000000   #假设新增合同总价为 100 万元
#计算需要对冲的螺纹钢期货数量(50%)
hedge_quantity <- new_export_contracts_value * 0.5
#套期保值策略函数
hedge_strategy <- function(prices,storm_date,next_date,contracts_value){
#找到公布预警日和第二个交易日的螺纹钢期货价格
storm_date_price <- prices[storm_date]
next_date_price <- prices[next_date]
#计算对冲操作
print(paste("Storm warning date:",storm_date," - Purchase",hedge_quantity,"tons of rebar at",
storm_date_price))
print(paste("Next trading date:",next_date," - Sale",hedge_quantity,"tons of rebar at",next_date
_price))
#计算对冲收益
hedge_profit <- (next_date_price - storm_date_price) * hedge_quantity
print(paste("Hedge profit:",hedge_profit))
}
#应用套期保值策略
#注意:这里我们假设 prices 是一个时间序列对象,且 storm_warning_date 和 next_trading_day 已
经在 prices 的日期范围内
hedge_strategy(rebar_prices,storm_warning_date,next_trading_day,new_export_contracts_val-
ue)
```

六、政治因素

（一）一般性描述

政治因素主要涉及国际与国内的政治环境，包括国际政治事件的突发和国际关系结构的变动。2022 年俄乌冲突的爆发导致一系列商品期货价格出现剧烈波动，特别是能源类期货价格在短时间内下降幅度高达 40%。这一现象揭示了在国际局势紧张时，战略性物资价格受到的影响相较于其他商品更为显著。

具体而言，俄罗斯与乌克兰均为全球大宗商品及粮食的主要出口国。俄乌紧张局势的升级对大宗商品市场的影响主要体现在国际能源与农产品贸易两大领

域。一方面，在需求复苏与供给不足的背景下，地缘政治风险加剧了国际油价的上涨，使其突破每桶100美元的阻力位，并从成本端推动了国内化工品价格的提升。战争爆发后，2月24日原油价格从高位大幅回落；另一方面，乌克兰作为全球最大的葵花籽油生产及出口国，2022年度葵花油总出口量在2021年底预计应达到700万吨，但在2022年12月统计仅达到330万吨。俄乌冲突局势导致油脂、玉米等农产品的出口船期显著延后，使得原本紧张的油脂供应状况进一步加剧。此外，能源价格的大幅上涨也刺激了对油脂制生物能源的需求，这两个方面因素共同作用，推动了油脂价格的持续上涨，并进而带动了其产业链上相关品种及替代品价格的上升。

（二）举例说明

构建一个程序来计算黄金、原油、玉米三个期货价格的滚动3个月波动率趋势，并进行纵向比较是否因为政治因素（俄乌冲突爆发）形成显著的期货价格的波动聚集。首先，定义了获取数据的函数get_future_data，然后定义了计算滚动3个月波动率的函数calculate_rolling_volatility。其次，获取了黄金、原油、玉米三个期货的历史价格数据，并计算了它们的滚动波动率。最后，将波动率数据合并为一个数据框，并使用plot_volatility_trends函数进行了作图比较。

```
#安装和加载所需的包
install.packages("quantmod")
install.packages("TTR")
install.packages("PerformanceAnalytics")
library(quantmod)
library(TTR)
library(PerformanceAnalytics)
#定义获取数据的函数
get_future_data <- function(symbol,exchange = "CME"){
getSymbols(symbol,src = "FRED",auto.assign = TRUE)
data <- Cl(as.xts(get(symbol)))
return(data)
}
#定义计算滚动3个月波动率的函数
calculate_rolling_volatility <- function(data,window = 3){
#计算对数收益率
log_returns <- log(data/lag(data,window = 1))
```

```
#计算波动率
volatility <- sqrt(window) * sd(log_returns, na.rm = TRUE)
return(volatility)
}
#定义作图函数
plot_volatility_trends <- function(volatility_data, start_year = 2018, end_year = 2024){
chartSeries(volatility_data, name = "Volatility Trends", ylab = "Volatility")
lines(volatility_data, col = "blue")
}
#获取数据
gold_prices <- get_future_data("GC")  #黄金
oil_prices <- get_future_data("CL")  #原油
corn_prices <- get_future_data("C")  #玉米
#计算滚动3个月波动率
gold_rolling_volatility <- calculate_rolling_volatility(gold_prices)
oil_rolling_volatility <- calculate_rolling_volatility(oil_prices)
corn_rolling_volatility <- calculate_rolling_volatility(corn_prices)
#将波动率数据合并为一个数据框
volatility_data <- cbind(gold_rolling_volatility, oil_rolling_volatility, corn_rolling_volatility)
colnames(volatility_data) <- c("Gold", "Oil", "Corn")
#作图比较
plot_volatility_trends(volatility_data, 2018, 2024)
```

七、季节性因素

（一）一般性描述

很多期货交易较为频繁、流动性较大的商品的供应或需求，皆具有季节性特点，如农产品的供应都是每年同一时期集中上市，而需求却是分散的。又如，活猪的屠宰、销售以及小猪生产期也有季节性特点。再如，燃油在冬季的需求量明显超过其他季节。

供需的季节性特点，将引发相应品种的期货价格季节性波动，如图7-2所示，我国玉米期货具有较为显著的季节性涨跌幅度特点，图7-2下方依据玉米期货价格的摆动点来度量玉米期货多空双方创出的峰值（最高价）距每天收市价的距离与7天的期货价格波动范围的比例，计算威廉振荡指标（WR），并通过威廉震荡指标趋势可看出，玉米期货价格季节性的趋势反转特点：上年11月至本年3月震荡上升，当年 3 月至 7 月震荡下降，如此循环往复。

图 7－2　玉米期货 2021—2024 年月 K 线

（数据来源：金投网 https：//quote. cngold. org/qh/dce _ c. html）

鉴于职业投资者与现货商均对季节性因素有所了解，此类特征通常会在不同交割月份的期货合约中预先体现，部分交易者在预测市场未来走势时，会将此作为参考指标。当然，在实际应用此方法之前，他们会对历史数据进行定量的统计分析，以期从中挖掘出更多有价值的信息。

（二）举例说明

首先，创建了一个包含 3 月、5 月、9 月和 11 月合约价格的数据框，并计算了 5 月与 3 月合约以及 11 月与 9 月合约之间的升水和贴水。其次，对数据进行了汇总，以分析不同月份的升水和贴水的平均水平。最后，定义了一个 hedge _ strategy 函数来根据当前的升水和贴水状态构建套期保值策略，并在给定的当前日期应用该策略。

```
#安装和加载所需的包
install. packages( " quantmod" )
install. packages( " dplyr" )
library( quantmod)
library( dplyr)
```

```
#假设我们已经有了玉米期货的历史价格数据
#这里使用模拟数据作为示例
set. seed(123)
corn _ futures _ prices < - data. frame(
Date = seq( as. Date(" 2018 - 01 - 01" ) ,by = " month" ,length. out = 72)   #从 2018 年到 2024 年
Mar = cumprod( runif( 72 ,0. 995 ,1. 005) ,by = 1) * 400   #3 月合约模拟价格
May = cumprod( runif( 72 ,0. 995 ,1. 005) ,by = 1) * 410   #5 月合约模拟价格
Sep = cumprod( runif( 72 ,0. 995 ,1. 005) ,by = 1) * 400   #9 月合约模拟价格
Nov = cumprod( runif( 72 ,0. 995 ,1. 005) ,by = 1) * 390   #11 月合约模拟价格
)
#计算升水和贴水
corn _ futures _ prices < - corn _ futures _ prices% > %
mutate( May _ Spread = May - Mar,Nov _ Spread = Nov - Sep)
#分析季节性周期性特点
#这里我们简单地检查 5 月和 11 月合约相对于 3 月和 9 月合约的升水和贴水状态
seasonality _ analysis < - corn _ futures _ prices% > %
group _ by( month( Date) ) % > %
summarise(
May _ Spread _ Mean = mean( May _ Spread) ,
Nov _ Spread _ Mean = mean( Nov _ Spread)
)
#构建套期保值策略
#假设当前日期,我们需要对冲 3 月的玉米产量
current _ date < - as. Date(" 2024 - 03 - 01" )
hedge _ strategy < - function( futures _ data,current _ date) {
#找到当前日期的升水和贴水状态
current _ data < - filter( futures _ data,Date = = current _ date)
if( current _ data $May _ Spread > 0) {
#如果 5 月合约呈现升水状态,购买 5 月合约进行套期保值
print( " Buy May futures to hedge against price increase. " )
} else{
#否则,购买 3 月合约
print( " Buy March futures to hedge. " )
}
if( current _ data $Nov _ Spread < 0) {
```

```
#如果 11 月合约呈现贴水状态,出售 11 月合约进行套期保值
print("Sell November futures to hedge against price decrease.")
}else{
#否则,出售 9 月合约
print("Sell September futures to hedge.")
}
}
#应用套期保值策略
hedge_strategy(corn_futures_prices,current_date)
```

八、投机行为和动机

（一）一般性描述

鉴于市场存在景气指数，当该指数处于高位时，交易量与流动性相应增加，市场价格波动的频率也随之增大，且可能加速接近期货商品预期的真实价值。因此，在牛市期间，市场情绪普遍乐观，即便是微小的利好消息也可能促使相关品种的期货价格上涨，这使得投资者更倾向于采纳一种简单明了的投资策略——买入而非卖出。

相对地，在熊市阶段，市场景气指数较低，交易量减少，流动性降低，导致市场价格无法通过频繁的交易活动准确反映其价值，进而引发投资者对价格的进一步怀疑。在此期间，即便是轻微的利空消息也可能导致相关品种的期货价格急剧下滑，引发恐慌性抛售。

因此，在进行基本面分析时，除了考虑经济周期、经济政策、国际市场动态、汇率与利率变化、自然条件、政治局势以及季节性因素之外，还应重视一个关键因素——市场预期，这种预期因素将导致在牛市与熊市下需要采取不同的套利策略。

在交易过程中，持仓报告作为基本面分析中关于市场预期因素的重要工具，为投资者及市场监管机构提供了市场参与者持仓状况的详尽信息。该报告通常由期货交易所定期发布，内容涵盖各类期货合约的持仓量、持仓变动以及持仓者的分类数据。通过分析持仓报告，市场参与者能够洞察市场趋势、预测价格变动，并据此调整自身的交易策略。此外，部分期货市场会定期公布大投机商的持仓报告，例如，美国商品期货交易委员会（CFTC）每周五定期发布商业性和非商业性（通常被视为基金）的持仓报告。这些大投机商因其对期货价格变动具有较大影响力，通过他们的持仓报告，交易者可以了解市场大户的动向，并据此合理分析基本面中的预期

因素。

（二）举例说明

首先模拟了沪深300股指期货的历史价格数据，并根据价格的变动定义了市场情绪（1表示牛市，-1表示熊市）。然后，模拟了公告事件的数据。接着，定义一个 arbitrage _ strategy 函数来根据市场情绪和公告事件执行买入或卖出策略。最后，调用了 arbitrage _ strategy 函数来应用套利策略，并打印了策略动作。

```
#安装和加载所需的包
install. packages("quantmod")
install. packages("dplyr")
library(quantmod)
library(dplyr)
#假设我们已经有了沪深300股指期货的历史价格数据
#这里使用模拟数据作为示例
set. seed(123)
hsi _ future _ prices < - cumprod(runif(50,0. 995,1. 005),by = 1) * 3000    #模拟价格数据
#假设我们已经有了市场情绪的数据,1表示牛市,-1表示熊市
market _ sentiment < - ifelse(hsi _ future _ prices > lag(hsi _ future _ prices),1, -1)
#假设我们已经有了公告事件的数据
announcements < - sample(c(TRUE,FALSE),length(hsi _ future _ prices),replace = TRUE)
#定义套利策略函数
arbitrage _ strategy < - function(prices,sentiment,announcements){
strategy _ actions < - rep(NA,length(prices))
for(i in 2:length(prices)){
if(sentiment[i] == 1&&announcements[i - 1]){
#牛市且有公告,执行买入策略
strategy _ actions[i] < - "Buy"
} else if(sentiment[i] == - 1&&announcements[i - 1]){
#熊市且有公告,执行卖出策略
strategy _ actions[i] < - "Sell"
}
}
return(strategy _ actions)
}
#应用套利策略
```

```
strategy_actions <- arbitrage_strategy(hsi_future_prices,market_sentiment,announcements)
#打印策略动作
print(strategy_actions)
```

第三节　基本面分析的主要方法

一、多元时间序列分析

（一）一般性描述

期货市场的价格变动与其他市场之间存在着密切的联系，一个市场的价格波动能够迅速影响到其他市场。因此，探究不同资产收益率之间的相互关系，有助于深入理解影响期货价格的基本面因素。这些研究问题属于多元时间序列分析的领域。多元时间序列由多个单一时间序列组成，这些单一时间序列在采样时间点上是一致的，因此可以将数据以矩阵形式展现，其中每一行代表一个时间点，每一列代表一个单一时间序列。假设我们用 cor 表示在时刻 t 各个资产的对数收益率，则在时间序列中，两个市场价格分量的线性相依性一般会分为如下情况。

（1）若一个分量对另一分量的过去值的线性依赖为零，反之则相反，则两个分量和不相关（对任意）。

（2）若两个分量的同步线性关系不为零，则两个分量和具有同步相关。

（3）若一个分量对另一分量的过去值的线性依赖为零，反之则相反，但两个分量和没有引导与滞后的关系，则这两个分量很可能有同步相关，这种同步相关性被称为这两个序列是分离的。

（4）如果其中一个分量不依赖于过去的另一分量，但另一分量依赖于过去的这个分量，这说明一个分量为溢出方，另一分量为接受溢出方，这时具有一个单向的引导（领先）关系。

（5）如果存在两个分量，相互间都存在一个分量依赖于过去的另一分量，则两个分量之间存在相互的反馈关系，互为引导和滞后。

（二）举例说明

首先模拟了美国和中国玉米期货价格，并计算了它们的对数收益率。接着，使用 cor. test 函数计算了两个序列的皮尔逊相关系数，打印结果并绘制了两个序列的散点图，以可视化它们之间的关系。然后，计算 t-1 期的滞后收益率，并使用这些滞后收益率构建了协方差矩阵。使用 cov2cor 函数将协方差矩阵转换为相关系数矩阵，并打印了结果。最后，使用 corrplot 包绘制了相关系数矩阵图，以直观展示两个市场对数收益率的相关性。

```
# 安装和加载所需的包
install.packages("quantmod")
install.packages("PerformanceAnalytics")
library(quantmod)
library(PerformanceAnalytics)
# 模拟美国和中国玉米期货价格数据
set.seed(123)
us_corn_prices <- cumprod(runif(100, 0.995, 1.005), by = 1) * 100
china_corn_prices <- cumprod(runif(100, 0.995, 1.005), by = 1) * 120
# 计算对数收益率
us_corn_returns <- log(us_corn_prices / lag(us_corn_prices, 1))
china_corn_returns <- log(china_corn_prices / lag(china_corn_prices, 1))
# 使用 cor.test 分析当期对数收益率的相关系数
correlation_test <- cor.test(us_corn_returns, china_corn_returns, method = "pearson")
# 打印相关系数
cat("Pearson correlation coefficient:", correlation_test$estimate, "\n")
# 绘制美国玉米期货价格和中国玉米期货价格的散点图
plot(us_corn_returns, china_corn_returns, xlab = "US Corn Returns", ylab = "China Corn Re-
turns", main = "US vs China Corn Returns Scatterplot")
abline(0, 0, col = "red")
# 使用协方差阵估计 t-1 期对对方的相关系数
us_corn_lag_returns <- lag(us_corn_returns, 1)
china_corn_lag_returns <- lag(china_corn_returns, 1)
# 计算协方差
covariance_matrix <- matrix(c(
var(us_corn_lag_returns), cov(us_corn_lag_returns, china_corn_lag_returns),
cov(us_corn_lag_returns, china_corn_lag_returns), var(china_corn_lag_returns)
), nrow = 2)
# 计算相关系数矩阵
correlation_matrix <- cov2cor(covariance_matrix)
# 打印协方差矩阵
print(covariance_matrix)
```

```
# 打印相关系数矩阵
print(correlation_matrix)
# 使用 corrplot 包绘制相关系数矩阵图
install.packages("corrplot")
library(corrplot)
corrplot(correlation_matrix, method = "color", type = "upper", order = "hclust", tl.col = "black", tl.srt = 45)
```

二、脉冲分析

(一) 一般性描述

1. 多元混成检验

多元混成检验统计量是对各变量前个互相关阵的一个联合检验，如果结果显著，就建立多元的均值模型（如向量自回归 VAR 模型）描述序列分量之间的领先—滞后关系。

假设一个多元时间序列中，各分量对其他分量滞后 t - n 期分量的相关系数为零，即

$$H_0 = \rho_1 = \cdots\cdots = \rho_m = 0 \tag{1}$$

则使用检验统计量：

$$Q_k(m) = T^2 \sum_{t=1}^{m} \frac{1}{T-l} tr(\widehat{\Gamma_l^T} \widehat{\Gamma_0^{-1} \Gamma_l \widehat{\Gamma_0^{-1}}}) \tag{2}$$

其中，k 是分量个数，T 是样本序列长度，tr 是求矩阵的对角线元素之和。若 $\Gamma_l = 0$，在 $l > 0$ 且各分量时间序列服从独立同多元正态分布的任意情况下，$Q_k(m)$ 有解，且利用 $Q_k(m)$ 能计算出各分量的相关矩阵，若 $\rho_l \neq 0$，则各分量存在多元混成的关系。

2. 向量自回归（VAR）

假设 $k = 2$，构建结构模型：

$$\begin{cases} r_{1t} = \varphi_{10} + \varphi_{11} r_{1,t-1} + \varphi_{12} r_{2.t-1} + a_{1t} \\ r_{2t} = \varphi_{20} + \varphi_{21} r_{2,t-1} + \varphi_{22} r_{2.t-1} + a_{2t} \end{cases} \tag{3}$$

这是两个时间序列下的分量分别服从单独的一元 AR（1）模型，若 a_{1t} 和 a_{2t} 不相关，则序列 r_{1t} 和 r_{2t} 不相关，即序列不是耦合的。在这个结构方程中考察矩阵

$\begin{pmatrix} \varphi_{11} & \varphi_{12} \\ \varphi_{21} & \varphi_{22} \end{pmatrix}$，若其中有变量为零，则说明其中一个变量不受另一个变量过去值的影响，若变量不为零，则需通过脉冲分析考察两个变量间如何相互影响。考虑一个变量的一个变化对另一个变量的影响，设置条件概率函数，利用 Cholesky 分解使得新息正交化（分量间不相关），对方针进行分解，分别计算每一个滞后期结果的单位冲击的累积响应。

（二）举例说明

首先，模拟了美国和中国玉米期货价格，并计算了它们的对数收益率。其次，使用 MTS：：mq（）函数进行了多元混成检验。如果检验结果显著，继续构建 VAR（2）模型，并使用 vars：：VAR（）函数进行估计。再次，使用 vars：：grangertest（）函数进行了 Granger 因果检验，并使用模型的残差方差矩阵进行 Cholesky 分解。最后，使用 vars：：irf（）函数计算并绘制了脉冲响应函数图和累积响应图。

```
# 安装和加载所需的包
install. packages( "MTS" )
install. packages( "vars" )
install. packages( "ggplot2" )
install. packages( "ggpmisc" )
library( MTS)
library( vars)
library( ggplot2)
library( ggpmisc)
# 假设我们已经有了美国玉米期货和中国玉米期货的历史价格数据
# 这里使用模拟数据作为示例
set. seed(123)
us _ corn _ prices < - cumprod( runif( 100, 0. 995, 1. 005), by =1) * 100
china _ corn _ prices < - cumprod( runif( 100, 0. 995, 1. 005), by =1) * 120
# 计算对数收益率
us _ corn _ returns < - diff( log( us _ corn _ prices) )
china _ corn _ returns < - diff( log( china _ corn _ prices) )
# 构建多元时间序列对象
data < - cbind( us _ corn _ returns, china _ corn _ returns)
colnames( data) < - c( "US _ Corn", "China _ Corn" )
# 多元混成检验
```

```
mq_result <- mq(data, type = "all")
print("多元混成检验结果:")
print(mq_result)
# 如果检验结果显著,继续构建 VAR(2)模型
if (mq_result$p.value < 0.05) {
# 构建 VAR(2)模型
var_model <- VAR(data, p = 2, type = "const")
print(summary(var_model))
# Granger 因果检验
granger_result <- grangertest(var_model, order = 1, verbose = TRUE)
print("Granger 因果检验结果:")
print(granger_result)
# Cholesky 分解
cholesky_decomposition <- chol(var_model$Sigma)
print("Cholesky 分解结果:")
print(cholesky_decomposition)
# 绘制脉冲响应函数图
impulse_response <- irf(var_model, n.ahead = 10)
plot(impulse_response, main = "脉冲响应函数图", ask = FALSE)
# 绘制累积响应图
cumulative_response <- cumulate(impulse_response, plot = TRUE, main = "累积响应函数图")
} else {
print("检验结果不显著,不构建 VAR 模型。")
}
```

本章小结

本章深入探讨了基本面分析在期货市场中的重要性和应用，涵盖了供需关系、价格波动、库存与政府储备、经济周期、经济政策、国际市场行情、汇率和利率变动、自然因素、政治因素以及季节性因素等多个方面。

基本面分析是期货交易中的一种关键分析方法，它着重研究影响商品供需的基本因素，包括经济周期、政策变动、国际市场动态等。通过深入分析这些因素，投资者可以更好地理解市场动态，预测价格走势。本章强调了供需关系对价格的决定性作用，并讨论了价格波动如何反映市场对未来供需状况的预期。

本章进一步分析了库存和政府储备如何作为市场调节工具，影响商品的供需平衡，同时，探讨了经济周期不同阶段对商品价格的影响，以及政府的经济政策如何通过改变总需求影响价格。此外，国际市场行情、汇率和利率变动、自然条件、政治局势等外部因素也在本章得到了讨论，说明了这些因素如何综合作用于期货市场。

最后，本章介绍了基本面分析在构建套期保值策略中的应用，并提出了一些具体的分析方法，如多元时间序列分析和脉冲响应分析。通过这些方法，投资者可以评估不同因素对期货价格的影响力度，制定相应的交易策略。本章还讨论了季节性因素和投机行为对市场预期的影响，以及如何利用持仓报告等信息工具来优化交易决策。

综上所述，基本面分析为期货交易者提供了一套全面的工具和方法，帮助他们深入理解市场运作的内在逻辑，制定出更为科学和合理的交易策略。通过对基本面因素的细致分析，投资者可以更加自信地面对市场波动，有效管理风险，实现稳健的投资回报。

课后习题

1. 定义解释题：解释什么是供需关系，以及它如何影响期货价格的波动。

2. 数据分析题：如果某农产品在收获季节的供给量增加，分析并解释这将如何影响其期货价格。

3. 图表解读题：给出一张显示某期货合约价格和成交量随时间变化的图表，分析可能影响价格变动的因素。

4. 案例分析题：分析一项具体的经济政策（如利率调整）是如何影响特定期货品种价格的，并给出可能的交易策略。

5. 模型构建题：使用 R 语言构建一个简单的多元线性回归模型，分析不同因素（如经济增长率、通货膨胀率）对某金属期货价格的影响。

6. 风险管理题：讨论在国际市场行情波动较大时，如何使用套期保值策略来管理风险，并给出一个实例说明。

7. 策略评估题：构建一个基于季节性因素的交易策略，并评估其在不同市场条件下的有效性。

8. 综合应用题：考虑汇率变动和政治因素，分析它们如何共同影响农产品期货市场，并提出相应的投资建议。

9. 数据分析编程题：使用 R 语言编写一个函数，根据给定的历史价格数据和移动平均线，识别并标记出潜在的买入和卖出信号。

10. 政策影响分析题：分析一项新的环保政策可能如何影响能源期货市场，并预测政策实施后市场可能出现的反应。

第八章　技术面分析

第一节　“技术面分析”分析什么

一、技术面分析假设

技术分析即技术面分析，是一种应用期货市场中供求关系变化的基本规律，以探寻并构建一套用于分析市场动向、预测市场未来趋势的金融分析方法。该方法将价值投资具体化，将那些抽象的估值和数据，通过技术形态和技术指标的形式清晰地呈现出来。

在期货交易领域，选择合适的入场和退出时机的重要性远超过股票市场。在期货市场中，入场时机的差异，哪怕仅是短短数分钟，也可能导致截然不同的盈亏结果。由于基本面因素并非频繁变动，因而时机的选择主要依赖于技术分析。因此，在期货交易的技术分析过程中，对时机选择工具的重视程度极高。

技术面分析之所以能成为判断市场行情的有效工具，其理论基础建立在以下三个市场假设之上。

（一）市场行为反映一切

技术分析是进行市场研究和交易决策的基础。技术分析者坚信，市场上的投资者在作出交易决策时，已经将所有影响市场价格的因素考虑在内。因此，他们认为，只要深入研究市场上的交易行为和图表模式，就能够准确把握当前的市场状况，而无须过多关注那些影响因素的具体细节。技术分析者相信，市场价格的波动是由供求关系决定的，而这些供求关系已经反映在价格图表和交易量数据中。通过分析这些图表和数据，技术分析者试图预测未来的市场走势，从而作出相应的交易决策。他们认为，市场价格的波动遵循一定的规律和模式，这些规律和模式可以通过历史数据和图表分析来识别和利用。因此，技术分析者通常会使用各种技术指标和工具，如移动平均线、相对强弱指数（RSI）、布林带等，来帮助他们更好地理解和预测市场的动态。总之，技术分析者认为，通过研究市场交易行为和图表模式，可以有效地了解市场的当前状况，并在此基础上作出明智的交易决策。

（二）价格呈趋势变动

在进行技术分析时，价格呈现趋势变动是最根本、最核心的因素。技术分析的核心在于理解并应用“趋势”这一概念。正如物理学中的动力法则所指出的，一个物体一旦开始运动，除非受到外力作用，否则它将保持这种运动状态。同样地，在金融市场中，价格的趋势一旦形成，也会持续运行，直到出现明显的反转迹象为止。尽管价格在短期内可能会出现上下波动，但从长期来看，它总是朝着某个特定的方向前进。这种现象实际上也是牛顿惯性定律在金融市场中的体现。

因此，技术分析法的目标是通过图形分析或指标分析，尽早地确定当前的价格趋势，并发现可能的反转信号。通过这种方式，交易者可以更好地把握市场的动态，选择合适的时机进行交易，从而实现获利的目的。技术分析不仅是一种预测工具，更是一种帮助交易者理解市场行为、制定交易策略的有效方法。通过深入研究价格图表和各种技术指标，交易者可以更好地识别市场趋势，避免在市场波动中迷失方向，从而在充满不确定性的金融市场中获得相对稳定的投资回报。

（三）历史会重演

历史往往会重演，这一现象可以从人类的心理因素方面进行深入探讨。期货投资本质上是一种追求利润的行为，无论是昨天、今天还是明天，这种追求利润的动机始终不会发生根本性的变化。正是在这种心理状态下，人类的交易行为往往会呈现出一定的模式和规律，从而导致历史在某种程度上重演。因此，过去的价格变动方式在未来可能会不断地重现，这对于投资者来说具有重要的研究价值。

投资者可以通过深入研究历史价格的变动模式，利用统计分析的方法，从中发现一些具有规律性的图形和模式。通过对这些图形和模式的深入分析和理解，投资者可以整理出一套有效的操作原则和策略。这些原则和策略可以帮助投资者在未来的交易中更好地预测市场走势，从而作出更为明智的投资决策。通过这种方式，投资者不仅能够更好地理解市场的动态，还能够在一定程度上规避风险，提高投资的收益。

对于这三大假设的合理性，学界一直存在争议，不同分析者持有不同见解。例如，首个假设认为市场行为能够全面反映所有信息，然而市场行为所体现的信息仅限于价格变动，与原始信息存在差异，信息的损失是不可避免的。因此，在执行技术分析的同时，也应适当结合基本面分析以及其他分析方法，以弥补技术分析的不足。至于第三个假设，即历史会重演，期货市场的行为复杂多变，绝无完全一致的情形重现，总是存在或多或少的差异。

二、与基本面分析的联系和区别

（一）联系

技术分析的理论基础建立于三个核心原则之上，技术分析被认为是评估市场趋势的有效工具。两者起点与终点相同，均旨在更精准地把握投资时机，进行科学的决策，以实现盈利目标。两者在实践基础上具有共通性，都是投资者在长期投资实践中逐步归纳总结出的科学方法论，各自形成独立的体系，同时又相互关联。在实际应用中，两者相辅相成，对投资者具有重要的指导作用。基本面分析专注于股票的选择，而技术分析则确定投资的最佳时机。只有将两者结合，即精准选择投资对象并把握投资时机，投资者才能在证券投资领域取得成功。

（二）区别

1. 对市场有效性的判定不同

技术分析导向的投资策略建立在对市场弱式有效性的否定之上，其核心观点是投资者能够通过对历史价格数据的分析来实现超额收益；而基本面分析导向的投资策略则建立在对市场半强式有效性的否定之上，其认为公开信息并未完全反映公司价值及宏观经济状况和政策信息，因此通过深入的基本面分析也可获得超额收益。相较于基本面分析，技术面分析可能更紧密地贴合市场实际，对市场动态的反应更为迅速。

2. 分析基础不同

技术分析是一种投资分析方法，它主要依赖于市场上历史的交易数据，包括股价和成交量等信息。通过对这些数据的深入研究和分析，技术分析试图揭示市场行为的模式和趋势。技术分析者认为，市场上的一切行为和信息最终都会反映在价格变动中，因此通过分析价格图表和各种技术指标，可以预测未来的市场走势。

此外，基本分析则侧重于宏观经济、行业状况以及公司自身的财务和经济数据。基本分析者通过对这些数据的综合评估，试图判断公司的业绩和未来发展前景。基本分析的核心在于通过对公司基本面的深入研究，确定其投资价值，从而作出明智的投资决策。基本分析认为，公司的内在价值最终会在市场价格中得到体现，因此投资者应关注公司的盈利能力、财务状况、行业地位以及宏观经济环境等因素。

3. 使用的分析工具不同

技术分析通常依赖于市场历史交易数据的统计结果，通过对这些数据进行深入研究和分析，以闪电图、分时图和K线图等图形式来描述和揭示期货价格运动的内在规律和趋势。这种方法侧重于市场行为本身，包括价格波动、成交量变化以及其他技术指标，旨在通过历史数据来预测未来的市场走势。

基本分析则主要依赖于宏观经济指标、行业基本数据以及行业生产以及毛衣指标等多种数据，借此进行综合性分析来判断股票的合理价格。这种方法更注重期货品种所面临的基本面情况，试图通过深入研究相关公司的生产经营状况和行业发展趋势，作出更为理性的投资决策。

第二节　趋势分析

一、当日趋势

（一）分时图

1. 一般性描述

在期货交易中，有一种图的标价方法是分时图，那是在图中按时间等分，将每分钟的最新价格标出，随着时间延续就会出现一条曲线，图8-1展示了2024年8月19日沪深300股指期货的分时图。

图8-1中首张图示所展示的曲线代表价格走势，其中平滑的线条表示当日的即时平均价格；而第二张图中的垂直线则表示交易量。分时图的优势在于其能够清晰地呈现交易过程，然而其局限性在于不适合进行长期分析。因此，此类图表通常在日内交易分析中得到应用。

2. 举例说明

首先从数据源获取了假设的沪深300股指期货主力合约的代码“IF主力”的日频数据。然后，计算了每日的结算价和成交量，并使用plot函数绘制了某一天的分时图。接着，使用ggplot2包绘制了成交量的统计图。

```
# 安装和加载所需的包
install.packages("quantmod")
install.packages("ggplot2")
library(quantmod)
```

品种	合约名称	开盘价	最高价	最低价	最新价	涨跌	买价	买量	卖价	卖量	成交量	持仓量	图表
IF	IF2409	3335.20	3374.80	3335.20	3348.20	**+11.80**	3347.80	2	3348.20	6	49896	138603	▲

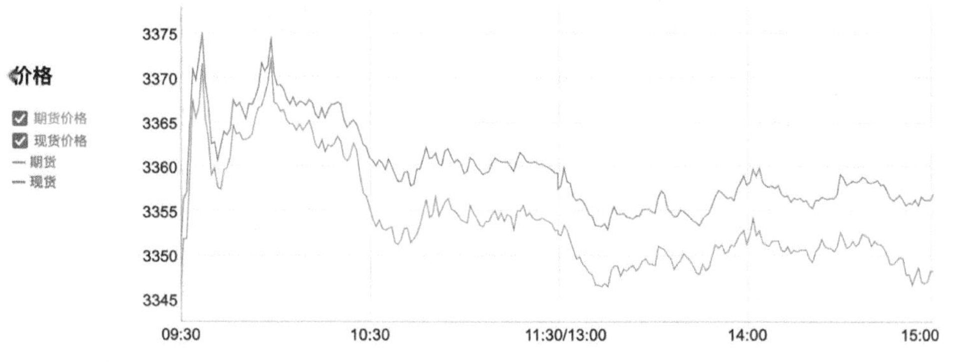

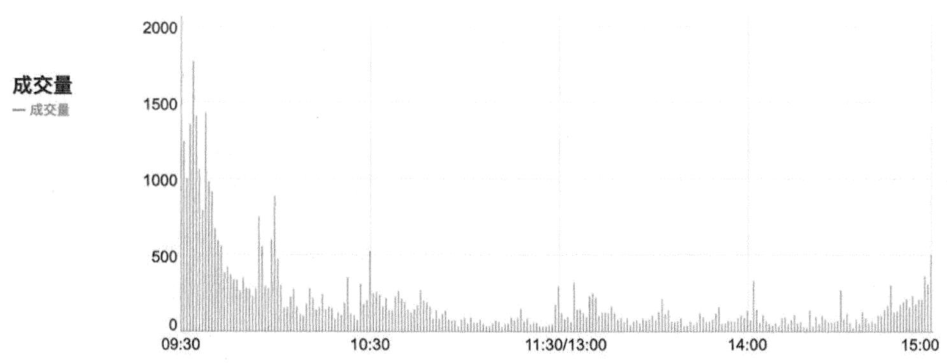

图 8-1　沪深 300 股指期货日分时图

```
library(ggplot2)
# 获取沪深 300 股指期货主力合约的每日结算价和成交量数据
# 这里以某个假设的合约代码“IF 主力”为例,实际合约代码需要替换
getSymbols("IF 主力", src = "CFFEX", auto.assign = TRUE)
# 确保数据是日频数据
daily_data <- to.daily(IF 主力)
# 计算每日的结算价和成交量
daily_data$settle <- Cl(daily_data)
daily_data$volume <- daily_data$volume / 100    # 成交量可能需要调整单位
# 绘制分时图(这里以 2024-08-01 为例)
# 注意:实际分时图需要分钟数据,这里仅演示日数据
plot(daily_data$settle["2024-08-01"], type = "l", xlab = "Time", ylab = "Settlement Price",
main = "Intraday Chart for 2024-08-01")
# 绘制成交量统计图
```

```
ggplot(daily_data, aes(x = Date, y = volume)) +
geom_line(color = "blue") +
ggtitle("Daily Trading Volume of IF Main Contract") +
xlab("Date") +
ylab("Volume")
# 注意:以上代码仅为示例,实际使用时需要根据数据情况进行调整
```

（二）K 线图

1. 一般性描述

K 线图形似蜡烛，又称蜡烛图。在 K 线图中，每根蜡烛代表一个规定的时间段，这个时间段可以是 5 分钟、60 分钟、一天、一周、一月甚至一年，如果是一天，则称为日 K 线图；如果是一月，则称为月 K 线图。K 线图中，只保留该时间段内的四个价格，那就是开盘价、收盘价、最高价和最低价。

绘制 K 线图的规则：纵轴代表价格，横轴代表时间，开盘价与收盘价形成一个矩形。当收盘价高于开盘价时，这个矩形以白色表示，称为阳线；如果开盘价高于收盘价，这个矩形以黑色表示，称为阴线。有时为了加强视觉效果，还用红色代表阳线，蓝色代表阴线。最高价和最低价的画法是：在相应的价位上作点，然后用线段与矩形相连。这时，最高价与矩形相连的一段称为上影线，最低价与矩形相连的一段称为下影线。

如图 8－2 所示，观察 K 线图，可以很明显地看出沪深 300 股指期货在 2024 年 7 月到 2024 年 9 月的这一段时间内，每日的市况是“低开高收”还是“高开低收”，红蓝 K 线形象鲜明，直观能看到最近一年“低开高收”的数量更多还是“高开低收”的数量更多（图中显示“高开低收”的数量更多）。

2. 举例说明

首先生成了一段模拟的沪深 300 股指期货主力合约的 OHLC 数据，并将其转换为时间序列对象。然后，使用 chartSeries 函数结合 candlestick_ohlc 函数绘制了每日、每周和每月的 K 线图。

```
# 安装和加载所需的包
install.packages("quantmod")
library(quantmod)
# 假设我们已经有了沪深 300 股指期货主力合约的代码,例如“000300.SH”
# 这里使用模拟数据,因为实际数据需要从交易所获取
# getSymbols("000300.SH", src = "CFFEX", auto.assign = TRUE)
# 模拟数据,实际应用中应替换为真实数据
```

图 8-2　沪深 300 股指期货的月 K 线

（数据来源：金投网 https：//quote. cngold. org/qh/d _ 179. html）

```
set. seed(123)
simulate _ data < - data. frame(
Date = seq(from = as. Date("2024 - 05 - 01"), to = as. Date("2024 - 08 - 31"), by = "day"),
Open = runif(123, 3000, 4000),
High = runif(123, 3500, 4500),
Low = runif(123, 2500, 3500),
Close = runif(123, 3200, 4200),
Volume = runif(123, 10000, 50000)
)
# 将 Date 列转换为时间序列对象的索引
rownames(simulate _ data) < - simulate _ data $Date
simulate _ data < - simulate _ data[, -1]  # 移除 Date 列
# 绘制每日 K 线图
chartSeries(simulate _ data, name = " Daily K - Line", theme = chartTheme(" white"), up. col = "
```

```
green", dn. col = "red",
    main = "沪深 300 股指期货主力合约 - 每日 K 线图")
    # 绘制每周 K 线图
    weekly_data <- to.weekly(simulate_data, OHLC = TRUE)
    chartSeries(weekly_data, name = "Weekly K-Line", theme = chartTheme("white"), up.col = "
blue", dn. col = "gray",
    main = "沪深 300 股指期货主力合约 - 每周 K 线图")
    # 绘制每月 K 线图
    monthly_data <- to.monthly(simulate_data, OHLC = TRUE)
    chartSeries(monthly_data, name = "Monthly K-Line", theme = chartTheme("white"), up.col = "or-
ange", dn. col = "purple",
    main = "沪深 300 股指期货主力合约 - 每月 K 线图")
```

二、趋势

（一）趋势和趋势线

市场趋势指的是价格变动的整体方向。为了便于实际操作，我们需对其进行更精确的界定。通常情况下，市场价格不会直线前进，而是在图表上呈现出曲折波动的形态，其路径类似于一系列连续的波浪，具有明显的波峰与波谷。市场趋势正是由这些波峰与波谷的连续上升或下降所形成的。无论是连续上升的波峰与波谷还是连续下降的波峰与波谷，抑或是横向延伸的波峰与波谷，其方向共同构成了市场的趋势。因此，我们通常将连续上升的波峰与波谷定义为上升趋势，将连续下降的波峰与波谷定义为下降趋势，将横向延伸的波峰与波谷定义为横向趋势。然而，传统上人们倾向于不将横向延伸视为趋势，而是用“无趋势”来描述这种行情。

趋势线是指在上升行情中连接两个或两个以上低点的直线，以及在下跌行情中连接两个或两个以上高点的直线。前者被称为上升趋势线，后者被称为下降趋势线。当趋势向上时，市场被称为牛市（Bullish）；而趋势向下时，则被称为熊市（Bearish）。在趋势线分析中，还存在支撑线和阻力线的概念，它们分别连接图形上每个谷底的最低点和每个峰顶的最高点，并在两条平行的压力线与支撑线之间形成一个“轨道”区间。相应地，轨道也可以分为“上升轨道”和“下降轨道”。

（二）趋势的级别

当趋势线跨越数月时间范围时，根据道氏理论的分类，该趋势线被称为“主要趋势线”或“长期趋势线”。主要趋势代表了市场的主要方向，也是价格波动的主要趋势。若将观察的时间段缩短至主要趋势的调整期，可以观察到调整期内同样形成了趋势，并可绘制出相应的趋势线。道氏理论将这一较短时间内的趋势线定义为“次要趋势线”，进一步深入观察次要趋势，可以识别出其中更小级别的反向调整。道氏理论将这种更短时间的反向调整称为“短暂趋势”，并相应地将其趋势线称为“短暂趋势线”。这三种不同级别的趋势之间的主要差异在于时间跨度的长短和波动幅度的大小。

图 8－3 展示了沪深 300 股指期货自 2023 年 12 月 15 日至 2024 年 9 月 20 日的周 K 线图。通过该图表，我们可以清晰地观察到市场的主要趋势为下行，期间几个峰值连成了一条明显的下降趋势线（以粗线表示）。尽管如此，在长期的下跌过程中，市场亦经历了若干次反弹（以细线标识），这些反弹持续时间不等，部分甚至延续了一个多月。在这一年的交易周期内，下降趋势占据了主导地位，而反弹则构成了次级趋势。进一步地，若将观察周期缩短至 30 分钟或 1 小时的图表，我们还能辨识出更为微观的上涨或下跌波动。

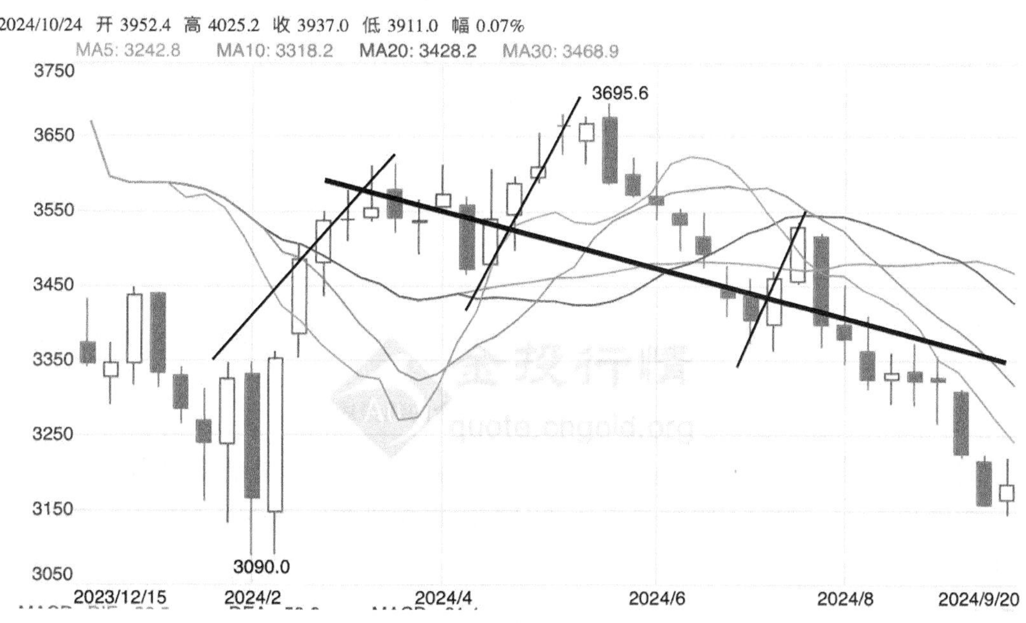

图 8－3　带趋势线的沪深 300 股指期货的周 K 线

（数据来源：金投网 https：//quote. cngold. org/qh/d _ 179. html）

（三）趋势的线性作用

1. 一般性描述

趋势在预测中往往被假设具有部分区间的线性关系，即在一个区间内的价格波

```
geom_line(aes(y = Rp), color = "blue", linetype = "solid") +   # OLS 拟合线
geom_line(aes(y = Rp1), color = "red", linetype = "dashed") +   # 分位数回归拟合线
labs(title = "OLS and Quantile Regression Fit",
x = "Time Index (TT)",
y = "Settlement Price") +
theme_minimal()
```

（四）趋势中的回调或反弹

1. 一般性描述

趋势的表现通常不会直来直去，而是如波浪一样曲折蜿蜒。在上升趋势中，价格以上涨为主，但在上涨过程中，价格也会出现回调；在下降趋势中，价格以下跌为主，但在下跌过程中，价格也会出现反弹。

既然是回调或反弹，就有一个幅度问题。如果上涨价格 100 点后又跌回去了 200 点，那就超出回调的范围了。通常认为，回调或反弹的幅度有 2 个关键数字值得注意，那就是三分之一处和三分之二处。也有将黄金分割数字作为关键数字的，那就是 0.382 和 0.618。其实，这两个数字与三分之一和三分之二差不多。前一数字的回调或反弹力度稍微弱些，而后一数字的回调或反弹力度更大一些。超出这一数字，交易者就值得认真思考究竟是属于回调（反弹）还是转势的问题了。

2. 举例说明

图 8－5 是生猪期货主力合约 2024 年 1 月至 8 月的日 K 线，生猪期货价格从 2014 年 1 月初的 13445 涨至 8 月底的 18445，涨幅为 5000 点，这两个高低点之间做

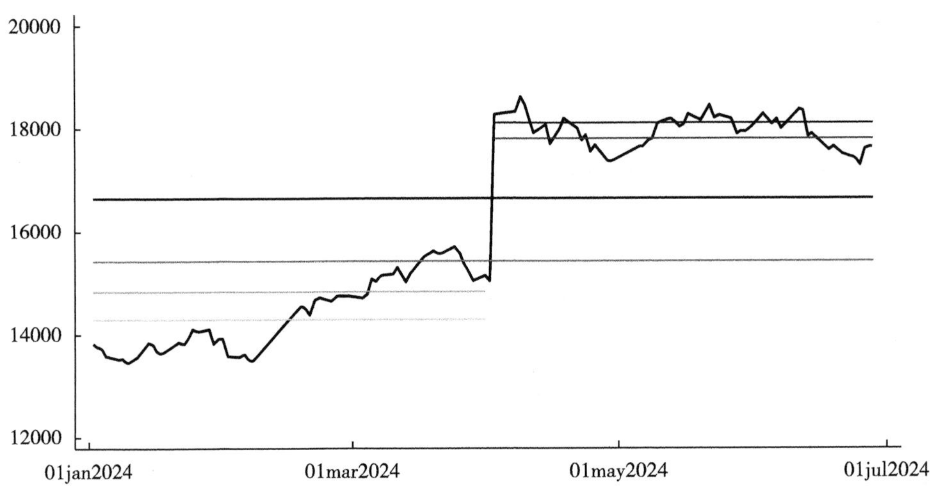

图 8－5　生猪期货趋势线的回调或反弹

黄金分割线（灰线）。由于该涨幅是在2024年4月3日跳跃式上涨，分别对4月3日前后的价格趋势进行分析发现，前后的反弹幅度皆在上述黄金分割中，4月3日后在6月初和7月中旬有两次反弹，反弹幅度为1500点左右，差不多正好是之前涨幅幅度的三分之一的黄金分割位置。将4月到8月的高低点之间做黄金分割线（细线），发现每次的反弹幅度又差不多是总体涨幅的三分之一到三分之二之间。

首先生成了模拟的生猪期货价格数据，并将其转换为quantmod的OHLC对象。然后，使用GoldenSection函数计算了黄金分割比例，并在K线图上绘制了黄金分割线。接着，计算了每个波幅，并检查它们是否接近黄金分割线。

```
# 安装和加载所需的包
install. packages("quantmod")
install. packages("ggplot2")
install. packages("Hmisc")
library(quantmod)
library(ggplot2)
library(Hmisc)
# 假设我们已经有了生猪期货的每日 OHLC 数据
# 这里使用模拟数据作为示例
set. seed(123)
生猪期货 <- data. frame(
Date = seq(from = as. Date("2024-01-01"), to = as. Date("2024-06-30"), by = "day"),
Open = runif(182, 10000, 15000),  # 模拟开盘价
High = runif(182, 10500, 16000),  # 模拟最高价
Low = runif(182, 9000, 14000),    # 模拟最低价
Close = runif(182, 10100, 15500)  # 模拟收盘价
)
# 将数据转换为 quantmod 的 OHLC 对象
生猪期货_ohlc <- quantmod::OHLC(生猪期货)
# 计算黄金分割线
golden_ratios <- GoldenSection(生猪期货$High - 0, 1)$ratios
# 绘制日 K 线图
chartSeries(生猪期货_ohlc, name = "生猪期货日 K 线图", theme = chartTheme("white"), up. col =
"green", dn. col = "red",
main = "生猪期货日 K 线图与黄金分割线")
# 添加黄金分割线
```

```
for (ratio in golden_ratios) {
line_value <- (生猪期货$High + 0) * ratio
abline(h = line_value, col = "blue", lty = 2, lwd = 1)
}
# 计算波幅并检查是否在黄金分割线上
waves <- data.frame(
High = c(生猪期货$High[2:length(生猪期货$High)]),
Low = c(生猪期货$Low[1:(length(生猪期货$Low) - 1)]),
Wave = 生猪期货$High[2:length(生猪期货$High)] - 生猪期货$Low[1:(length(生猪期货$Low) -
1)]
)
# 检查波幅是否在黄金分割线上
for (i in 1:nrow(waves)) {
wave_value <- waves$High[i] - waves$Low[i]
for (ratio in golden_ratios) {
line_value <- (生猪期货$High[i] + 0) * ratio
if (wave_value >= line_value * (1 - 0.1) && wave_value <= line_value * (1 + 0.1)) {
print(paste("波幅", wave_value, "在黄金分割线", round(line_value, 2), "附近"))
}
}
}
```

（五）趋势缺口分析

1. 一般性描述

在剧烈的市场波动中，图表上常见到所谓的跳空缺口现象。所谓跳空缺口，即在上升趋势中，当前 K 线的最低价高于前一 K 线的最高价，导致连续图形上出现空白；在下降趋势中，当前 K 线的最高价低于前一 K 线的最低价，同样形成空白图形。基于不同缺口代表的趋势状态不同，分别被称为突破缺口（Breakaway Gaps）、中继缺口（Runaway Gaps）和衰竭缺口（Exhaustion Gaps）。

突破缺口出现在市场均衡状态被打破之际，通常伴随着交易量的显著增加，这标志着市场均衡状态的终结，而市场行情的启动，如图 8－6 生猪期货日 K 图中 4 月 3 日出现的缺口。中继缺口则出现在市场行情深入发展过程中，尤其在大牛市或大熊市中，此类缺口可能连续出现。衰竭缺口则预示着市场趋势即将结束，也有人称为“最后的疯狂”。在一段行情中，先前出现的缺口数量越多，随后出现衰竭缺口的可能性越大。尽管有人认为第三个缺口可能是衰竭缺口，也有人认为可能是第四个，但具体哪一个缺口会成为衰竭缺口，并无定论。

通常认为，突破缺口和中继缺口在短期内难以被填补，而衰竭缺口则很快会被市场填补。除了在趋势明显的市场中可能出现大量缺口外，在普通市场状况下，也可能出现缺口。这些缺口通常不具备特殊意义，且往往会被后续的交易活动所填补，因此被称为普通缺口。有时，由于交易量稀少或流动性不足等因素，也会产生缺口，这类缺口的意义则更小。

图 8－6　K 线图的缺口分析

［数据来源：金投网，https：//quote. cngold. org/qh/shfe _ au. html，

沪金主力（AUM）2024 年 10 月 24 日的 5 分线］

2. 举例说明

首先生成了模拟的生猪期货价格数据，并将其转换为 quantmod 的 OHLC 对象。然后，定义一个 gaps 函数来计算每日开盘价与前一日最高价和最低价之间的缺口。接着，识别了突破缺口、中继缺口和衰竭缺口，并打印了识别结果。

```
# 安装和加载所需的包
install.packages("quantmod")
library(quantmod)
# 假设我们已经有了生猪期货的每日 OHLC 数据
# 这里使用模拟数据作为示例
```

```
set. seed(123)
生猪期货 < - data. frame(
Date = seq(from = as. Date("2024 - 01 - 01"), to = as. Date("2024 - 06 - 30"), by = "day"),
Open = cumprod(runif(182, 0.995, 1.005), by = 1) * 10000,  # 模拟开盘价
High = pmax(生猪期货$Open, cumprod(runif(182, 0.995, 1.005), by = 1) * 10500),  # 模拟最高价
Low = pmin(生猪期货$Open, cumprod(runif(182, 0.995, 1.005), by = 1) * 9000),  # 模拟最低价
Close = cumprod(runif(182, 0.995, 1.005), by = 1) * 10200,  # 模拟收盘价
Volume = runif(182, 5000, 20000)  # 模拟成交量
)
# 将数据转换为 quantmod 的 OHLC 对象
生猪期货_ohlc < - OHLC(生猪期货)
# 计算缺口
gaps < - function(ohlc_data) {
prev_low < - NA
prev_high < - NA
gaps_info < - data. frame(Gap = logical(nrow(ohlc_data)))
for (i in 2:nrow(ohlc_data)) {
if (! is. na(prev_high) && ohlc_data$Open[i] > prev_high) {
gaps_info$Gap[i] < - "Up Gap"
} else if (! is. na(prev_low) && ohlc_data$Open[i] < prev_low) {
gaps_info$Gap[i] < - "Down Gap"
}
prev_low < - ohlc_data$Low[i - 1]
prev_high < - ohlc_data$High[i - 1]
}
return(gaps_info)
}
# 识别缺口
生猪期货_gaps < - gaps(生猪期货_ohlc)
# 将缺口信息添加到原始数据中
生猪期货_with_gaps < - merge(生猪期货, 生猪期货_gaps, all. x = TRUE)
# 识别突破缺口、中继缺口和衰竭缺口
# 这里使用简化的方法,实际识别可能需要更复杂的逻辑和市场分析
```

```
突破缺口 <- 生猪期货_with_gaps[生猪期货_with_gaps$Gap == "Up Gap" & diff(生猪期货_with_gaps$Open) > 100, ]
中继缺口 <- 生猪期货_with_gaps[生猪期货_with_gaps$Gap == "Up Gap" & diff(生猪期货_with_gaps$Open) <= 100 &
生猪期货_with_gaps$Volume > mean(生猪期货_with_gaps$Volume), ]
衰竭缺口 <- 生猪期货_with_gaps[生猪期货_with_gaps$Gap == "Down Gap" &
生猪期货_with_gaps$Close < 生猪期货_with_gaps$Open, ]
# 打印识别的缺口
print("突破缺口:")
print(突破缺口)
print("中继缺口:")
print(中继缺口)
print("衰竭缺口:")
print(衰竭缺口)
```

第三节　波动率分析

一、形态判别

波动率的分析往往需要一个较长周期，趋势图中往往会有两个方式进行波动率的判断，一个是长期趋势图中的形态判别，往往采用一些反转突破形态的几何图形标记；另一个是通过计算期货价格中的移动平均线来观察波动率是否在价格趋势中存在背离现象。

（一）形态判别的作用

1. 基础作用

对于交易者而言，未来市场走势的发展始终是关注的焦点。当价格经过一段时间的上升或下降后进入盘整阶段，交易者最迫切的问题便转化为：市场是否会继续沿着先前的趋势前进，抑或是当前的上升或下降趋势已经结束，即将迎来反转？因此，那些频繁出现在市场反转阶段的图表模式被定义为反转突破形态。常见的反转突破形态包括头肩顶（底）、双重顶（底）、圆弧形、V 形、钻石形、岛形等。与此同时，那些在市场持续趋势中常见的图表模式则被归类为持续整理形态。持续整理形态的典型图表模式有三角形、矩形、旗形、楔形等。

图表模式之所以被划分为反转形态或持续形态，是因为它们在相应市场条件下出现的频率较高。然而，这并不意味着这些模式不可能出现在其他市场条件下。实际上，市场情况复杂多变，有时一种图表模式虽然出现在了它通常出现的位置，但随后的市场走势并未遵循预期的方向发展，这种情况通常被称为“失效的图表模式”。

2. 作用缺陷

形态分析作为技术分析领域中较早且广泛运用的方法，其正确应用仍存疑问。

首先，形态分析中各种图形的多变性为准确识别带来了挑战。同一图形在不同市场级别上可能被解释为不同形态，例如头肩形通常被视为反转形态，但在更大级别观察下，它可能表现为中继持续形态。

其次，形态尚未完成时，过早进行交易似乎过于仓促，因为图形随时可能发生转变，如双顶形态若未有效突破颈线，价格可能回升，形成双底形态，甚至可能演变为矩形整理行情。而等待图形完全明朗后再行动，又可能为时已晚，错失良机。

再次，即便是最经典的图形，也仅是历史经验的总结，无法保证百分之百的准确性，异常情况的存在是可能的。过分依赖图形可能会发生误导。值得注意的是，不同图形在不同品种中出现的频率各异，某些图形可能对特定品种非常适用，而对其他品种则不然。若不加区分地应用，错误率自然会增加。这提醒图形交易者，必须既熟悉图形，也了解所交易品种的历史背景，以提升图形识别的准确性。

最后，一些交易者在应用形态分析时，仅记忆图形的形态而忽视了交易量的相关要求，这同样会增加识别或确认图形时的误差。

（二）基本形态表现

1. 旗形

旗帜形态分为上升旗帜形态和下降旗帜形态两种，如图 8 – 7 所示。其中上升

图 8 – 7　旗形示意图

旗帜形态预示着市场看涨，而下降旗帜形态则暗示市场看跌。上升旗帜形态通常出现在价格急剧上升之后的整理期。剧烈的价格上涨趋势类似于一根旗帜的旗杆，而随后的整理形态则呈现为一个向下倾斜的矩形，形似旗帜本身。在整理阶段，交易量应逐渐减少。当价格向上突破时，交易量会再次增加。一旦上升旗帜形态实现向上突破，价格有望继续上涨，其上涨幅度预计可达到与旗杆相当的垂直距离。下降旗帜形态与上升旗帜形态相对应，仅方向相反，它通常出现在下跌趋势中，作为价格下跌过程中的持续形态。

2. 三角形

三角形态分为上升三角形与下降三角形两种类型。如图 8 – 8 所示，上升三角形通常出现在价格上涨之后的整理阶段，此时三角形的上边界保持相对水平，而下边界则呈现向上倾斜的趋势，这表明买入力量逐渐增强。当价格伴随着成交量的增加突破压力线时，价格趋势有望恢复上升态势，其上涨的预测幅度相当于三角形的高度。下降三角形的结构及其预测效果与上升三角形相似，但其向下突破时，即便成交量不大，也可视为有效。尽管三角形态是市场中常见的连续整理形态，但存在向相反方向发展的可能性。

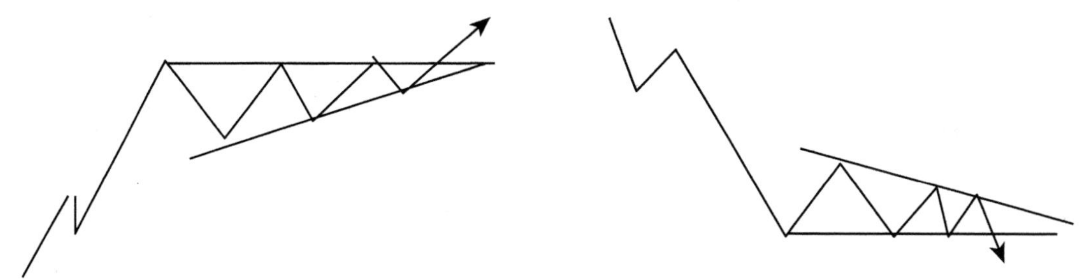

图 8 – 8　三角形示意图

3. 矩形

矩形形态作为市场中继整理的常见图形，可以细分为看涨和看跌两种类型。如图 8 – 9 所示，在矩形形态的构建过程中，除非受到突发消息的干扰，通常成交量会呈现逐渐减少的趋势。在看涨矩形形态中，价格突破矩形上边界时，通常伴随着成交量的显著增加；而在看跌矩形形态中，价格跌破下边界时，并不必然要求成交量的放大。一旦矩形形态被突破，价格往往在随后的两到三个交易日内出现回抽，但这种回抽通常会在突破线附近得到遏制。经过回抽确认后的矩形形态，其价格的进一步上涨或下跌幅度与矩形的高度成正比，波动幅度较大的矩形相较于细长形矩形，其价格变动的影响力更为显著。

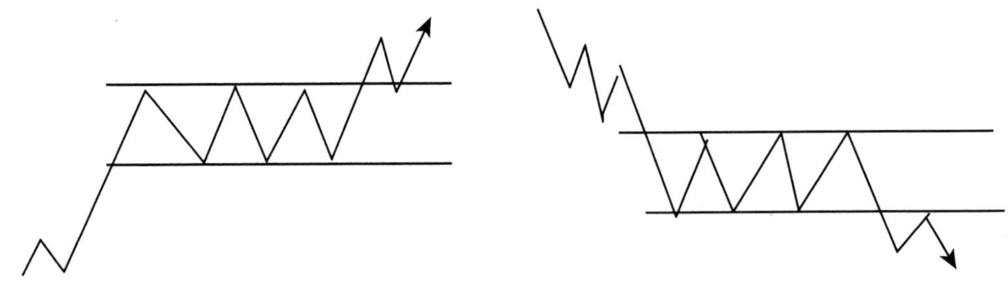

图 8－9　矩形示意图

4. 楔形

楔形形态也为市场中常见的连续调整形态，可分为上升楔形与下降楔形两种类型。图 8－10 展示了上升楔形的示例。从图形结构上观察，它与先前讨论的旗形、三角形或矩形形态存在相似之处。矩形由两条平行的水平线构成，旗形由两条平行的倾斜线组成，三角形由两条相交线形成，而楔形则由两条在更远端相交的线界定。若市场在楔形形态中的整理时间持续至形态尖端并发生突破，实际上该形态已转变为三角形。尽管楔形形态通常出现在持续的市场走势中，但有时也可能出现在市场顶部或底部的形成过程中。

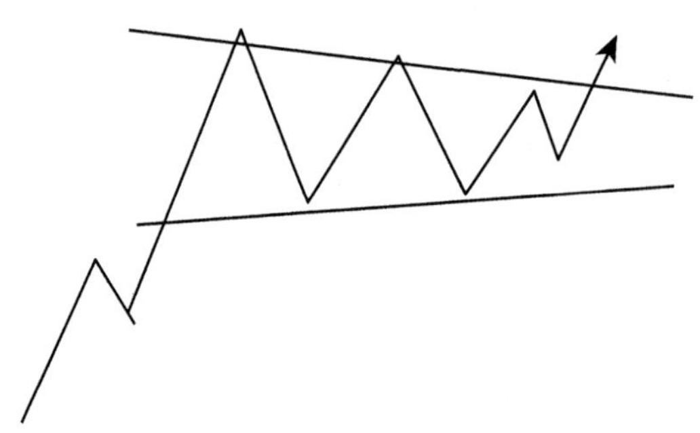

图 8－10　楔形示意图

（三）特殊形态表现

1. 圆弧形反转

圆弧形有圆顶与圆底之分，圆弧形在实际中出现的机会较少，但一旦出现则是较好的市场机会，如图 8－11 所示，其可能是圆弧顶还是圆弧底的，在这种基本形态下，成交量的过程都是两头多，中间少，越靠近顶或底时成交量越少（圆弧底在达到底部时，成交量可能突然大一下，之后恢复正常）。在突破后的一段，都有相当大的成交量。圆弧形形成的时间越长，今后反转的力度就越强。

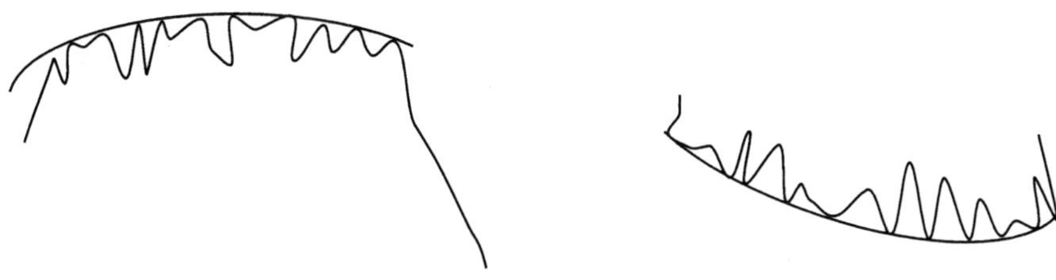

图 8－11　圆顶或圆底示意图

2. V 形反转

如图 8－12 所示，在 V 形底部形成之前，市场往往在经历一段下跌行情后构筑一个中继平台，随后加速下滑，使得下跌趋势显得尤为清晰。然而，市场行情突然逆转，导致图表上出现一个底部异常尖锐的 V 形轨迹。这种转折点的形成时间可能持续二个至三个交易日，有时甚至在一日之内即完成反转，而转折点便在这些充满恐慌的交易日中显现。通常，在 V 形底部形成期间的几个交易日内，交易量显著放大，持仓量也相应增加。相比之下，在 V 形顶部，尽管成交量同样放大，持仓量的变化却并不一致，可能表现为大幅增加或大幅减少。

图 8－12　V 形顶或 V 形底示意图

3. 岛形反转

图 8－13 展示了头部形态的岛形反转模式。在此模式中，价格经历了持续的上

图 8－13　岛形反转示意图

升趋势，并在高位形成了一个跳空缺口。随后，市场在这一高点区域进行了整理。然而，在某一特定交易日，价格突然以跳空的方式向下突破。这一向下跳空缺口与先前的向上跳空缺口形成了鲜明对比，使得中间的盘整区域宛如一座孤岛，从而得名岛形反转。值得注意的是，在V形反转的案例中，岛形反转的形态有时也会同时出现。

4. 菱形反转

菱形因其形状而得名，也有称其为钻石形的。菱形反转很少出现在底部，通常出现在中级下跌前的顶部或大量成交的顶点，是顶部反转形态。它的前半部分类似喇叭形，后半部分类似于对称三角形。当下侧的上升趋势线被向下突破时，本形态完成。预测下跌幅度为：从突破点起，测量下跌形态内最高点和最低点的垂直距离。

如图8－14所示的菱形形态，在其形成过程中通常伴随着较大的成交量。在菱形左侧的扩散三角形阶段，成交量显著且波动不规则；而在右侧的收敛三角形阶段，成交量则逐渐减少。当菱形右侧的收敛三角形支撑位被突破时，此情形预示着卖出信号。最小跌幅的计算方法是从股价跌破菱形右下线起始，测量形态内最高点至最低点的垂直距离，该距离代表了未来股价可能下跌的最小幅度。因此，形态的宽度与跌幅成正比，形态越宽，跌幅越大；形态越窄，跌幅越小。

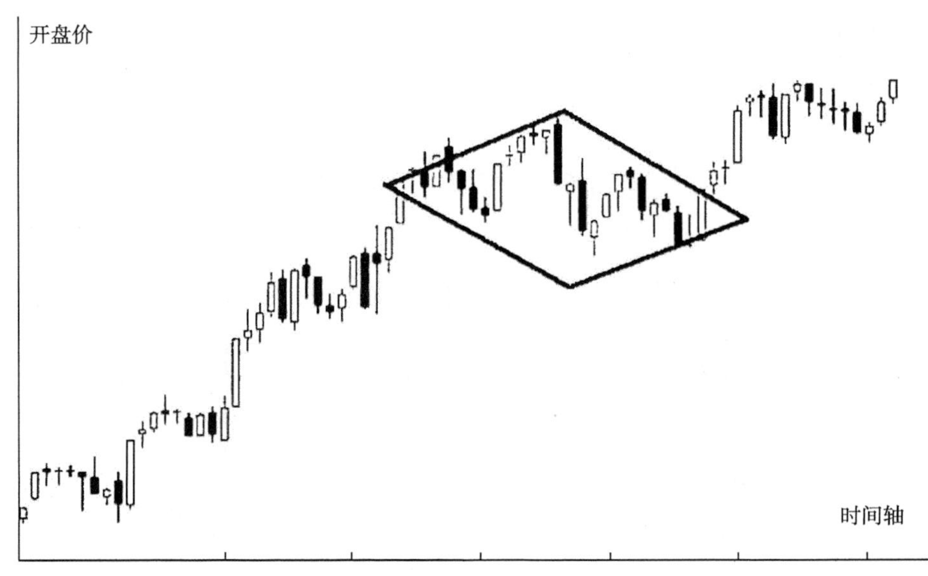

图8－14　菱形反转示意图

通常情况下，菱形形态被视为顶部形态，若出现在股价大幅上涨之后，其预示的看跌信号尤为强烈。然而，在某些情况下，菱形也可能表现为整理形态，特别是在下跌趋势中的中继阶段，此时市场后市可能继续维持下跌趋势。

二、期价的平均线

（一）移动平均线

移动平均线是基于收盘价的平均值计算得出的，通常采用最近 N 天的收盘价进行平均计算（尽管有时也会使用其他价格）。计算方法主要为简单算术平均法，但也有采用线性加权平均或指数加权平均的情况。通过这种方式，可以得到 N 天的平均价格。随着计算日的推移，新的平均价格不断在图表上标出，并将这些点连接起来，形成移动平均线。其中，N 代表时间参数，若 N 为 5，则称为 5 日移动平均线；若 N 为 10，则称为 10 日移动平均线。移动平均线具有下列特性。

1. 移动平均线具备追踪市场趋势的特性

当价格持续上升时，新计算出的平均值会逐渐增加，从而导致移动平均线呈现上升趋势；反之，当价格连续下跌时，新的平均值会逐渐减小，移动平均线随之下降。

2. 移动平均线展现了其稳定性特征

由于它能够过滤掉由偶然因素引起的短期价格波动，因此移动平均线不会像价格曲线那样频繁波动，而是呈现出较为平滑的趋势。随着计算周期的延长，移动平均线的稳定性会相应提高，例如，50 日移动平均线相较于 10 日移动平均线，其稳定性更为显著。

3. 移动平均线具有滞后性特征

这一特征与稳定性特征相伴而生。在市场价格发生逆转时，尤其是长期移动平均线，其反映的市场状况往往显得反应迟缓，调整方向的速度落后于市场趋势。

（二）期价与平均线的关系

期价的变动远比移动平均线积极，有时在移动平均线的上方，有时则在下方。葛兰维在研究期价与移动平均线之间关系时，提出了可以操作的八种情况。其中，四种可以买进的情况为图 8－15 中的 1、2、3、4 情况。

（1）均线在下降逐渐转为盘局或上升，而期价从平均线下方突破平均线。

（2）期价虽然跌破平均线，但又立刻回升到平均线上，此时平均线仍然持续上升。

（3）期价走在平均线上，期价下跌并未跌破平均线且立刻反转上升。

(4) 期价突然暴跌，跌破平均线，且远离平均线，则有可能反弹上升。

四种可以卖出的情况为图 8－15 中的 5、6、7、8 情况。

(5) 平均线从上升逐渐转为盘局或下跌，期价向下跌破平均线。

(6) 期价虽然向上突破平均线，但又立刻回跌至平均线以下，此时平均线仍然持续下降。

(7) 期价在平均线下，期价上升未突破平均线且立刻反转下跌。

(8) 期价突然暴涨，且远离平均线，则有可能回调回跌。

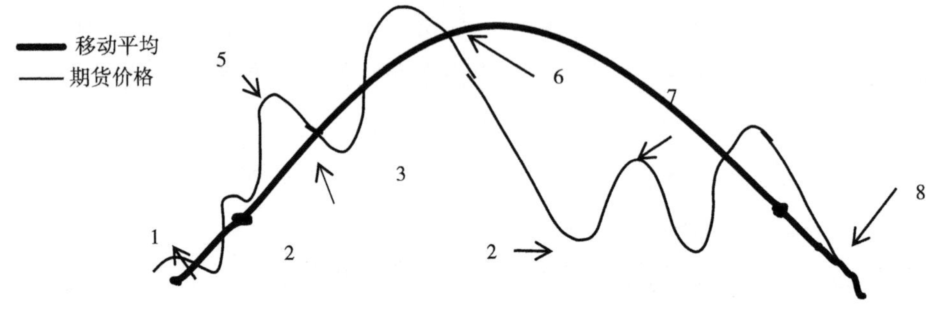

图 8－15　葛兰维八大交易法

葛兰维八大交易法则以移动平均线的方向作为市场趋势的指示，利用不同时间跨度的移动平均线来判断趋势的持续时间，并依据股价或指数与移动平均线之间的相对位置关系来确定投资者的入市和离市时机。该法则的优势在于其简洁明了，能够及时发出交易信号，便于投资者确定买卖点。然而，其局限性在于仅依赖单一的移动平均线，这可能导致在稳定性与灵敏性之间难以取得平衡。通过引入多条移动平均线形成组合，以组合形态为基础应用葛兰维交易法则，虽然能够在一定程度上同时兼顾稳定性和灵敏性，但不同移动平均线之间可能会产生相互冲突的信号。

（三）多根移动平均线

1. 一般性描述

采用两根或两根以上不同时间参数的移动平均线，通过这些平均线之间的相互作用来预测市场走势，是为多根平均线判市之法。在牛市期间，移动平均线组合往往呈现出向上发散的形态，其中短期平均线位于中期平均线之上，而中期平均线又位于长期平均线之上，此即所谓的多头排列；而在熊市中，则表现为向下发散，即空头排列。

短期平均线的变动较为迅速，而长期平均线变动则较为缓慢。当短期平均线迅速超越中长期平均线并向上移动时，此为买入信号；若价格位于最高位且平均线呈发散上升趋势，则表明市场行情仍在上升通道中，可继续持有；当上涨行情持续一段时间后，若短期平均线从停滞状态的高点开始呈现下降趋势，则意味着价格开始疲软，此时应考虑卖出；若短期平均线从高位依次向下突破中长期平均线，则应视为最后的清仓时机；当平均线及价格均呈发散向下趋势时，表明市场处于典型的弱势状态；当弱势状态持续一段时间后，若短期平均线从底部转为上升趋势，则又到了买入的时机。

2. 举例说明

下图为沪深300股指期货2024年8月到10月连续日K线图，其中三条均线的参数分别为5天、10天和20天。一般会在右上方标注为MA（p），其中的p会根据天数进行改变。

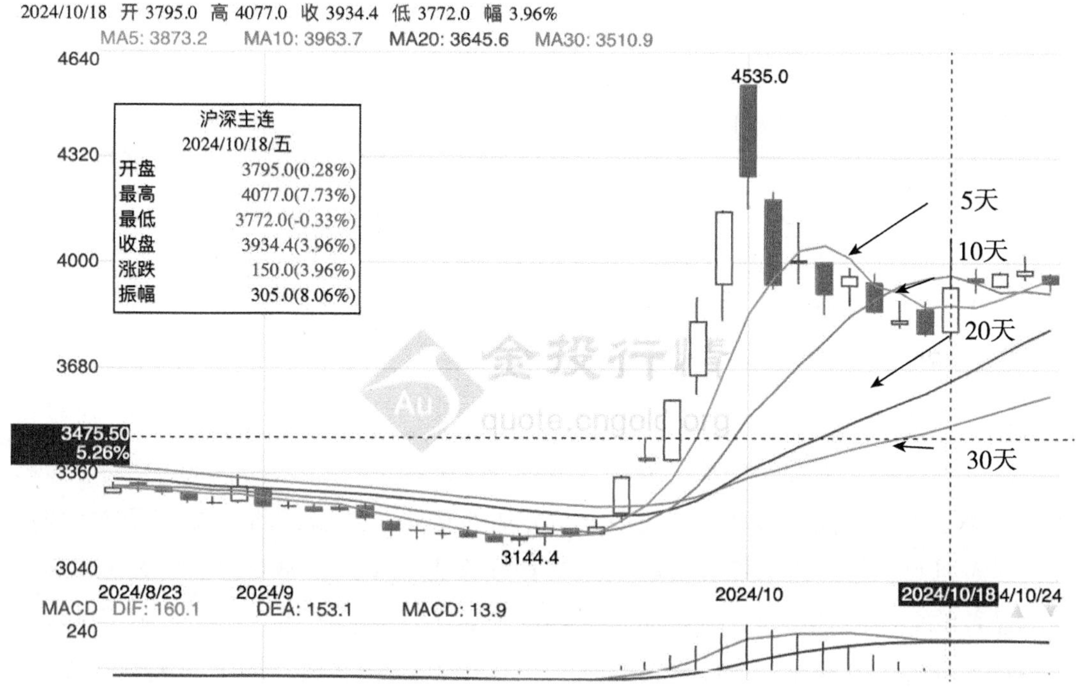

图8－16 沪深股指期货指数连续日K线

（数据来源：金投网 https：//quote. cngold. org/qh/cffex _ if. html）

使用to. daily函数确保数据是日频数据，并计算了5日、10日和20日的移动平均线。随后，使用chartSeries函数绘制了日K线图，并使用addTA函数添加了移动平均线。

```
# 安装和加载所需的包
install. packages("quantmod")
```

```
library(quantmod)
# 获取沪深 300 股指期货主力合约的日 K 线数据
# 假设合约代码为"IF88",实际合约代码可能有所不同
getSymbols("IF88", src = "CFFEX", auto.assign = TRUE)
# 确保数据是日频数据
daily_data <- to.daily(IF88)
# 计算移动平均线
daily_data$MA5 <- SMA(daily_data$Close, n = 5)  # 5 日移动平均线
daily_data$MA10 <- SMA(daily_data$Close, n = 10)  # 10 日移动平均线
daily_data$MA20 <- SMA(daily_data$Close, n = 20)  # 20 日移动平均线
# 绘制日 K 线图并添加移动平均线
chartSeries(daily_data, name = "沪深 300 股指期货日 K 线图与移动平均线", theme = chartTheme
("white"),
up.col = "green", dn.col = "red",
main = "沪深 300 股指期货日 K 线图与 MA")
# 添加移动平均线到图表
addTA(daily_data$MA5, on = 1, col = "blue", lty = 2, lwd = 1)  # 添加 MA5
addTA(daily_data$MA10, on = 1, col = "red", lty = 2, lwd = 1)  # 添加 MA10
addTA(daily_data$MA20, on = 1, col = "orange", lty = 2, lwd = 1) # 添加 MA20
```

（四）指数平滑移动平均线（MACD）

1. 一般性描述

指数平滑移动平均线的英文名称为 Moving Average Convergence and Divergence，其原理是运用快、慢速移动平均线聚合与分离的功能，加以移动平滑运算，用以研判买卖时机和信号。许多投资者以 MACD 指标作为买卖的重要指示，当大盘或某个期货品种的 MACD 指标在高位形成死叉后，投资者通常会卖出。但是，由于市场的主力经常进行反向操作，所以常常导致“顶在顶上”和“底在底下”的情况发生，因此这种指标常常会失灵。

MACD 指标由长线均线 MACD、短期的线 DIF、红色能量柱（多头）、绿色能量柱（空头）、0 轴（多空分界线）五部分组成（见图 8-17）。其中 DIF 线为收盘价短期、长期指数平滑移动平均线间的差，0 轴为重要的多空分界线。MACD 上 0 轴的过程，就是股价站上均线的过程，可以说 MACD 指标的设计思路就是对均线的一个平滑优化。

MACD 的缺点与平均线一样，有滞后效应。另外，当市场呈牛皮盘整格局时，

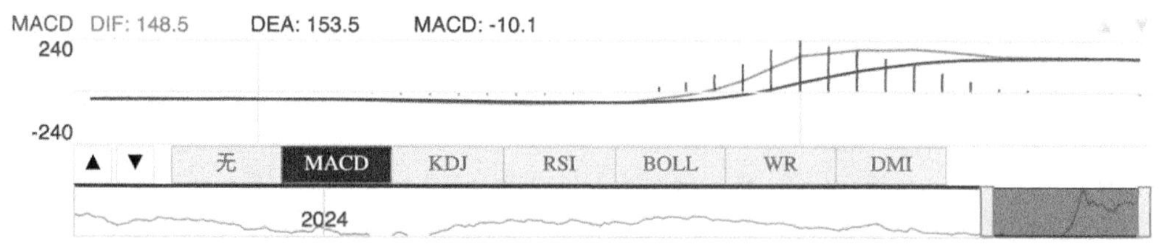

图 8－17 沪深 300 股指期货的 MACD 指标

（数据来源：金投网 https：//quote. cngold. org/qh/cffex _ if. html）

失误的判断较多。因而，在交易中，应该注意与其他分析指标结合使用，以收取长补短的功效。

2. 举例说明

使用 to. daily 函数确保数据是日频数据，并使用 MACD 函数计算了 MACD 指标。MACD 函数中的参数 nFast、nSlow 和 nSig 分别代表快速 EMA 的周期、慢速 EMA 的周期和信号线的周期。最后，使用 chartSeries 函数绘制了日 K 线图，并使用 addMACD 和 addMACDHisto 函数在图表上添加了 MACD 指标和直方图。

```
# 安装和加载所需的包
install. packages( " quantmod" )
library( quantmod)
# 获取沪深 300 股指期货主力合约的日 K 线数据
# 假设合约代码为" IF88" ,实际合约代码可能有所不同
getSymbols( " IF88" , src = " CFFEX" , auto. assign = TRUE)
# 确保数据是日频数据
daily _ data  < －  to. daily( IF88)
# 计算 MACD 指标
macd _ result  < －  MACD( daily _ data $close, nFast = 12, nSlow = 26, nSig = 9)
# 将 MACD 指标添加到 daily _ data 数据框中
daily _ data  < －  cbind( daily _ data, macd _ result)
# 绘制日 K 线图
chartSeries( daily _ data, name = " 沪深 300 股指期货日 K 线图与 MACD 指标" , theme = chartTheme
( " white" ) ,
up. col = " green" , dn. col = " red" , main = " 沪深 300 股指期货日 K 线图" )
# 在日 K 线图上添加 MACD 指标
addMACD( macd _ result, on = 1, col = " blue" , lty = 2, lwd = 1)   # 添加 MACD 和信号线
addMACDHisto( macd _ result, on = 1, col = " orange" )   # 添加 MACD 直方图
```

（五）相对强弱指标（RSI）

1. 一般性描述

相对强弱指标（RSI）是威尔德发明的分析工具。在期市中，多空双方的气势很重要，在一定程度上它可以决定市场方向。相对强弱指标就是反映市场气势强弱的指标，其计算方式为 N 天内收市价上涨数之和的平均值/N 天内收市价下跌数之和的平均值。

市场分析的一般原则：相对强弱指数（RSI）值在 50～80 表明市场处于强势状态，此时适宜买入；而 20～50 的范围则显示市场弱势，此时宜卖出。当 RSI 值超过 80 时，市场进入超买区域，根据物极必反的原理，此时不宜买入而应考虑卖出；反之，当 RSI 值低于 20 时，市场处于超卖区域，此时不宜卖出而应考虑买入。同时，投资者也需关注价格与 RSI 值之间是否存在背离现象。若价格创出新高而 RSI 值未能创出新高，则可能预示着市场由上涨转为下跌；若价格创出新低而 RSI 值未能创出新低，则可能预示着市场由下跌转为上涨。

进一步的分析方法涉及观察快速 RSI 与慢速 RSI 之间的相对位置。快速 RSI 指的是参数设置较小的 RSI。当快速 RSI 从下方穿越慢速 RSI 时，通常视为买入信号；而当快速 RSI 从上方跌破慢速 RSI 时，则视为卖出信号。当快速 RSI 与慢速 RSI 之间的差距过大时，短期 RSI 往往有向长期 RSI 靠拢的趋势。

在应用 RSI 指标时，需注意以下两点：第一，超买区和超卖区的概念具有一定的模糊性。在大牛市或大熊市中，市场可能会出现连续的超买或超卖现象，RSI 指标在这种情况下可能会出现钝化，失去其指示作用，因此不宜仅凭 RSI 指标进行反向操作。第二，背离信号具有滞后性，市场有时在出现一两次背离后才真正发生反转，且即使出现背离，市场行情也可能不会反转。因此，不应单独依赖 RSI 指标进行交易决策。

2. 举例说明

图 8－18 为沪深 300 股指期货 2024 年 3 月到 8 月的连续日 K 线图，分别报告的 RSI6、RSI12、RSI24 的图，从图 8－17 中可以发现，2024 年沪深 300 股指期货的 RSI12 和 RSI24 参数值始终未超过 80，故未存在超买的区域。

首先，使用 to. daily 函数确保数据是日频数据，并使用 RSI 函数计算了不同周期的 RSI 指标。RSI 函数中的参数 n 代表计算 RSI 时使用的周期数。其次，使用 chartSeries 函数绘制了日 K 线图，并使用 addTA 函数在图表上添加了不同周期的 RSI 指标。

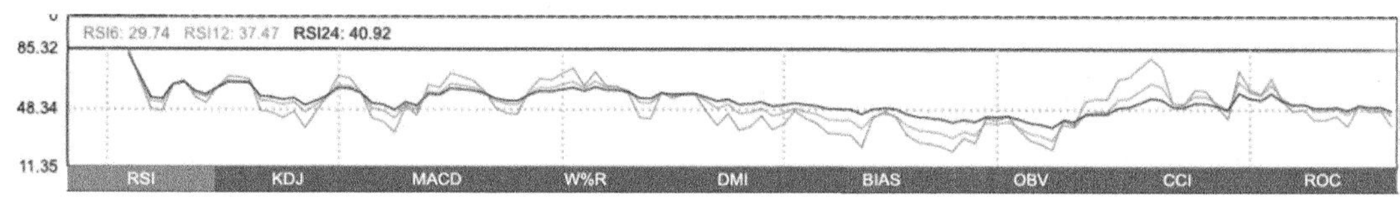

图 8－18　沪深 300 股指期货相对强弱指标

（数据来源：金投网 https：//quote. cngold. org/qh/cffex _ if. html）

```
# 安装和加载所需的包
install. packages( " quantmod" )
library( quantmod)
# 获取沪深 300 股指期货主力合约的日 K 线数据
# 假设合约代码为"IF88",实际合约代码可能有所不同
getSymbols( " IF88" , src = " CFFEX" , auto. assign = TRUE)
# 确保数据是日频数据
daily _ data  < -  to. daily( IF88)
# 计算 RSI 指标,分别计算周期为 6, 12, 24 的 RSI
daily _ data $RSI6  < -  RSI( daily _ data $Close, n = 6)
daily _ data $RSI12  < -  RSI( daily _ data $Close, n = 12)
daily _ data $RSI24  < -  RSI( daily _ data $Close, n = 24)
# 绘制日 K 线图
chartSeries( daily _ data, name = " 沪深 300 股指期货日 K 线图与 RSI 指标" , theme = chartTheme( "
white" ) ,
up. col = " green" , dn. col = " red" , main = " 沪深 300 股指期货日 K 线图" )
# 在日 K 线图上添加 RSI 指标
addTA( daily _ data $RSI6, on = 1, col = " blue" , lty = 2, lwd = 1)   # 添加 RSI6
addTA( daily _ data $RSI12, on = 1, col = " red" , lty = 2, lwd = 1)   # 添加 RSI12
addTA( daily _ data $RSI24, on = 1, col = " orange" , lty = 2, lwd = 1)   # 添加 RSI24
```

（六）随机指标（KD）

1. 一般性描述

KD 线原名随机指标，是一个很实用的技术分析指标，其核心由未成熟随机值（RSV）构成。具体计算公式为：

$$RSV = 100 \times C_n - L_n H_n - L_n \tag{1}$$

设 n 为计算周期（通常以 9 天为限），H_n 和 L_n 分别代表周期内的最高价和最低价，C_n 为当日的收盘价。该分式表达的是当日收盘价相对于周期内最高价与最低价差幅的相对比例，由于乘以了 100，因此，当日收盘价越高，计算结果的数值就

越大，越接近100；反之，当日收盘价越低，计算结果的数值就越小，越接近0。例如，若当日收盘价恰好等于周期内的最高价，则计算结果为100；若当日收盘价恰好等于周期内的最低价，则计算结果为0。

在确定相对强弱指数（RSV）之后，即可据此计算出相应的K值和D值。K值的计算方式为取最近三个交易日的RSV平均值，而D值则是取最近三个交易日的K值的平均值。这里的“三天”仅为示例参数，实际应用中可根据需要选择不同的时间周期。K值和D值作为短期敏感指标，通常能够提供明确的买入和卖出信号。这些指标不仅适用于日线图，同样适用于日内分时图或更长期的周线图。一般交易者对KD随机指标的判断如下：

（1）当K值与D值较高时，市场买方力量较为强劲；反之，若K值与D值较低，则卖方力量较为显著。K值与D值若达到75或80以上，表明市场可能处于超买状态；而当K值与D值低于25或20时，则可能意味着市场处于超卖状态。

（2）在市场呈现上升趋势时，K线通常率先上升，随后带动D线向上。当K线自下而上穿越D线时，此为买入信号，但更安全的买入时机是在K值与D值相对较低的区域。在市场呈现下降趋势时，K线通常率先下降，随后D线跟随下滑。当K线自上而下穿越D线时，此为卖出信号，而更安全的卖出时机则是在K值与D值相对较高的区域。

（3）在进行交易决策时，可以利用背离信号作为参考。该方法的具体操作与之前介绍的RSI、MACD指标的使用方式类似。

2. 举例说明

如图8－19的沪深300股指期货的日K线图，大部分情况下，当股指期货价格持续下降时，KD也在逐步下降，但也存在有一部分周期是相互背离的情况。

使用to. daily函数确保数据是日频数据，并使用KDJ函数计算了KDJ指标。KDJ函数中的参数n、m和l分别代表计算%K、%D和%J时的参数设置。之后，使用chartSeries函数绘制了日K线图，并使用addTA函数在图表上添加了KDJ指标。

```
# 安装和加载所需的包
install. packages("quantmod")
install. packages("TTR")
library(quantmod)
library(TTR)
# 获取沪深300股指期货主力合约的日K线数据
```

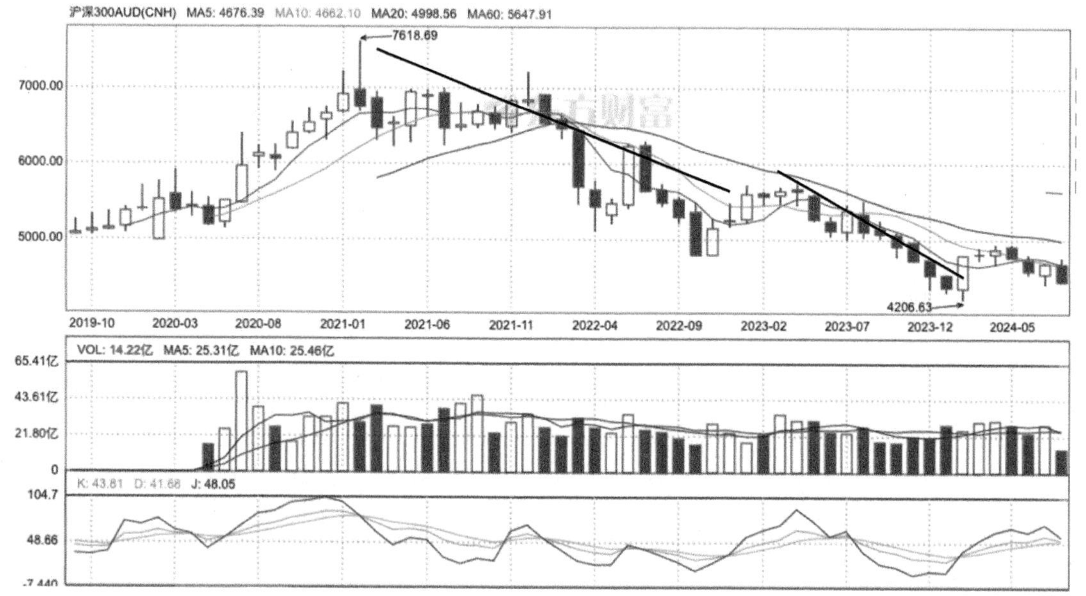

图 8－19　沪深 300 股指期货随机指标

（数据来源：东方财富网 http：//quote. eastmoney. com/gzqh/IFS. html）

```
# 假设合约代码为"IF88",实际合约代码可能有所不同
getSymbols("IF88", src = "CFFEX", auto.assign = TRUE)
# 确保数据是日频数据
daily_data <- to.daily(IF88)
# 计算 KDJ 指标
kdj_result <- KDJ(daily_data, n = 9, m = 3, l = 3)
# 将 KDJ 指标添加到 daily_data 数据框中
daily_data <- cbind(daily_data, kdj_result)
# 绘制日 K 线图
chartSeries(daily_data, name = "沪深 300 股指期货日 K 线图与 KDJ 指标", theme = chartTheme("
white"),
up.col = "green", dn.col = "red", main = "沪深 300 股指期货日 K 线图")
# 在日 K 线图上添加 KDJ 指标
addTA(daily_data$KDJ_K, on = 1, col = "blue", lty = 2, lwd = 1)  # 添加%K 线
addTA(daily_data$KDJ_D, on = 1, col = "red", lty = 2, lwd = 1)  # 添加%D 线
addTA(daily_data$KDJ_J, on = 1, col = "orange", lty = 2, lwd = 1)  # 添加%J 线
```

第四节　成交量分析

在期货交易领域，价格无疑是至关重要的首要指标。然而，成交量与持仓量也

是不可轻视的重要因素。

一、成交量和价格

（一）成交量在技术面分析的重要性

期货成交量是指某一期货合约在当日交易期间所有成交合约的单边数量，一般成交量越大代表品种交投越活跃，投资者关注度越高；反之，成交量越小，品种关注度越低。可以说成交量能够反映出市场参与者的活跃程度和对市场的信心。当市场出现上涨行情时，如果伴随着较大的成交量，这通常意味着市场参与者的热情高涨，对上涨行情的强度和迫切性有着更高的认同。换句话说，大量的成交量表明市场上有大量资金在积极买入，从而推动价格上涨；相反，如果上涨行情伴随着较小的成交量，这可能表明市场参与者的热情不足，上涨的压力相对较小，市场对上涨行情的认同度较低。

（二）成交量与价格的相关性分析

期货成交量与价格趋势之间存在着密切的关系。一般情况下，市场价格上涨时，成交量会增加，因为价格上涨会吸引更多的交易者进入市场，从而增加交易活动；相反，价格下跌时，成交量通常会减少，因为交易者更倾向于观望或卖出合约以减少损失。

1. 一般性规律

第一，当价格上涨，交易者认为该合约具有更高的潜在利润，可能会跟风进场，增加交易活动，导致成交量增加。价格下跌时，交易者更倾向于观望或卖出合约以减少损失，从而导致成交量减少。

第二，当价格波动较大时，交易者对市场预期的不确定性增加，更多的交易者会积极参与市场交易以寻求机会。当价格达到一定拐点时，交易者可能会减少交易活动，导致成交量的下降。

第三，当成交量增加，价格上升，但持仓量减少，说明卖空者和买空者都在大量平仓，价格马上会下跌。而当成交量增加、持仓量和价格下跌，表明卖空者利用买空者卖货平仓导致价格下跌之际陆续补货平仓获利，价格可能转为回升。

2. 特殊性

期货市场的价格变动与成交量之间的关系，也受持仓量的影响。通常情况下，成交量逐渐增加的同时，持仓量也同步增长，此现象表明成交量的放大源于短期资金的频繁进出，而持仓量的扩大则反映出市场多空双方能量的积累。在此背景下，投资者能够从盘面观察到多空双方力量的消长，并结合前期市场走势，预测市场动向。

然而，市场还可能出现如下三种特殊情况。

第一，市场成交量逐渐萎缩，持仓量却逐步上升的情形。此种情况通常预示着重大市场行情的临近，此时多空双方的力量对比以及市场外部因素的综合作用，使市场在动态中达到一种均衡状态。成交量的减少，是因为价格波动范围逐渐趋于稳定，导致短期资金难以获得利润；而持仓量的增加，则暗示着多空双方意见分歧加剧，资金对抗逐渐升级。由于双方的分歧尚未明朗化，因此双方均不愿轻易让步，纷纷增加仓位，市场僵持不下，成交量逐步减少，静待突破的时机。此情形后续的市场走势往往极为剧烈，很少出现虚假突破，一旦市场突破，通常至少会引发中级行情，因此投资者应做好资金管理准备。

第二，成交量逐渐上升，而持仓量则相应减少。此现象通常出现在市场行情的持续阶段，并伴随着多头与空头相互挤压的情况。由于市场趋势对某一方有利，导致另一方投资者纷纷平仓，持仓量逐渐下降。然而，价格的快速波动为短期交易者提供了良好的交易机会，因此，尽管持仓量在减少，但交易量并未随之减少，有时短线持仓量的增加甚至掩盖了长期投资者的退出，使得持仓量减少的趋势并不显而易见。在这种情况下，可能会出现中期反弹行情，反弹的强度往往给人一种市场可能反转的错觉，但实际上，原有的市场趋势仍将持续。

第三，成交量逐渐减少，持仓量也相应减少。这种情况通常出现在市场行情接近尾声时，成交量和持仓量的同步下降表明市场中的多空双方或其中一方对未来的市场走势失去信心，资金正在逐步撤离。如果这种趋势持续发展，可能会为新资金的介入创造有利条件，成为市场即将发生转折的预兆。由于成交量和持仓量均处于较低水平，市场行情容易受到外部因素的影响，价格波动的不确定性较高，这可能会给投资者带来不必要的风险。

二、持仓量和价格

（一）持仓量在技术面分析的重要性

期货持仓量即未平仓合约量，指的是在期货市场中买入或卖出后尚未进行对冲或实物交割的特定商品期货合约的总数。在未平仓合约中，买方与卖方的数量是等同的。自 2020 年 1 月 1 日起，期货市场数据的统计方法统一调整为单边计算。若买卖双方均新开仓，则持仓量将增加两个合约单位；若一方新开仓而另一方平仓，则持仓量保持不变；若双方均平仓，则持仓量将减少两个合约单位。当新开仓数量与平仓数量相等时，持仓量也将保持稳定。通过分析持仓量的变动，可以推断出资金在期货市场中的流动方向。持仓量的增加通常意味着资金正流入期货市场；相反，持仓量的减少则表明资金正在流出期货市场。

持仓量不仅反映了市场的人气和活跃程度，还能揭示资金的流入和流出情况。当持仓量出现上升趋势时，这通常意味着有更多的资金正在涌入市场，投资者对当前市场的信心较强，愿意持有更多的头寸；相反，如果持仓量开始下降，这可能表明资金正在撤离市场，投资者对未来行情持谨慎态度，选择减少持仓以规避风险。此外，持仓量还可以作为识别价格变化是否可靠的警讯。在某些情况下，价格的剧烈波动可能只是短期的投机行为所致，并不代表市场的长期趋势。通过观察持仓量的变化，技术分析人员可以更好地判断价格波动的真实性和持续性。如果价格波动伴随着持仓量的显著增加，这通常意味着市场参与者的共识较为一致，价格变化的可靠性较高；反之，如果价格波动伴随着持仓量的减少，这可能表明市场参与者的分歧较大，价格变化的可靠性较低，投资者应保持警惕，谨慎操作。

（二）持仓量与价格相关性分析

1. 一般性规律

普遍观点认为，持仓量与价格走势之间存在以下关联性。

第一，在上升趋势中，价格上扬的同时持仓量也有所增加。持仓量的增加表明有新的交易者不断加入市场。同时，价格的上涨反映出市场上的购买力超过了卖出力。这被视为一种积极的市场信号。

第二，在上升趋势中，价格上扬的同时持仓量却出现下降。这表明价格上涨的动力主要源自空头头寸的平仓，意味着市场整体资金正在减少。一旦空头平仓过程结束，上升趋势便可能失去其上涨动力，因此这被视为一个消极的市场信号。尤其需要注意的是，在市场顶部可能出现的剧烈波动。此时，价格经过长期上涨后突然急剧上升，伴随着交易量的大幅增加和持仓量的显著减少，市场中大规模的平仓行为可能预示着市场趋势即将发生转变。

第三，在下降趋势中，价格下跌的同时持仓量增加。持仓量的增加表明有新的交易者不断加入市场，此时价格的下跌反映出新进入市场的卖方积极主动，价格向下的趋势持续发展的可能性增加，因此这被视为一个消极的市场信号。

第四，在下降趋势中，价格下跌的同时持仓量减少。这表明价格下跌的动力主要源自多头头寸的平仓。一旦持仓量降至足够低，多头平仓过程结束，下降趋势可能即将结束，因此这被视为一个积极的市场信号。同样，需要注意的是，在市场底部可能出现的抛售高潮。此时，价格在长期下跌的基础上突然急剧下跌，交易量大幅增加，而持仓量却显著下降。大规模的平仓活动可能预示着市场即将经历剧烈波动，趋势可能发生转变。

2. 特殊性

然而，两者之间的关联并非绝对，实际的交割需求、宏观经济因素以及市场趋势的变化均可能影响持仓量与价格之间的动态关系。

第一，为了避免交割，交易者可能会选择主动平仓近期合约，并将持仓转移到远期合约上，导致近期合约的持仓量逐渐减少，而远期合约的持仓量逐渐增加。在这种情况下，若机械地应用前述规则，可能会导致误判。技术分析也强调，在评估持仓量对价格的影响时，必须基于一定的假设前提，即持仓量的计算应以同一品种所有合约的持仓量为基准。

第二，当市场主要运动接近结束时，持仓量通常会随着价格趋势的发展而增加至较高水平。一旦持仓量停止增长，这往往被视为趋势即将转变的早期警示信号。若此时价格出现剧烈反向变动，其信号意义将更为显著。因为在趋势末期跟进的大量交易单可能会被套牢，而“割肉”平仓的行为本身将形成一种反向推动力。

第三，经过长时间的价格盘整，持仓量逐渐累积增加后，一旦行情爆发，其力度通常会相当大。实际上，这也与持仓量本身有关——价格突破发生后，处于不利位置的一方“割肉”平仓的行为会加剧行情的发展。

持仓量变化的信息确实能够为我们判断市场行情提供一定的帮助，但在应用时必须针对具体情况进行具体分析。

本章小结

本章深入探讨了技术面分析的多个方面，包括市场趋势、形态识别、成交量和持仓量分析，以及各种技术指标的应用。

技术面分析是一种基于市场行为的分析方法，它建立在三个核心假设之上：市场行为反映一切信息、价格呈趋势变动、历史会重演。本章首先介绍了技术面分析与基本面分析的联系和区别，然后详细阐述了趋势分析的重要性，包括如何识别和绘制趋势线、理解趋势的级别，以及趋势的线性作用。此外，本章还探讨了趋势中的回调或反弹，以及如何通过黄金分割线来识别潜在的支撑和阻力水平。

本章进一步分析了多种技术指标，如移动平均线、指数平滑移动平均线

（MACD）、相对强弱指标（RSI）、随机指标（KD）等，并解释了它们在交易决策中的应用。同时，本章讨论了成交量分析的重要性，如何通过成交量与价格的关系来判断市场强度和趋势持续性。此外，本章还探讨了持仓量分析，说明了持仓量变化对市场趋势的指示作用，以及如何利用持仓量变化来预测市场可能的转折点。

本章还涵盖了形态判别，包括基本形态如旗形、三角形、矩形、楔形，以及特殊形态如圆弧形反转、V 形反转、岛形反转和菱形反转。每种形态都有其特定的交易含义和信号。最后，本章强调了技术面分析在实际交易中的应用，包括如何结合不同的技术指标和市场形态来制定交易策略，以及如何通过综合分析来提高交易决策的准确性。

综上所述，技术面分析为投资者提供了一套系统的工具和方法，帮助他们更好地理解市场动态、预测价格走势，并制定相应的交易策略。通过不断学习和实践，投资者可以提高自己的技术分析能力，从而在期货市场中实现更精准的交易和风险管理。

课后习题

1. 定义解释题：简述什么是移动平均线（MA），并解释它在技术面分析中的作用。

2. 趋势识别题：给出一张包含明显趋势的期货价格图表，要求学生识别出主要趋势线、支撑线和阻力线。

3. 形态识别题：提供一张具有典型图表形态的 K 线图，要求学生识别该形态（如头肩顶、双底等），并解释其对市场趋势的指示意义。

4. 技术指标计算题：给定一系列历史价格数据，要求学生计算并解释相对强弱指标（RSI）和随机指标（KD）的值。

5. 成交量分析题：使用 R 语言，根据给定的期货合约价格和成交量数据，绘制成交量与价格的关系图，并分析成交量变化对价格趋势的影响。

6. 持仓量分析应用题：分析持仓量变化对市场趋势的潜在影响。假设持仓量在价格上涨/下跌时增加/减少，讨论其对市场可能产生的影响。

7. 综合分析题：结合基本面分析和技术面分析，构建一个交易策略。考虑市场趋势、价格形态、成交量和持仓量等因素，解释在不同情况下的买入、卖出或持仓策略。

8. 编程应用题：使用 R 语言和 quantmod 包，编写一个函数来自动计算并绘制沪深 300 股指期货的 5 日和 10 日移动平均线，并添加到日 K 线图中。

9. 策略回测题：设计一个简单的交易策略，例如基于 MACD 指标的金叉和死叉信号，并使用历史数据进行策略回测，评估其有效性。

10. 风险管理题：讨论在实施技术面分析指导的交易策略时，如何通过资金管理和止损设置来控制风险，并给出一个示例说明风险管理在交易中的重要性。

第九章　期权交易

第一节　期权交易是什么

一、定义和特点

（一）定义

期权（Option）是一种金融衍生工具，它赋予持有者在未来某一特定时间或在一定期限内，按照事先约定的价格买入或卖出某种特定资产或合约的权利。这种权利可以是看涨期权（Call Option），即在特定时间内以特定价格买入资产的权利；也可以是看跌期权（Put Option），即在特定时间内以特定价格卖出资产的权利。

期权的持有者拥有这种选择权，但并不承担必须行使该权利的义务。换句话说，期权的买方可以根据市场情况和自身利益的判断，选择是否在期权有效期内执行该权利。如果市场条件对持有者不利，他们可以选择放弃行使期权，损失的只是支付的期权费。因此，期权为投资者提供了一种灵活的风险管理工具，可以在控制风险的前提下，获取潜在的收益。

（二）特点

期权作为一种金融衍生工具，具有以下显著特征。

首先，期权的购买者需要向期权的出售者支付一笔特定数额的费用，这笔费用被称为权利金。通过支付这笔权利金，购买者获得了在未来某一特定时期或特定日期内进行交易的权利。这种支付行为是期权交易的基础，确保了购买者能够享有相应的权利。

其次，期权购买者所获得的权利是针对未来某一特定时期或特定日期的。这意味着期权的有效期是有限的，购买者必须在期权到期之前决定是否行使这些权利。这段时间为购买者提供了充分的决策空间，以便根据市场情况作出最有利的选择。

再次，期权购买者在未来交易的标的物是明确指定的。这意味着期权合约中会明确规定交易的具体标的物，如股票、商品、指数等。购买者在购买期权时就已经知道其权利所涉及的具体标的物，这有助于购买者更好地评估和管理其投资风险。

此外，期权购买者在未来交易标的物的价格是预先确定的。这种预先确定的价格被称为行权价格或履约价格。无论市场价格如何波动，期权购买者都有权按照这个预先确定的价格进行买入或卖出操作，从而锁定交易成本或收益。

期权购买者有权选择买入或卖出标的物。这种选择权被称为行权。购买者可以根据自己的判断和市场情况，决定是否行使买入或卖出的权利。这种灵活性是期权交易的一大优势，使得购买者能够在有利的市场条件下实现最大化收益。

重要的是，期权购买者获得的是交易的权利，而非必须执行买入或卖出的义务。购买者可以自由决定是否行使该权利，这种选择权被称为行权。购买者并不承担必须进行交易的义务，这使得期权成为一种相对灵活且风险可控的投资工具。

最后，购买者虽然支付了权利金以获得权利，但其风险仅限于支付的权利金金额。这意味着购买者在最坏的情况下只会损失已经支付的权利金，而不会面临更大的财务风险。同时，购买者却拥有实现巨大盈利的可能性。如果市场走势对购买者有利，通过行使期权，购买者可以获得远超过权利金的收益。这种风险与收益的不对称性是期权交易吸引人的一个重要原因。

二、现货期权和期货期权

（一）一般性描述

期权购买者享有在约定的时间范围内，按照既定价格买入或卖出特定资产或合约的权利。此处所指的“特定资产或合约”，实际上是指可进行交易的标的物。按期权合约的标的物不同，期权可分为现货期权和期货期权。

两者的差别是明显的，现货期权双方实际交割的是现货，而在期货期权中，双方实际交割的是铜期货合约。一个是现货，另一个是期货。于是，前者就称为现货期权，后者称为期货期权。目前上海证券交易所的股票期权和股票 ETF 期权，以及中金所的股指期权都是现货期权，而其他三家期货交易所推出的都是期货期权。

（二）举例说明

在外汇市场中，现货期权与期货期权交易并存。期货期权的交易对象为外汇期货合约，而现货期权则以即期外汇为交易对象。通常情况下，期货期权的交易量超过现货期权。期货期权主要被用于套期保值，其交易目的主要是规避价格波动带来的风险。相对而言，现货期权更多地被用于实现盈利，其交易目的主要是基于对未来汇率变动趋势的预测和把握。鉴于套期保值的需求更为普遍，期货期权的交易量因此相对较大。

此外，现货期权与期货期权在合约上也具有一定差异。

首先，标的物存在差异。现货期权的标的物为现货外汇，而期货期权的标的物则是外汇期货合约。因此，现货期权的购买者需进行现金交割，期货期权则实行差额结算。

其次，运作机制各异。现货期权采取期权证券化形式，期权卖方直接向买方出售期权合同。期货期权则采用期权合约方式，由交易所负责托管和清算工作。这一机制使得期货期权交易更为规范和透明。

再次，交易策略有所不同。现货期权通常适用于短期交易和波段交易，目的在于追求价格差异。期货期权则更多地用于套期保值，通过选择不同期限和行权价格的合约组合来规避汇率波动风险。

最后，仓位配置存在区别。现货期权属于多头仓位，买方通过支付期权费用获得相应权利；期货期权则允许建立多头或空头仓位，买方可以通过买入或卖出期权来确定其仓位。这使得期货期权能够构建更为灵活的交易策略。

三、欧式期权和美式期权

（一）定义

期权买方所获得的权利，是指在未来某一特定时间点（到期日）可选择执行或放弃该权利。此“未来”概念可细分为两种情形：一是到期日当天决定是否行使权利，二是到期日之前的任何时点均可作出执行或放弃权利的决定。前者被称为欧式期权，后者则称为美式期权。

需明确的是，此分类依据的是期权买方行使权利的时间限制，并非与地理名称相关。实际上，美国市场也有采用欧式期权，而欧洲市场也存在美式期权的交易。从全球期权交易的分布来看，场外交易通常以欧式期权为主流，而场内交易则多见美式期权的品种。

（二）差异

按照期权的定义，买进欧式期权者在到期时可以作出行权选择，买进美式期权者在到期前可以作出行权选择，当标的物的市场价有利于自己时自然会提出履约即交割。比如，对买进看涨期权者而言，若在到期日标的物市场价高于指定的行权价，买方提出交割对己是有利的；对买进看跌期权者而言，若交割时标的物市场价低于指定的行权价，期权买方提出交割也是对己有利的。

在国内上海证券交易所的股票期权、股票 ETF 期权以及中国金融期货交易所的股指期权均遵循欧式期权规则，而其他三家期货交易所推出的期权产品则为美式期权。显而易见，对于期权买方而言，美式期权提供了更大的灵活性，因为买方能够根据市场动态和自身需求，灵活选择行使权利的时机。相对而言，对于期权卖方，这可能意味着更高的风险，因为他们必须随时准备履行合约义务。

四、实值期权、虚值期权和平值期权

实值期权、虚值期权和平值期权都是站在期权买方的立场上，按当时行权是否对买方有利而划分的，是按实时指数与行权价之间的关系划分的。具体差别如表 9－1所示。

表 9－1　　期权分类与行权价之间的关系

	看涨期权	看跌期权
实值期权	标的物市场价格 > 期权执行价格	标的物市场价格 < 期权执行价格
虚值期权	标的物市场价格 < 期权执行价格	标的物市场价格 > 期权执行价格
平值期权	标的物市场价格 = 期权执行价格	标的物市场价格 = 期权执行价格

数据来源：中国期货业协会。

1. 实值期权

当看涨期权的执行价格低于当前标的资产的市场价格时，对期权的购买者而言是较为有利的。此类期权被称作实值期权（In－the－Money），也有“价内期权”之称。例如，若沪深 300 股指看涨期权的执行价格定为 3550 点，而当前沪深 300 股指的市场价格为 3600 点，那么对期权购买者而言显然有利。因为若此时行使权利，相当于以 3550 点的价格购入，随后以当前市场价格卖出，即可获得 3600 点与 3550 点之间的差额，即 50 点的利润。

当看涨期权的执行价格远低于当前标的资产的市场价格时，该期权被称为深实值期权（Deep－In－the－Money）。例如，若沪深 300 股指看跌期权合约中的执行价格为 3700 点，而当前沪深 300 股指的市场价格为 3650 点，那么对期权购买者而言同样有利。因为若此时行使权利，相当于以 3700 点的价格卖出，随后以当前市场价格买入，即可获得 3700 点与 3650 点之间的差额，即 50 点的利润。

2. 虚值期权

当看涨期权的执行价格高于现行市场价格时，期权的购买者行使该期权将处于不利地位，此类期权被称为虚值期权（Out - of - the - Money），也称作“价外期权”。若看涨期权的执行价格显著高于标的资产的现行市场价格，则该期权被称为深度虚值期权（Deep - Out - of - the - Money）。例如，在沪深300股指期货看涨期权合约中，若执行价格定为3700点，而当前沪深300股指的市场价格为3650点，显然，期权购买者在此情况下行使期权并不划算。因为行使期权意味着以3700点的价格购入，而直接在市场上以现行价格购入则可节省50点（3700 - 3650）。因此，在这种情况下，期权购买者不会选择行使期权。

同理，当看跌期权的执行价格低于标的资产的现行市场价格时，期权购买者行使该期权同样处于不利地位，此类期权也属于虚值期权。若看跌期权的执行价格远低于标的资产的现行市场价格，则该期权被称为深度虚值期权。例如，在沪深300股指期货看跌期权合约中，若执行价格定为3700点，而当前沪深300股指的市场价格为3800点，显然，期权购买者在此情况下行使期权并不划算。因为行使期权意味着以3700点的价格卖出，而直接在市场上以现行价格卖出则可多得100点（3800 - 3700）。因此，在这种情况下，期权购买者不会选择行使期权。

3. 平值期权（At - the - Money）

无论是在看涨期权还是看跌期权的情况下，当期权的执行价格恰好等于其标的资产在当前市场上的实际交易价格时，这种期权就被称作平值期权（At - the - Money），或者也可以称为两平期权。换句话说，平值期权是指期权的内在价值为零，因为此时行权并不会带来任何立即的经济利益。在这种情况下，期权的买方既不会因为立即行权而获得利润，也不会因为立即行权而遭受损失。平值期权通常具有较高的时间价值，因为市场波动可能会在未来使期权变得有利可图。

第二节　期权定价模型

一、期权定价的时间价值

（一）定义

从理论角度分析，期权的价格可以分解成内涵价值（intrinsic value）和时间价值（time value）两个部分。若用公式表示：

期权价格 = 内涵价值 + 时间价值。

期权的内在价值指的是在能够立即以行权价格执行期权的情况下，所能获得的净收益总额，这实际上代表了实值期权中的实际价值部分。相对地，时间价值是指在期权价格中扣除内在价值后所剩余的部分，即超出内在价值的那部分权利金，也称作外在价值（Extrinsic Value）。它体现了期权购买者基于时间流逝可能带来的标的资产价格变动，对期权增值的预期所愿意支付的权利金金额。同时，它也映射出期权出售者愿意接受的期权售价。

（二）时间价值的衡量

决定期权时间价值的核心要素在于期权的购买者与出售者对于标的资产未来价格走势及其期权价值变动的预测，这一价值是通过双方在公开市场上的竞价过程所共同决定的。以沪深300股指看涨期权为例，若其行权价格设定为3700点，而当前沪深300股指的市场价格为3750点，相应的权利金报价为60点。此时，期权的内涵价值，即实值部分，为3750点减去3700点，等于50点；而权利金的60点减去其内涵价值50点后，剩余的10点即为该期权的时间价值。

期权的有效期限越长，其时间价值相应地越高，这是因为较长的有效期为期权购买者提供了更大的获利潜力，同时，出售者所面临的潜在风险也相应增加，因此出售者在定价时会要求更高的权利金，而购买者也愿意支付更高的权利金以获取更多的盈利机会；反之，若期权的有效期较短，则情况相反。

随着期权接近到期日，假设其他条件保持不变，期权的时间价值衰减速度将加快。而在到期日当天，期权将不再具有时间价值，其价值仅限于内涵价值。

二、期权定价的其他影响因素

期权的价格与期货交易价格一样，是由交易双方竞价产生的。除时间价值外，还与标的物价格、执行价格、标的物价格波动率、距到期日前剩余时间、无风险利率和标的物在持有期的收益等因素有关。

（一）标的物价格

期权价格受行权价与标的资产市场价的相互作用影响至深。这两种价格之间的关系不仅决定了期权的内在价值，还对其时间价值产生影响。行权价与标的资产市场价之间的相对差异，是决定内在价值存在与否及其大小的关键因素。对于看涨期权，当市场价高于行权价的幅度增加，其内在价值相应增加；反之，当市场价仅略高于行权价，内在价值则较小；若市场价等于或低于行权价，内在价值则为零。对于看跌期权，市场价低于行权价的幅度越大，内在价值越高；而当市场价等于或高于行权价时，内在价值则不存在。

（二）行权价

期权的行权价格与标的资产的市场价格之间的差异程度，决定了期权时间价值的存在与否以及其大小。通常情况下，行权价格与市场价格之间的差额越大，时间价值就越低；反之，差额越小，时间价值则越高。当期权处于极端实值或极端虚值状态时，其时间价值将接近于零；而在期权恰好处于平值状态时，时间价值达到峰值。这是因为时间价值反映了市场参与者预期标的资产价格变动可能带来的潜在价值增加，即从虚值期权转变为实值期权，或从具有一定内在价值的期权转变为具有更高内在价值的期权所愿意支付的代价。因此，在期权极度实值的情况下，市场价格的进一步变动增加其内在价值的可能性极低，而减少内在价值的可能性反而较高，市场参与者不愿意为购买并持有该期权支付高于其内在价值的权利金。

相反地，当期权极度虚值时，市场参与者认为其转变为实值期权的可能性极小，因此不愿意为购买此类期权支付任何权利金。因此，只有在期权处于平值状态，即行权价格与标的资产市场价格相等时，市场价格的变动最有可能增加期权的内在价值，此时市场参与者也最愿意为购买该期权支付相当于时间价值的权利金，而此时的时间价值达到最大值。任何市场价格与行权价格的偏离都将导致时间价值的减少。因此，市场价格与行权价格之间的关系对时间价值具有直接的影响。

（三）标的物价格波动率

价格波动率衡量了标的资产价格变动的程度，是期权定价模型中至关重要的参数。当价格波动率的预期发生变化，或市场对价格波动率的预期出现调整时，期权的价值将受到显著影响。

在其他条件保持不变的情况下，标的资产价格波动性的增加会提高期权向实值状态转变的概率，进而导致期权的权利金相应上升。价格波动性越大，意味着风险越高，因此对期权作为保险的需求也相应增加。此外，当标的资产价格频繁波动时，价格趋势发生逆转的可能性也随之增大，这增加了期权具有行使价值的机会，使得期权的购买者更愿意接受卖方提出的更高价格。对于期权的卖方而言，由于市场风险的增加（他们通常不希望期权被执行），除非能够获得一个令人满意的较高价格，否则他们不会愿意出售期权来承担这种风险。

（四）距到期日前剩余时间

期权合约的有效期限是指从当前时刻至期权合约终止前的剩余时间跨度。在其他条件保持不变的情况下，期权的有效期限越长，其时间价值相应地越高。对于期权的购买者而言，较长的有效期限意味着更大的选择空间，标的资产价格朝向购买者期望方向变动的概率增加，从而增加了购买者执行期权并实现盈利的机会。相反地，若有效期限较短，期权的时间价值则相对较低。由于时间的紧迫性，标的资产价格出现显著波动，尤其是价格变动发生逆转的可能性降低，导致到期时期权丧失了时间价值。对于期权的出售者而言，较长的有效期限意味着更高的风险，因此购买者愿意支付更高的权利金以获取更多的盈利机会，出售者因此获得的权利金也相应增加。而较短的有效期限则意味着出售者承担的风险较小，出售期权时所要求的权利金不会过高，购买者也不倾向于为盈利机会较少的期权支付高额的权利金。因此，期权的时间价值与期权合约的有效期限呈正相关关系，并随着到期日的临近而逐渐减少，直至到期日时，时间价值归零。

（五）无风险利率

无风险利率水平的变动也会对期权的时间价值产生一定的影响。具体来说，当市场上的无风险利率上升时，期权的时间价值往往会随之减少；相反，如果无风险利率下降，期权的时间价值则会相应地增加。然而，需要指出的是，尽管无风险利率的变化会对期权的时间价值产生影响，但这种影响通常是比较有限的，并不会对期权的整体价值产生决定性的作用。换句话说，虽然无风险利率的变化会对期权的时间价值产生一定的波动，但其影响程度相对较小，不足以成为投资者在进行期权交易时的主要考虑因素。

（六）标的物在持有期的收益

在投资过程中，某些标的物在持有期间可能会带来一定的收益。例如，持有股票的投资者在持有期间可能会享受到公司的分红收益，而持有国债或外汇并将其存放在银行的投资者在持有期间也会获得相应的利息收入。这些收益会对期权的价格产生一定的影响。然而，需要注意的是，尽管收益的大小会对期权价格高低产生影响，但其影响力相对于利率水平来说仍然是较弱的。换句话说，虽然收益的多少会对期权价格产生一定的作用，但这种作用并不是决定性的，其影响力相对较小。

三、期权的理论价格

（一）期权定价模型假设前提

在期权定价理论中，若假设期权交易中的上述六个因素中的行权价都是确定的，具体而言期权定价理论需假设：

（1）标的物价格也是可观察的；

（2）期权剩余时间更是已知的；

（3）无风险利率和标的物在持有期的收益这两项大致可以预先估计，由于影响力较弱，在模型中无误差。

则可利用期权计算模型（又称 Black - Scholes 模型，简称 BS 模型）计算出期权的理论价格。期权计算模型是由两个经济学家命名的，他们分别为布莱克和斯科尔斯，这两位学者于 1973 年共同署名发表的论文《期权与公司债务的定价》第一次提出了期权计算模型，解决了欧式股票期权不考虑分红时的定价问题。之后的研究以此为基础，每几年都会更新期权定价模型，并编成程序，供交易者应用。

值得注意的是，这些期权定价模型皆需要遵循一定的假设前提，这就说明了上述假设前提中的因素，将影响实际期权价格，使得实际期权价格会偏离理论期权价格。

（二）BS 模型

1. BS 模型的公式

BS 模型主要由式（1）、式（2）组成：

$$C = S_0 N(d_1) - X e^{-rT} N(d_2) \tag{1}$$

$$P = X e^{-rT} N(-d_2) - S_0 N(d_1) \tag{2}$$

其中，C 是看涨期权的价格，P 是看跌期权的价格，S_0 是标的资产的当前价格，X 是期权的执行价格，r 是无风险利率，T 是期权到期时间（年化），$N(\cdot)$ 是标准正态分布的累计分布函数。此外定义：

$$d_1 = \frac{ln(S_1/X) + (r + \sigma^2/2)T}{\sigma \sqrt{T}} \tag{3}$$

$$d_2 = d_1 - \sigma \sqrt{T} \tag{4}$$

其中，σ 是标的资产价格波动率。

2. BS 模型的程序

```
BlackScholes <- function(S, X, T, r, sigma, type = "call") {
# 计算 d1 和 d2
d1 <- (log(S / X) + (r + sigma^2 / 2) * T) / (sigma * sqrt(T))
d2 <- d1 - sigma * sqrt(T)
# 计算期权价格
```

```
if (type == "call") {
# 看涨期权
return(S * pnorm(d1) - X * exp(-r * T) * pnorm(d2))
} else if (type == "put") {
# 看跌期权
return(X * exp(-r * T) * pnorm(-d2) - S * pnorm(-d1))
} else {
stop("Type must be 'call' or 'put'")
}
}
# 示例:使用 Black-Scholes 模型计算期权价格
S <- 100    # 标的资产当前价格
X <- 100    # 期权执行价格
T <- 1      # 期权到期时间(年)
r <- 0.05   # 无风险利率
sigma <- 0.2   # 波动率
# 计算看涨期权价格
call_price <- BlackScholes(S, X, T, r, sigma, type = "call")
print(paste("Call Option Price:", call_price))
# 计算看跌期权价格
put_price <- BlackScholes(S, X, T, r, sigma, type = "put")
print(paste("Put Option Price:", put_price))
```

(三) 定价模型的运用场景

布莱克—斯科尔斯模型（BS 模型）的应用主要体现在以下 3 个方面。

1. 期权定价：布莱克—斯科尔斯模型能够直接应用于计算欧式期权的理论价格。投资者通过输入当前的股票价格、执行价格、无风险利率、到期时间以及波动率等关键参数，能够得出期权的理论价值。

2. 风险管理：借助布莱克—斯科尔斯模型，投资者能够计算出期权的 Delta、Gamma、Theta、Vega 等风险敏感度指标，这些指标有助于投资者评估和管理期权头寸所面临的风险。

3. 波动率估计：在布莱克—斯科尔斯模型中，波动率参数对于期权定价至关重要。投资者可以通过反推市场期权价格来获取隐含波动率，从而洞察市场对未来波动率的预期。表 9-2 展示了 BS 模型在不同市场情况下的可能应用。

表 9－2　　BS 模型的运用市场情况

市场情况	BS 模型应用
高波动率市场	计算期权价格，评估风险
低波动率市场	估计隐含波动率，调整策略
极端市场事件	调整模型假设，重新评估风险

根据运用市场情况可知，布莱克—斯科尔斯期权定价模型是金融市场上至关重要的工具。通过对该模型的深入理解和灵活运用，投资者能够更高效地进行期权交易及风险管理。

第三节　组合策略风险分析

一、看涨期权

（一）买进

1. 一般性描述

买进一定执行价格的看涨期权，在支付一笔权利金后，便可享有买入或不买入相关标的物的权利。

如果标的物价格短期内上涨，权利金也会随之上涨，在权利金价格上涨时卖出期权平仓，可以获得权利金差价收入。如果在到期日标的物价格在行权价之上，买进者可以行权，以低价获得标的物多头，然后按上涨的价格水平高价卖出相关标的物，获得差价利润，当这笔利润超过当初付出的权利金时，超出部分就是净利润。由此可见，在到期日，买进看涨期权的损益平衡点就是“行权价＋权利金”。

在到期日，如果标的物市场价格低于行权价，则可以放弃行权，最大损失为权利金。如果在到期日之前标的物市场价格下跌，期权价格也因此下跌，可以通过提前平仓回收部分权利金，损失就更小了。

2. 举例说明

首先定义了期权的行权价和权利金，然后创建了一个标的物价格的范围。接着，计算期权的内在价值、时间价值和损益。损益是内在价值减去权利金，计算损益平衡点，即行使价格加上权利金。

然后，使用 ggplot2 包来绘制损益分析图。在图中添加标的物价格与损益之间的关系线，以及损益为 0 和负权利金的虚线。此外，添加损益平衡点的垂直虚线和内在价值的区域。

最后，打印出损益平衡点的值。

```
# 安装和加载所需的包
install. packages("ggplot2")
library(ggplot2)
# 假设参数
行使价格 <- 100   # 行权价
期权权利金 <- 5    # 期权价格(权利金)
标的物价格范围 <- seq(80, 120, by = 5)  # 标的物价格范围
# 计算期权的内在价值和时间价值
内在价值 <- pmax(0, (标的物价格范围 - 行使价格))
时间价值 <- 标的物价格范围  # 这里简化模型,时间价值等于标的物价格
损益 <- 内在价值 - 权利金
# 计算损益平衡点
损益平衡点 <- 行使价格 + 权利金
# 绘制损益分析图
ggplot(data. frame(标的物价格 = 标的物价格范围, 损益), aes(x = 标的物价格, y = 损益)) +
geom_line(color = "blue") +  # 损益线
geom_hline(yintercept = 0, linetype = "dashed", color = "red") +  # 损益为 0 的线
geom_hline(yintercept = -权利金, linetype = "dashed", color = "green") +  # 损益为负权利金
的线
geom_vline(xintercept = 损益平衡点, linetype = "dashed", color = "purple") +  # 损益平衡点
geom_ribbon(aes(ymin = 内在价值 - 权利金, ymax = 内在价值), fill = "blue", alpha = 0. 2) +
# 内在价值区域
labs(title = "看涨期权损益分析图",
x = "标的物价格",
y = "损益") +
theme_minimal() +
annotate("text", x = 损益平衡点, y = -10, label = "损益平衡点", hjust = -0. 5)
# 打印损益平衡点
cat("损益平衡点是:", 损益平衡点, "\n")
```

（二）卖出

1. 一般性描述

然而，卖出看涨期权并非没有风险。与买进看涨期权不同，卖方在卖出期权时

承担了潜在的无限风险。如果标的物价格在到期日大幅上涨，超过行权价，卖方将不得不以较低的行权价卖出标的物，从而面临巨大的损失。因此，为了控制风险，卖方需要在卖出期权时设定一个合理的行权价，并密切关注市场动态。

此外，卖出看涨期权的策略通常适用于市场波动较小或预期市场将走弱的情况。通过收取权利金，卖方可以利用时间价值的衰减来获利。然而，如果市场出现大幅波动，尤其是上涨波动，卖方将面临较大的风险。因此，选择合适的标的物和时机至关重要。

为了进一步降低风险，卖方可以采取一些策略，如同时买入看跌期权以构建一个保护性看跌期权策略。这样，即使标的物价格上涨，卖方也可以通过看跌期权的收益来部分抵消损失。此外，卖方还可以通过调整仓位和设定止损点来控制风险。

2. 举例说明

首先定义期权的行使价格和权利金，然后创建了一个标的物价格的范围。接着，计算了期权的内在价值，即标的物价格与行使价格之差的最大值。损益是内在价值减去权利金。计算了两个重要的价格点：行使价格和损益平衡点。行使价格是买方选择不行权的点，因为在这一点上，期权的内在价值刚好等于0。损益平衡点是卖方开始面临损失的点，因为在这一点上，期权的内在价值刚好覆盖了权利金成本。然后，使用 ggplot2 包来绘制到期日的损益图。在图中，添加了标的物价格与损益之间的关系线，以及不行权点和损益平衡点的垂直虚线。最后，打印出损益平衡点的值。

```
# 安装和加载所需的包
install. packages("ggplot2")
library(ggplot2)
# 假设参数
行使价格 < - 100    # 行权价
权利金 < - 5          # 期权价格(权利金)
标的物价格范围 < - seq(50, 150, by =5)  # 标的物价格范围
# 计算期权的内在价值
内在价值 < - pmax(0, (标的物价格范围 - 行使价格))
# 计算损益
损益 < - 内在价值 - 权利金
# 计算损益平衡点
损益平衡点 < - 行使价格 + 权利金
# 绘制到期日损益图
ggplot(data. frame(标的物价格 = 标的物价格范围, 损益), aes(x = 标的物价格, y = 损益)) +
```

```
geom _ line(color = "blue") +
geom _ hline(yintercept = 0, linetype = "dashed", color = "red") +
geom _ hline(yintercept = -权利金, linetype = "dotted", color = "green") +
geom _ vline(xintercept = 行使价格, linetype = "dashed", color = "purple") +
geom _ vline(xintercept = 损益平衡点, linetype = "dashed", color = "orange") +
labs(title = "到期日看涨期权损益图",
x = "标的物价格",
y = "损益") +
theme _ minimal() +
annotate("text", x = 行使价格, y = -10, label = "不行权点", hjust = -0.5) +
annotate("text", x = 损益平衡点, y = -20, label = "损益平衡点", hjust = -0.5)
# 打印损益平衡点
cat("损益平衡点是:", 损益平衡点, "\n")
```

二、看跌期权

(一) 买进

1. 一般性描述

购入具有特定执行价格的看跌期权后，支付相应权利金，投资者即获得出售或不行使该权利的自由。若标的资产价格在短期内出现下跌，权利金价值将相应提升。此时，通过出售期权以平仓，投资者可实现权利金增值部分的收益。若到期时标的资产的市场价格低于执行价格，投资者可行使期权，以市场价格购入标的资产，并按约定的执行价格出售给对手方，从而获得价差收益。当此收益超过最初支付的权利金时，超出部分即为净利润。因此，到期时，看跌期权的盈亏平衡点为“执行价格减去权利金”。

在期权到期时，若标的资产价格不低于执行价格，投资者可选择不行使期权，此时最大损失限于已支付的权利金。若在到期日之前标的资产价格未出现预期下跌，导致权利金价值下降，投资者仍可通过平仓操作回收部分权利金，从而减少损失。

2. 举例说明

首先定义期权的行使价格和权利金，然后创建了一个标的物价格的范围。接着，计算了期权的内在价值，即行使价格与标的物价格之差的最大值。损益是内在价值减去权利金。计算了损益平衡点，即行使价格减去权利金。这是买方开始获得净利润的点，因为期权的内在价值覆盖了权利金成本。

然后，使用ggplot2包来绘制到期日的损益图。在图中，添加标的物价格与损益之间的关系线，以及损益平衡点和行使价格的垂直虚线。最后，我们打印出损益平衡点的值。

```
# 安装和加载所需的包
install. packages("ggplot2")
library(ggplot2)
# 假设参数
行使价格 <- 100   # 行权价
权利金 <- 5        # 期权价格(权利金)
标的物价格范围 <- seq(50, 150, by=5)   # 标的物价格范围
# 计算期权的内在价值
内在价值 <- pmax(0, (行使价格 - 标的物价格范围))
# 计算损益
损益 <- 内在价值 - 权利金
# 计算损益平衡点
损益平衡点 <- 行使价格 - 权利金
# 绘制到期日损益图
ggplot(data. frame(标的物价格=标的物价格范围, 损益), aes(x=标的物价格, y=损益)) +
geom_line(color="blue") +
geom_hline(yintercept=0, linetype="dashed", color="red") +
geom_hline(yintercept=-权利金, linetype="dotted", color="green") +
geom_vline(xintercept=行使价格, linetype="dashed", color="purple") +
geom_vline(xintercept=损益平衡点, linetype="dashed", color="orange") +
labs(title="到期日看跌期权损益图",
x="标的物价格",
y="损益") +
theme_minimal() +
annotate("text", x=行使价格, y=-10, label="损益平衡点", hjust=-0.5) +
annotate("text", x=损益平衡点, y=-20, label="不行权区域", hjust=-0.5)
# 打印损益平衡点
cat("损益平衡点是:", 损益平衡点, "\n")
```

（二）卖出

1. 一般性描述

看跌期权卖方在卖出期权时会收取一定的权利金，这笔权利金是其潜在的最大

盈利。然而，如果市场价格下跌至执行价格以下，买方行使期权，卖方将面临亏损。亏损的计算公式为（执行价格 - 市场价格） - 权利金。这意味着市场价格越低，卖方的亏损越大。

为了减少亏损，看跌期权卖方通常会采取一些风险管理措施。例如，他们可能会同时买入相应数量的标的资产，以对冲风险。这种策略被称为“保护性看跌期权策略”，当股价下跌时，投资者可以选择行使看跌期权，以执行价格卖出股票，从而限制损失；而当股价上涨时，投资者可以选择不行使期权，继续持有股票享受价格上涨带来的权益。通过这个策略可以实现在市场价格下跌时，通过标的资产的增值来抵消部分亏损。

此外，看跌期权卖方还需要密切关注市场动态和标的资产的价格走势。如果市场出现不利波动，卖方可能需要及时平仓，以避免更大的损失。平仓意味着买回相应的看跌期权，但这通常需要支付额外的费用。

2. 举例说明

首先，定义了期权的行权价和权利金，然后创建一个标的物价格的范围。接着，计算期权的内在价值，即行使价格与标的物价格之差的最大值。对于卖出看跌期权，损益等于负的内在价值加上权利金。计算损益平衡点，即行权价减去权利金。这是卖出看跌期权策略开始亏损的点。

其次，使用 ggplot2 包来绘制损益分析图。在图中，添加标的物价格与损益之间的关系线，以及权利金和损益平衡点的水平虚线和垂直虚线。

最后，打印出损益平衡点的值。

```
# 安装和加载所需的包
install.packages("ggplot2")
library(ggplot2)
# 假设参数
exercise_price <- 100    # 行权价
premium <- 5             # 权利金
underlying_price_range <- seq(50, 150, by = 5)  # 标的物价格范围
# 计算期权的内在价值
intrinsic_value <- pmax(0, (exercise_price - underlying_price_range))
# 计算损益
# 卖出看跌期权的损益 = -内在价值 + 权利金
profit_loss <- -intrinsic_value + premium
# 计算损益平衡点
```

```
# 卖出看跌期权的损益平衡点 = 行权价 - 权利金
breakeven_price <- exercise_price - premium
# 绘制损益分析图
ggplot(data.frame(underlying_price = underlying_price_range, profit_loss), aes(x = underlying_price, y = profit_loss)) +
  geom_line(color = "blue") +
  geom_hline(yintercept = 0, linetype = "dashed", color = "red") +
  geom_hline(yintercept = premium, linetype = "dotted", color = "green") +
  geom_vline(xintercept = exercise_price, linetype = "dashed", color = "purple") +
  geom_vline(xintercept = breakeven_price, linetype = "dashed", color = "orange") +
  labs(title = "卖出看跌期权损益分析图",
  x = "标的物价格",
  y = "损益") +
  theme_minimal() +
  annotate("text", x = breakeven_price, y = premium * 2, label = "损益平衡点", hjust = -0.5)
# 打印损益平衡点
cat("损益平衡点是:", breakeven_price, "\n")
```

本章小结

本章深入探讨了期权交易的各个方面，包括期权的定义、特点、类型、定价模型以及交易策略。

期权是一种金融衍生工具，赋予持有者在未来某一特定时间或期限内，以约定价格买入或卖出特定资产的权利。期权交易具有多个特点，如权利金支付、有限的有效期、明确的标的物、行权价格、行权选择权和风险限制等。本章介绍了现货期权和期货期权的区别，以及欧式期权和美式期权的不同之处，同时讨论了实值期权、虚值期权和平值期权的概念。

期权定价是期权交易中的关键环节。本章介绍了期权定价模型，特别是 Black - Scholes 模型，以及影响期权价格的因素，包括标的物价格、行权价、标的物价格波动率、剩余到期时间、无风险利率和标的物在持有期的收益。此外，还分析了期权的时间价值和内涵价值，以及如何利用这些概念进行风险管理。

本章提供了多种期权交易策略，包括买进和卖出看涨期权、看跌期权的策略，以及如何根据市场情况选择适当的行权价和到期日。通过构建损益分析图，展示了不同策略在不同市场条件下的损益情况。此外，本章还讨论了如何利用期权进行风险管理和套期保值，以及如何结合市场预期和基本面分析来制定交易策略。

综上所述，期权交易为投资者提供了灵活的风险管理工具和多样化的交易机会。通过深入理解期权的定价机制和风险特性，投资者可以更有效地利用期权进行资产配置和市场交易。

课后习题

1. 定义解释题：简述什么是期权，并区分看涨期权与看跌期权的区别。

2. 特点描述题：列举期权交易的三个主要特点，并解释为什么这些特点对投资者很重要。

3. 分类识别题：描述欧式期权与美式期权的主要区别，并给出一个适合使用欧式期权的市场情景。

4. 定价模型应用题：使用 Black – Scholes 模型计算一个看涨期权的理论价格，给定以下参数：标的资产价格为 100，执行价格为 95，无风险利率为 5%，到期时间为 6 个月，波动率为 30%。

5. 风险分析题：解释为什么卖出看涨期权与卖出看跌期权的风险不同，并讨论如何管理这些风险。

6. 策略评估题：分析在高波动率市场环境中，买进看涨期权策略与买进看跌期权策略的潜在优势和风险。

7. 综合应用题：假设你是一位投资者，需要构建一个期权组合策略来对冲持有的股票头寸。描述你将如何使用看涨期权和看跌期权来构建这个策略，并解释你的选择。

8. 市场情景分析题：考虑一个市场情景，其中标的资产价格预计将大幅波动。设计一个期权交易策略来利用这种市场预期，并解释你的策略如何实现盈利。

9. 波动率分析题：解释波动率对期权定价的影响，并讨论如何利用历史波动率和隐含波动率来评估期权的价值。

10. 风险敏感度计算题：计算并解释期权的 Delta 值，并讨论 Delta 值如何帮助投资者理解期权头寸对标的资产价格变动的敏感度。

习题答案

第一章

以下是针对本章习题的一些示例代码：

1. R 语言在期货统计分析中的基本用途

编程任务：无须编程。

2. 描述性统计分析

编程任务：

```
#假设有一个名为 future _ prices 的向量,包含某个期货合约的日收盘价
future _ prices < - c(100, 102, 101, 105, 107)  # 示例数据
#编写一个函数来计算以下描述性统计指标
calc _ descriptive _ stats < - function(prices) {
list(
mean _ price = mean(prices),
median _ price = median(prices),
variance = var(prices),
std _ dev = sd(prices)
)
}
#调用函数并打印结果
descriptive _ stats < - calc _ descriptive _ stats(future _ prices)
print(descriptive _ stats)
```

3. 保证金制度的作用

编程任务：无须编程。

4. 计算移动平均值

```
#编写一个函数来计算移动平均值
calculate _ moving _ average < - function(prices, window _ size) {
```

```
ma <- numeric(length(prices) - window_size + 1)
for (i in 1:(length(ma))) {
ma[i] <- mean(prices[i:(i + window_size - 1)])
}
return(ma)
}
#示例使用
future_prices <- c(100, 102, 103, 108, 110, 105, 107)  # 示例数据
window_size <- 3
moving_average <- calculate_moving_average(future_prices, window_size)
print(moving_average)
```

5. 协整分析的应用

编程任务：无须编程，但可以提供协整分析的理论背景和概念解释。

参考答案：卖出看涨期权与卖出看跌期权的风险不同，主要体现在潜在的上行和下行风险上。针对卖出看涨期权与卖出看跌期权的风险差异，我们可以在期权交易中，通过协整，帮助识别和利用不同期权之间的价格关系，从而制定交易策略。如：

在卖出看涨期权中，风险主要体现在潜在上行风险上。当标的资产价格大幅上涨时，看涨期权的卖方将被迫以执行价卖出标的资产，而该标的资产从市场上是以市场价买回来的，投资者面临的损失是标的资产市场价减去执行价的差，通过协整理论可发现，由于只要标的资产价格上涨，投资者的损失将扩大。因此，卖出看涨期权的潜在上行风险是无限的，而下行的收益却是有限的。

有如卖出看跌期权时，风险主要集中在执行价格减去期权权利金的差额上。如果标的物价格低于执行价格，买方则会要求履约，期权卖方则只能按执行价格买入标的物，这会给期权卖方带来损失。但是，根据协整理论，如果标的物价格为0时，出现最大亏损等于期权权利金减去履约价。

6. 实现 RSI 指标

```
#编写一个函数来计算 RSI
calculate_rsi <- function(prices, period = 14) {
delta <- c(prices[2] - prices[1], prices[-1] - prices[-length(prices)])
gain <- ifelse(delta > 0, delta, 0)
loss <- ifelse(delta < 0, -delta, 0)
avg_gain <- runAverage(gain, period, type = "recursive")
```

```
avg _ loss  < -  runAverage( loss, period, type = "recursive" )
rs  < -  ifelse( avg _ loss = = 0, 0, avg _ gain / avg _ loss)
rsi  < -  100   (1  -  (1 / (1  +  rs)))
return( rsi)
}
#示例使用
future _ prices  < -  c(102, 108, 110, 105, 111, 113, 115, 119, 120, 117, 112)  # 示例数据
rsi _ values  < -  calculate _ rsi( future _ prices)
print( rsi _ values)
```

7. 波动率模型的作用

编程任务：无须编程，但可以提供波动率模型的理论背景和概念解释。

8. Black – Scholes 模型

```
#载入必要的库
library( stats)
#定义 Black – Scholes 欧式期权定价函数
black _ scholes  < -  function( S, K, r, sigma, T, type) {
d1  < -  log( S / K)  +  (r  +  sigma^2 / 2)   T / sigma / sqrt( T)
d2  < -  d1  -  sigma   sqrt( T)
if ( type = = "call" ) {
value  < -  (S   pnorm( d1)  -  K   exp( - r   T)   pnorm( d2))
} else if ( type = = "put" ) {
value  < -  (K   exp( - r   T)   pnorm( - d2)  -  S   pnorm( - d1))
}
return( value)
}
#设置期权参数
S  < -  100      #期货当前价格
K  < -  105      #期权行权价格
r  < -  0. 05    #无风险利率
sigma  < -  0. 2   #期货价格波动率
T  < -  1          #期权到期时间
#计算看涨期权和看跌期权的价值
call _ value  < -  black _ scholes( S, K, r, sigma, T, "call" )
put _ value  < -  black _ scholes( S, K, r, sigma, T, "put" )
# 打印结果
```

```
cat("欧式看涨期权价值:", call_value, "\n")
cat("欧式看跌期权价值:", put_value, "\n")
```

第二章

以下是针对本章习题的一些示例代码:

1. 期货合约的标准化特征

编程任务:创建一个 R 函数,该函数接受合约参数(如交易单位、最小变动价位等)作为输入,并打印出合约的标准化特征。

```
create_standardized_contract <- function(trade_unit, tick_size) {
contract_features <- list(
"Trade Unit" = paste("Each contract represents", trade_unit, "tons"),
"Tick Size" = paste("Minimum price movement is", tick_size, "per ton")
)
print(contract_features)
}
```

2. 计算盈亏变动

编程任务:编写一个 R 函数来计算交易者因市场价格变动产生的盈亏。

```
calculate_profit_loss <- function(trade_unit, price_change, contract_amount) {
profit_loss <- trade_unit  price_change  contract_amount
return(profit_loss)
}
```

3. 计算股指期货盈亏

编程任务:编写一个 R 函数来计算交易者因指数变动产生的盈亏。

```
calculate_index_profit_loss <- function(index_change, contract_multiplier, contract_amount) {
profit_loss <- index_change  contract_multiplier  contract_amount
return(profit_loss)
}
```

4. 分析连续涨跌停板的风险

编程任务:模拟一个函数来分析连续涨跌停板对交易者仓位的影响。

```
analyze_limit_up_down_risk <- function(contracts, stop_limit) {
for (i in 1:stop_limit) {
contracts <- contracts - contracts  (i  0.01)  # 假设每次停板导致 1% 的损失
}
return(contracts)
```

```
}
```

5. 计算最优套期保值比率

编程任务：使用协整分析来计算最优套期保值比率。

```
# 假设已有两个协整时间序列 data1 和 data2
calculate _ hedge _ ratio < - function(data1, data2) {
require(quantmod)
hedge _ ratio < - corint(data1, data2)$ratio
return(hedge _ ratio)
}
```

6. 限仓制度影响分析

编程任务：创建一个 R 函数来模拟限仓制度对市场持仓的影响。

```
simulate _ position _ limit < - function(total _ positions, limit) {
limited _ positions < - ifelse(total _ positions > limit, limit, total _ positions)
return(limited _ positions)
}
```

7. 大户报告制度分析

编程任务：编写一个 R 函数来模拟大户报告制度，并分析大户持仓对市场的影响。

```
simulate _ large _ holder _ report < - function(positions, threshold) {
large _ holder < - positions[which(positions > threshold)]
return(large _ holder)
}
```

8. 设计风险通知流程

编程任务：创建一个模拟的风险通知流程，包括发送通知和记录响应。

```
risk _ notification _ process < - function(margin, maintenance _ margin) {
if (margin < maintenance _ margin) {
send _ notification("Margin Call")
response < - get _ customer _ response()
record _ notification(margin, response)
}
}
```

第三章

以下是针对本章习题的一些示例代码：

1. 理解连续竞价制度

编程任务：无须编程。

2. 计算日期货回报率

```
# 给定的今开盘价、今收盘价和前结算价
today_open <- 3400
today_settlement <- 3410
previous_settlement <- 3400
# 计算日期货回报率 1 和日期货回报率 2
daily_return_rate1 <- (today_settlement - previous_settlement) / previous_settlement
daily_return_rate2 <- (today_open - previous_settlement) / previous_settlement
# 打印结果
cat("日期货回报率 1:", daily_return_rate1, "\n")
cat("日期货回报率 2:", daily_return_rate2, "\n")
```

3. 讨论一节一价制

编程任务：无须编程。

4. 编写撮合交易函数

```
# 定义买单和卖单列表
buy_orders <- data.frame(price = c(3410, 3420), quantity = c(10, 5))
sell_orders <- data.frame(price = c(3400, 3390), quantity = c(5, 10))
# 编写撮合函数
match_trades <- function(buy_orders, sell_orders) {
buy_orders <- buy_orders[order(-buy_orders$price), ]
sell_orders <- sell_orders[order(sell_orders$price), ]
for (i in 1:nrow(buy_orders)) {
for (j in 1:nrow(sell_orders)) {
if (buy_orders$price[i] >= sell_orders$price[j]) {
match_quantity <- min(buy_orders$quantity[i], sell_orders$quantity[j])
print(paste("成交价格:", buy_orders$price[i], "成交量:", match_quantity))
buy_orders$quantity[i] <- buy_orders$quantity[i] - match_quantity
sell_orders$quantity[j] <- 0
break
}
}
}
```

```
}
# 调用撮合函数
match_trades(buy_orders, sell_orders)
```

5. 模拟集合竞价过程

```
# 定义买单和卖单列表
buy_orders <- data.frame(price = c(3400, 3450, 3500), quantity = c(100, 50, 30))
sell_orders <- data.frame(price = c(3600, 3550, 3500), quantity = c(30, 50, 100))
# 编写集合竞价函数
auction_opening_price <- function(buy_orders, sell_orders) {
# 按价格对买单和卖单进行排序
buy_orders <- buy_orders[order(-buy_orders$price), ]
sell_orders <- sell_orders[order(sell_orders$price), ]
# 模拟撮合过程
for (i in 1:nrow(buy_orders)) {
for (j in 1:nrow(sell_orders)) {
if (buy_orders$price[i] >= sell_orders$price[j]) {
opening_price <- (buy_orders$price[i] + sell_orders$price[j]) / 2
print(paste("开盘价:", opening_price))
break
}
}
}
}
# 调用集合竞价函数
auction_opening_price(buy_orders, sell_orders)
```

6. 绘制日期货回报率时间序列图

```
# 假设的日期货回报率数据
daily_returns <- c(0.01, -0.02, 0.03, -0.01, 0.04)
# 绘制时间序列图
plot(daily_returns, type = "l", xlab = "交易日", ylab = "日期货回报率", main = "日期货回报率时间序列图")
```

7. 计算多头和空头换手率

```
# 定义换手交易数据框
trades <- data.frame(
date = as.Date(c("2024-08-01", "2024-08-02", "2024-08-03")),
```

```
type = c("多头开仓", "空头平仓", "空头开仓"),
quantity = c(100, 50, 75)
)
# 计算换手率
total_volume <- 5000
total_position <- 80000
long_turnover_rate <- sum(trades$quantity[trades$type == "多头开仓" & trades$type != "空头开仓"]) / total_position
short_turnover_rate <- sum(trades$quantity[trades$type == "空头开仓"]) / total_position
# 打印换手率
cat("多头换手率:", long_turnover_rate, "\n")
cat("空头换手率:", short_turnover_rate, "\n")
```

8. 比较期货和股票市场的日回报率计算

```
# 期货市场的日回报率计算
futures_returns <- (today_settlement - previous_settlement) / previous_settlement
# 股票市场的日回报率计算(考虑现金红利再投资)
stock_returns_with_dividend <- ((today_open - previous_settlement) + cash_dividend) / previous_settlement
# 股票市场的日回报率计算(不考虑现金红利)
stock_returns_without_dividend <- (today_open - previous_settlement) / previous_settlement
# 打印比较结果
cat("期货市场日回报率:", futures_returns, "\n")
cat("股票市场日回报率(考虑现金红利):", stock_returns_with_dividend, "\n")
cat("股票市场日回报率(不考虑现金红利):", stock_returns_without_dividend, "\n")
```

第四章

以下是针对本章习题的一些示例代码:

1. 计算套期保值比率

```
# 假设有以下现货价格和期货价格数据
spot_prices <- c(100, 105, 102, 108, 110)
future_prices <- c(101, 104, 103, 109, 111)
# 计算套期保值比率
hedge_ratio <- cor(spot_prices, future_prices) * (sd(future_prices) / sd(spot_prices))
# 输出套期保值比率
cat("套期保值比率:", hedge_ratio, "\n")
```

2. 选择合适的套期保值策略

```
# 假设农场主担心未来玉米价格上涨
future_price <- 120  # 当前期货价格
# 计算预期的套期保值数量
hedge_quantity <- 1000  # 假设农场主需要保值 1000 吨
# 买入套期保值
buy_hedge <- future_price * hedge_quantity
# 输出买入套期保值的成本
cat("买入套期保值成本:", buy_hedge, "\n")
```

3. 选择与现货商品相匹配的期货合约

```
# 假设有 3 种不同的期货合约
contracts <- data.frame(
Commodity = c("Corn", "Wheat", "Soybean"),
Price = c(100, 110, 120),
Grade = c("A", "B", "A")
)
# 农场主的现货商品信息
spot_commodity <- "Corn"
spot_grade <- "A"
# 选择匹配的期货合约
matching_contract <- contracts[contracts$Commodity == spot_commodity & contracts$Grade == spot_grade, ]
# 输出匹配的期货合约信息
print(matching_contract)
```

4. 编写计算套期保值比率的函数

```
calculate_hedge_ratio <- function(spot_prices, future_prices) {
correlation <- cor(spot_prices, future_prices)
hedge_ratio <- correlation * (sd(future_prices) / sd(spot_prices))
return(hedge_ratio)
}
# 测试函数
hedge_ratio_result <- calculate_hedge_ratio(spot_prices, future_prices)
cat("计算得到的套期保值比率:", hedge_ratio_result, "\n")
```

5. 模拟并优化套期保值策略

```
# 假设有一系列历史价格数据
```

```
historical_prices <- data.frame(
Date = as.Date(c("2024-01-01", "2024-01-02", "2024-01-03")),
Spot = c(100, 102, 101),
Futures = c(101, 103, 102)
)
# 模拟套期保值策略
simulate_hedge <- function(prices) {
hedge_ratio <- calculate_hedge_ratio(prices$Spot, prices$Futures)
hedge_positions <- prices$Spot * hedge_ratio
return(hedge_positions)
}
# 优化策略(示例:简单移动平均)
optimize_strategy <- function(hedge_positions, window_size = 3) {
moving_average <- rollmean(hedge_positions, window_size, align = "right")
return(moving_average)
}
# 应用模拟和优化策略
hedge_positions <- simulate_hedge(historical_prices)
optimized_positions <- optimize_strategy(hedge_positions)
# 输出结果
print("模拟得到的套期保值头寸:")
print(hedge_positions)
print("\n 优化后的套期保值头寸:")
print(optimized_positions)
```

6. 衡量和控制过度保值风险

```
# 定义保值力度计算函数
calculate_hedging_intensity <- function(hedge_positions, total_exposure) {
return(sum(hedge_positions) / total_exposure * 100)
}
# 假设总风险敞口和保值头寸
total_exposure <- 1000000  # 总风险敞口(如原材料成本)
hedge_positions <- c(50000, 60000, 55000)  # 保值头寸
# 计算保值力度
hedging_intensity <- calculate_hedging_intensity(hedge_positions, total_exposure)
# 判断是否存在过度保值
```

```
if (hedging_intensity > 100) {
cat("存在过度保值风险:", hedging_intensity, "% \n")
} else {
cat("保值力度适当:", hedging_intensity, "% \n")
}
```

7. 模拟企业最优套期保值策略

```
# 模拟不同市场情况下的套期保值策略
simulate_optimal_hedge <- function(spot_prices, future_prices, total_exposure) {
hedge_ratio <- calculate_hedge_ratio(spot_prices, future_prices)
optimal_hedge_positions <- hedge_ratio * total_exposure
return(optimal_hedge_positions)
}
# 测试模拟函数
optimal_hedge_positions <- simulate_optimal_hedge(spot_prices, future_prices, total_exposure =
1000000)
cat("最优套期保值头寸:", optimal_hedge_positions, "\n")
```

8. 分析交割风险和保值力度

```
# 假设有不同交割月份的期货合约价格
future_contracts <- data.frame(
Expiration = as.Date(c("2024-05-01", "2024-06-01", "2024-07-01")),
Price = c(105, 107, 108)
)
# 选择交割月份
choose_expiration <- function(contracts, desired_date) {
selected_contract <- contracts[contracts$Expiration == desired_date, ]
return(selected_contract$Price)
}
# 计算特定日期的交割风险
delivery_risk <- choose_expiration(future_contracts, as.Date("2024-06-01"))
# 输出交割风险
cat("6 月交割风险(价格):", delivery_risk, "\n")
# 计算保值力度并分析
# 假设当前保值头寸和总敞口
current_hedge_positions <- 800000
total_exposure <- 1000000
```

```
hedging_intensity <- calculate_hedging_intensity(current_hedge_positions, total_exposure)
# 输出保值力度分析
cat("当前保值力度:", hedging_intensity, "%\n")
if (hedging_intensity > 100) {
cat("注意:存在过度保值的情况。\n")
} else {
cat("保值力度在合理范围内。\n")
}
```

这些编程任务是示例性的，旨在帮助学生理解如何将套期保值的概念转化为 R 语言程序，此模拟仅用于教学和说明目的。

第五章

以下是针对本章习题的一些示例代码：

1. 定义解释题：此题为理论题，不涉及编写代码。
2. 分类识别题：此题为理论题，不涉及编写代码。
3. 概念比较题：此题为理论题，不涉及编写代码。
4. 计算分析题：

```
# 假设的现货和期货价格
spot_price_market1 <- 100
spot_price_market2 <- 120
future_price_market1 <- 110
future_price_market2 <- 130
# 计算套利机会
arbitrage_opportunity <- (future_price_market2 - spot_price_market2) - (future_price_market1 - spot_price_market1)
if (arbitrage_opportunity > 0) {
print("There is an arbitrage opportunity. ")
} else {
print("There is no arbitrage opportunity. ")
}
```

5. 策略评估题：此题为理论题，不涉及编写代码。
6. 风险管理题：此题为理论题，不涉及编写代码。
7. 综合应用题：

```
# 假设的大豆和豆油价格数据
```

```
soybean_prices <- c(1000, 1020, 1050)  # 大豆价格
oil_prices <- c(7000, 7100, 7200)  # 豆油价格
# 计算套利利润
arbitrage_profit <- (oil_prices[3] - oil_prices[1]) - (soybean_prices[3] - soybean_prices[1])
print(paste("The potential profit from the arbitrage is:", arbitrage_profit))
```

8. 模型构建题：

```
# 安装和加载 quantmod 包用于获取数据
install.packages("quantmod")
library(quantmod)
# 假设已有的数据集
data <- data.frame(
time = as.Date("2024-01-01") + 0:9,
commodity1 = cumprod(1 + runif(10, -0.01, 0.01)),
commodity2 = cumprod(1 + runif(10, -0.01, 0.01))
)
# 使用 Dygraph 绘制价格走势图
dygraph(data$commodity1) %>%
dySeries(data$commodity2, main = "Commodity Prices Over Time")
```

9. 案例分析题：此题为理论题，不涉及编写代码。

10. 程序编写题：

```
# 模拟期现套利
spot_price <- 100   # 现货价格
future_price <- 105 # 期货价格
# 执行套利
arbitrage_action <- ifelse(future_price - spot_price > 0, "Buy spot, sell future", "Sell spot, buy future")
# 计算利润
profit <- ifelse(arbitrage_action == "Buy spot, sell future", future_price - spot_price, spot_price - future_price)
print(paste("Arbitrage action:", arbitrage_action))
print(paste("Profit from arbitrage:", profit))
```

请注意，上述代码示例仅提供了基本的逻辑框架。

第六章

以下是针对本章习题的一些示例代码：

1. 定义解释题：此题为理论题，不涉及编写代码。
2. 风险意识题：此题为理论题，不涉及编写代码。
3. 案例分析题：此题为理论题，不涉及编写代码。
4. 策略评估题：此题为理论题，不涉及编写代码。
5. 建仓策略模拟题：

```
# 假设的玉米期货价格数据
corn_prices <- c(100, 95, 90, 85, 95, 100, 105, 110)
# 初始投资金额
initial_investment <- 1000
# 每次购买的金额
purchase_amount <- 100
# 计算每次购买的合约数量
purchases <- sapply(corn_prices, function(p) floor(purchase_amount / p))
# 累计购买合约
total_purchased <- cumsum(purchases)
# 计算平均买入成本
average_cost <- initial_investment / total_purchased[length(purchases)]
# 打印结果
cat("Average Cost:", average_cost, "\n")
```

6. 风险管理应用题：

```
# 假设的建仓价格和市场价格变动
entry_price <- 2200
market_prices <- c(2250, 2245, 2230, 2275, 2240)
# 设置止损和止盈规则
stop_loss <- entry_price * 0.95
take_profit <- entry_price * 1.05
# 检查市场价格是否触发止损或止盈
for (i in seq_along(market_prices)) {
if (market_prices[i] <= stop_loss) {
cat("Stop loss triggered at", market_prices[i], "\n")
} else if (market_prices[i] >= take_profit) {
cat("Take profit triggered at", market_prices[i], "\n")
}
}
```

7. 交易策略回测题：

```
# 假设的历史价格数据
historical_prices <- c(100, 105, 103, 110, 108, 115)
# 计算移动平均值
short_ma <- SMA(historical_prices, n=3)
long_ma <- SMA(historical_prices, n=5)
# 生成交易信号
signals <- ifelse(short_ma > long_ma, 1, -1)
# 回测策略
positions <- cumprod(1 + signals)  # 假设每单位信号代表1%的收益率
# 打印最终收益率
cat("Final Portfolio Value:", positions[length(signals)], "\n")
```

8. 综合应用题：此题需要根据市场趋势和风险偏好编写较为复杂的策略，因此这里只提供一个简单的框架示例。

```
# 假设的市场趋势指标
market_trend <- c(1, 1, -1, 1, -1)
# 投资者风险偏好
risk_preference <- "conservative"  # 可以是 "aggressive" 或 "conservative"
# 选择建仓策略
if (risk_preference == "aggressive") {
# 金字塔式建仓
} else {
# 菱形建仓
}
# 模拟交易过程
```

9. 市场行为分析题：此题为理论题，不涉及编写代码。

10. 资金管理动态调整题：此题为理论题，不涉及编写代码。

上述代码示例仅提供了基本的逻辑框架，仅供参考。

第七章

以下是针对本章习题的一些示例代码：

1. 定义解释题：此题为理论题，不涉及编写代码。

2. 数据分析题：

```
# 假设收获季节供给量的数据
```

```
supply_increase <- 1.2  # 供给量增加20%
# 假设初始价格
initial_price <- 100
# 计算价格变动
price_change <- initial_price * (1 - supply_increase)
# 打印结果
cat("Price change due to increased supply:", price_change, "\n")
```

3. 图表解读题：此题需要具体图表数据，以下为通用代码示例。

```
# 假设我们已经有了价格和成交量的数据
prices <- c(100, 105, 102, 108, 110)
volumes <- c(5000, 6000, 5500, 6500, 7000)
# 绘制价格和成交量图表
plot(prices, type = "l", xlab = "Time", ylab = "Price", main = "Price and Volume Chart")
lines(volumes, col = "red", lty = 2)
```

4. 案例分析题：

```
# 假设利率调整前后的数据
interest_rate_before <- 0.05
interest_rate_after <- 0.07
# 假设某金属期货价格
metal_futures_price <- 500
# 分析利率调整对价格的影响
price_increase_due_to_interest_rate <- metal_futures_price * (interest_rate_after - interest_rate_before)
cat("Price increase due to interest rate change:", price_increase_due_to_interest_rate, "\n")
```

5. 模型构建题：

```
# 假设的经济增长率、通货膨胀率和金属期货价格的数据
economic_growth <- c(2, 3, 2.5, 3.5, 4)
inflation_rate <- c(1, 1.5, 1, 1.5, 2)
metal_futures_prices <- c(500, 520, 510, 530, 540)
# 构建多元线性回归模型
model <- lm(metal_futures_prices ~ economic_growth + inflation_rate)
# 打印模型摘要
summary(model)
```

6. 风险管理题：

```
# 假设国际市场行情波动的数据
```

```
international_market_volatility <- c(10, 15, 20, 25, 30)
# 计算套期保值比例
hedge_ratio <- 0.5  # 假设套期保值比例为50%
# 计算套期保值后的波动
hedged_volatility <- international_market_volatility * (1 - hedge_ratio)
cat("Hedged market volatility:", hedged_volatility, "\n")
```

7. 策略评估题:

```
# 假设季节性因素影响的数据
seasonal_factors <- c(0.9, 1, 1.1, 0.9, 1)  # 假设的季节性因素
# 计算季节性交易策略的收益
strategic_profit <- sum(seasonal_factors - rep(1, length(seasonal_factors)))
cat("Strategic profit based on seasonal factors:", strategic_profit, "\n")
```

8. 综合应用题:

```
# 分析汇率变动和政治因素对农产品期货市场的影响
# 假设汇率变动和政治稳定性指数的数据
exchange_rate_change <- 0.05  # 汇率变动5%
political_stability_index <- 0.8  # 政治稳定性指数下降20%
# 假设农产品期货价格
agricultural_futures_price <- 200
# 计算影响
price_impact_due_to_exchange_rate <- agricultural_futures_price * exchange_rate_change
price_impact_due_to_politics <- agricultural_futures_price * (1 - political_stability_index)
cat("Price impact due to exchange rate change:", price_impact_due_to_exchange_rate, "\n")
cat("Price impact due to political instability:", price_impact_due_to_politics, "\n")
```

9. 数据分析编程题:

```
# 编写函数识别交易信号
identify_signals <- function(prices, moving_average) {
signals <- rep(NA, length(prices))
for (i in 2:length(prices)) {
if (prices[i] > moving_average[i]) {
signals[i] <- "Buy"
} else if (prices[i] < moving_average[i]) {
signals[i] <- "Sell"
}
}
```

```
return(signals)
}
# 假设价格数据和移动平均线
prices <- c(100, 102, 101, 105, 110)
moving_average <- c(NA, 101, 101.5, 102, 104)
# 调用函数
signals <- identify_signals(prices, moving_average)
# 打印交易信号
print(signals)
```

10. 政策影响分析题：此题为理论题，不涉及编写代码。

上述代码示例仅提供了基本的逻辑框架，仅供学生参考。

第八章

以下是针对本章习题的一些示例代码：

1. 定义解释题：此题为理论题，不涉及编写代码。

2. 趋势识别题：此题需要图表数据，以下为通用代码示例。

```
# 假设已经有了期货价格数据
# 绘制价格趋势图
plot(prices, type = "l", xlab = "Time", ylab = "Price", main = "Price Trend Chart")
# 添加趋势线
abline(h = trendline_value, col = "red", lty = 2)
```

3. 形态识别题：此题需要图表数据，以下为通用代码示例。

```
# 绘制 K 线图
library(quantmod)
chartSeries(OHLC_data, name = "K-Line Chart", up.col = "green", dn.col = "red")
# 假设形态识别由其他技术分析工具完成,这里仅展示如何在图表上标记
add_TA(c("pattern_start_date", "pattern_end_date"), on = 1, col = "blue", lty = 3)
```

4. 技术指标计算题：

```
# 计算 RSI 和 KD 指标
rsi <- RSI(price_data, n = 14)
kd <- KDJ(price_data)
# 打印 RSI 和 KD 值
print(rsi)
print(kd)
```

5. 成交量分析题:

```
# 绘制成交量与价格的关系图
plot(volumes, type = "l", xlab = "Time", ylab = "Volume", main = "Volume and Price Chart")
lines(prices, col = "red")  # 添加价格线
```

6. 持仓量分析应用题:

```
# 假设已有持仓量数据
# 绘制持仓量变化图
plot(open_interest, type = "l", xlab = "Time", ylab = "Open Interest", main = "Open Interest Chart")
# 分析持仓量与价格趋势的关系
```

7. 综合分析题:

```
# 假设已有价格、成交量、持仓量等数据
# 根据技术指标和市场情况制定交易策略
# 示例:简单移动平均线交叉策略
when_to_buy <- MA(price_data, n=5) > MA(price_data, n=10)
when_to_sell <- MA(price_data, n=5) < MA(price_data, n=10)
# 打印交易信号
print(when_to_buy)
print(when_to_sell)
```

8. 编程应用题:

```
# 使用 quantmod 包绘制沪深 300 股指期货的移动平均线
getSymbols("000300.SH", src = "CFFEX", auto.assign = TRUE)
daily_data <- to.daily(000300.SH)
MA5 <- SMA(daily_data$Close, n=5)
MA10 <- SMA(daily_data$Close, n=10)
chartSeries(daily_data, name = "沪深 300 Index Futures with MA", theme = chartTheme("white"))
addTA(MA5, on=1, col = "blue", lty=2, lwd=1)  # 添加 5 日移动平均线
addTA(MA10, on=1, col = "red", lty=2, lwd=1)  # 添加 10 日移动平均线
```

9. 策略回测题:

```
# 假设已有基于 MACD 指标的交易策略
# 回测策略性能
strategy_results <- backteststrategy(signals = when_to_trade, prices = price_data)
# 打印回测结果
print(strategy_results)
```

10. 风险管理题:

```
# 假设已有交易策略和风险管理规则
# 示例:固定比例止损
stop_loss_ratio <- 0.02   # 2%的止损比例
stop_loss_price <- price_data * (1 - stop_loss_ratio)
# 打印止损价格
print(stop_loss_price)
```

上述代码示例仅提供了基本的逻辑框架，仅供参考。

第九章

以下是针对本章习题的一些示例代码：

1. 定义解释题：此题为理论题，不涉及编写代码。
2. 特点描述题：此题为理论题，不涉及编写代码。
3. 分类识别题：此题为理论题，不涉及编写代码。
4. 定价模型应用题：

```
# 安装和加载所需的包
install.packages("stats")
library(stats)
# 定义 Black-Scholes 模型函数
black_scholes <- function(S, X, T, r, sigma, type) {
d1 <- (log(S / X) + (r + sigma^2 / 2) * T) / (sigma * sqrt(T))
d2 <- d1 - sigma * sqrt(T)
if (type == "call") {
return(S * pnorm(d1) - X * exp(-r * T) * pnorm(d2))
} else if (type == "put") {
return(X * exp(-r * T) * pnorm(-d2) - S * pnorm(-d1))
} else {
stop("Type must be 'call' or 'put'")
 }
 }
 # 给定参数
 S <- 100      # 标的资产价格
 X <- 95       # 执行价格
 T <- 0.5      # 到期时间(年)
```

```
r <- 0.05  # 无风险利率
sigma <- 0.3  # 波动率
# 计算看涨期权价格
call_option_price <- black_scholes(S, X, T, r, sigma, "call")
print(call_option_price)
```

5. 风险分析题：

```
# 假设期权的损益函数
option_payoff <- function(S, X, premium) {
return(ifelse(S > X, S - X - premium, -premium))
}
# 计算卖出看涨期权的损益
sell_call_profit <- option_payoff(120, 100, 5)
print(sell_call_profit)
# 计算卖出看跌期权的损益
sell_put_profit <- option_payoff(80, 100, 5)
print(sell_put_profit)
```

6. 策略评估题：

```
# 计算不同波动率下的看涨期权价格
volatilities <- c(0.2, 0.4, 0.6)
call_option_prices <- sapply(volatilities, function(vol) {
black_scholes(100, 95, 0.5, 0.05, vol, "call")
})
# 打印不同波动率下的看涨期权价格
print(call_option_prices)
```

7. 综合应用题：

```
# 假设持有股票的投资者使用保护性看跌期权策略
stock_price <- 100
put_premium <- 3
# 计算股票下跌时的损益
loss <- stock_price - 95  # 假设股票价格下跌到95
# 计算保护性看跌期权策略的损益
protected_loss <- loss - put_premium
print(protected_loss)
```

8. 市场情景分析题：此题需要根据具体市场情景编写策略，以下为简化示例。

```
# 假设市场波动性增加,投资者预期价格上涨
volatility_increase <- 0.5
expected_price_increase <- 110
# 计算买入看涨期权的潜在收益
potential_profit <- (expected_price_increase - stock_price) - put_premium
print(potential_profit)
```

9. 波动率分析题:

```
# 计算期权的 Delta 值
delta_call <- (S / (sigma * sqrt(T))) * dnorm(d1)
print(delta_call)
delta_put <- -delta_call  # 对于看跌期权,Delta 值等于看涨期权的相反数
print(delta_put)
```

10. 风险敏感度计算题：此题在第 9 题中已给出 Delta 值的计算。

上述代码示例仅提供了基本的逻辑框架，仅供参考。